Handbook of the Transnational Patent Litigation

跨国专利诉讼手册

张宇枢 / 著

北京大学出版社
PEKING UNIVERSITY PRESS

图书在版编目(CIP)数据

跨国专利诉讼手册/张宇枢著. —北京：北京大学出版社，2018.10

ISBN 978-7-301-29819-0

Ⅰ.①跨… Ⅱ.①张… Ⅲ.①专利权法—民事诉讼—美国—手册 Ⅳ.①D971.251-62

中国版本图书馆 CIP 数据核字(2018)第 193755 号

书　　　名	跨国专利诉讼手册 KUAGUO ZHUANLI SUSONG SHOUCE
著作责任者	张宇枢　著
责 任 编 辑	孙战营
标 准 书 号	ISBN 978-7-301-29819-0
出 版 发 行	北京大学出版社
地　　　址	北京市海淀区成府路 205 号　100871
网　　　址	http://www.pup.cn
电 子 信 箱	law@pup.pku.edu.cn
新 浪 微 博	@北京大学出版社　@北大出版社法律图书
电　　　话	邮购部 010-62752015　发行部 010-62750672 编辑部 010-62752027
印 刷 者	北京中科印刷有限公司
经 销 者	新华书店 880 毫米×1230 毫米　A5　15.25 印张　303 千字 2018 年 10 月第 1 版　2018 年 10 月第 1 次印刷
定　　　价	49.00 元

未经许可，不得以任何方式复制或抄袭本书之部分或全部内容。
版权所有，侵权必究
举报电话：010-62752024　电子信箱：fd@pup.pku.edu.cn
图书如有印装质量问题，请与出版部联系，电话：010-62756370

免责声明

本书系作者秉持多年研究并协助企业处理跨国专利诉讼之专业与经验，为欲了解跨国专利诉讼之读者所准备之参考书籍；由于各国各个处理专利纠纷的法院或机构，对于一些法律问题仍随时会有最新之见解，故**本书内容仅系就一般情况，提供相关之基本介绍与实务经验之分享**，以期为读者建立背景知识，并不代表出版社或作者对目前或未来实际进行之个案的具体法律建议。

由于不论是何种出版品，皆仅系供读者作为参考之用，在处理实际具体个案时，均无法取代执业律师或专家顾问于分析研究具体案情后所提供之专业意见。因此，**若有具体法律争议事件发生时**，当事人仍须以了解该个案完整信息之执业律师或专家顾问，经过判断后所出具之正式法律意见，作为具体个案中商业判断或行动决策之基础。

内容提要

本书分为十六讲,以中国企业在国际间遇到专利纠纷时,依序可能面对之问题点为主轴,分别介绍:是否要面对跨国专利诉讼、发现侵权物品、如何开始与应对专利争端、如何主张专利无效、专利侵害分析、专利不可执行、选择救济机关、提起专利争讼、原告如何主张、抗辩及反诉、主动提供证据、挖掘对方证据、保护我方信息、特殊程序、最后的攻防及上诉、要如何面对跨国专利诉讼等内容,最后并收录六则跨国专利诉讼案例评析,供读者参考。

作者介绍

本书作者为执业律师,曾于美国斯坦福大学法学院(Stanford Law School)任访问学者、美国哥伦比亚大学法学院(Law School,Columbia University)任客座研究员、研究跨国专利诉讼相关理论及实务运作;并于美国哈佛大学法学院(Harvard Law School)P.I.L.结业。先后于北京大学法学院教授"专利法""知识产权法律实务""高新技术知识产权保护""知识产权法"等课程;并于国家知识产权局中国知识产权培训中心主办之"知识产权战略研究班""全国知识产权局师资培训班"授课;以及于中国台湾大学电机所、电子所及生医电资所教授"美国专利诉讼实务"课程,且于中国技术交易所担任特聘专家及策略长等职务。

本书作者著有《与智慧财产权有关之司法程序之研究——以世界贸易组织〈与贸易有关的智慧财产权协议〉为中心》(2002年度公务人员出国专题研究报告)、《美国专利诉讼实务》(台湾大学科际整合法律学研究所 2015 年第 3 版)、与多位教授合著《美台专利诉讼实战暨裁判解析》(台湾元照出版有限公司 2012 年第 2 版)等专著,并曾发表多篇与知识产权相关之论文。

作者序

壹、本书系为了帮助以下之读者所撰拟：

☐ 准备或正在进行国际专利诉讼的企业之高管及法务与工程人员

☐ 协助客户至国外进行专利诉讼的律师或专业顾问

☐ 从事与跨国专利诉讼相关研究的政府官员、学者专家或学生

☐ 其他对跨国专利诉讼有兴趣的广大中国企业与人民

贰、本书以大量的条列与图表方式，期望可尽量以简约明白易懂的方式，为读者深入浅出地介绍复杂的跨国专利诉讼，并分享相关实务经验。而由于目前来自世界各国的专利权人往往选择全世界最大的单一市场、兵家必争之地——美国，作为跨国专利诉讼的主战场，所以本手册中关于具体规定的部分，将着重介绍美国之相关做法。

叁、若对本书之内容有任何指正，或对跨国专利诉讼之实务运作有其他疑问，欢迎随时与作者本人联系（**patentiger@gmail.com**）。

肆、20世纪，中国人在高新技术领域以及跨国专利诉讼战

场处于摸着石头过河的阶段;21世纪,但愿我们中国人可以在高新技术领域以及跨国专利诉讼战场中如鹰展翅上腾,雄踞世界主要市场!

伍、感谢交通大学、斯坦福大学、哥伦比亚大学、哈佛大学,于本人求学、访问或研究期间,教授们所传授的宝贵知识与丰富的馆藏资源,以及众多国际专利诉讼律师及企业法务,在合作处理跨国专利诉讼过程中,彼此所分享的实务经验,我才得以完成本书。并且,谨对北京大学法学院知识产权学院张平教授以及其他多位教授,于本人这十余年来在北大访问或教学期间,所提供的诸多支持与鼓励,致上最由衷的谢意!

最后,谨以本书献给我的父母与妻儿。

2018年春分
于北京大学法学院陈明楼

前　言

2013年,国家主席习近平提出共建"丝绸之路经济带"和21世纪海上丝绸之路(即"一带一路")的倡议,由于"一带一路"涉及六十几个国家、四十多亿人口,因此市场规模与每年贸易总额庞大;也正因为如此,沿线国家市场中,相关产业也存在贸易摩擦的可能性,中国企业也必须事先做好面对的准备。

今天,中国企业不但有能力,且有必要"走出去",才能真正从"中国制造"成为"中国创造",逐步实现"中国梦"。但是,中国企业在走出去的过程中,却可能遭遇竞争对手的阻挠与攻击,而其中最典型的武器便是以专利诉讼为手段,企图借以抵挡中国企业进入其市场!

本书作者将其多年为企业处理跨国专利争讼的经验与心得,以言简意赅、提纲挈领的方式,为读者整理出这本《跨国专利诉讼手册》,期待可以为即将或已经"走出去"的中国企业,在跨国专利争端中,提供一些如何面对并处理此类问题的基本概念与要领,以帮助我们的企业,在激烈的国际斗争中,不但敢打仗,而且能打胜仗!

相信中国企业成功"走出去"的时代已经来临!

跨 国 专 利 诉 讼 手 册
Handbook of the Transnational Patent Litigation

目 录

第零讲　是否要面对跨国专利诉讼　001
　　决定逃避跨国专利诉讼之后果　005
　　决定面对跨国专利诉讼之成果　008

第一讲　发现侵权物品　013
　　哪些行为类型在美国构成侵害专利？　016
　　何谓直接侵害专利　018
　　诱导行为可否构成侵害专利　024
　　促成他人侵害专利是否应负责　026
　　国际分工可否回避侵权责任　030

第二讲　如何开始与应对专利争端　035
　　警告信应包含哪些内容　038
　　被控侵权人收到警告信后之应对对策　044
　　被告收到起诉状后所应进行之工作　055

第三讲　如何主张专利无效　　　　　　　061

　　《美国专利法》第 101 条之抗辩　　　064

　　《美国专利法》第 102 条之抗辩　　　067

　　《美国专利法》第 103 条之抗辩　　　073

　　《美国专利法》第 112 条之抗辩　　　080

　　《美国发明法》案中有关专利无效及补充
　　　陈述意见之机制　　　　　　　　　085

　　确认诉讼　　　　　　　　　　　　　088

第四讲　专利侵害分析　　　　　　　　095

　　如何确定专利权之范围　　　　　　　098

　　如何进行专利(不)侵害分析　　　　　105

　　何谓全面覆盖原则　　　　　　　　　114

　　如何主张逆等同原则　　　　　　　　118

　　等同原则的应用与限制　　　　　　　121

　　如何以禁止反悔原则狙击等同原则　　137

第五讲　专利不可执行　　　　　　　　147

　　不正当行为之抗辩　　　　　　　　　150

　　懈怠之抗辩　　　　　　　　　　　　154

　　禁止反悔原则之抗辩　　　　　　　　158

　　滥用专利之抗辩　　　　　　　　　　163

第六讲 选择救济机关 175
- 美国国际贸易委员会 178
- 美国联邦地方法院 188
- 美国国际贸易委员会与美国联邦地方法院之比较 200

第七讲 提起专利争讼 207
- 何人可以在美国提起专利侵权诉讼 210
- 在美国可以将何人列为专利侵权诉讼之被告 212
- 原告如何在美国专利侵权诉状中主张相关事实 220
- 在美国如何送达书状及法院传票 224

第八讲 原告如何主张 231
- 申请禁制令 234
- 估算损害赔偿额度 238
- 利息、诉讼费用及律师费 255
- 法院认为恰当之其他救济 258
- 请求陪审团审理 259

第九讲 抗辩及反诉 261
- 被告如何消极回应原告之主张 264
- 被告如何积极抗辩 267

| 被告如何提起反诉 | 279 |
| 被告其他可提出之申请 | 284 |

第十讲　主动提供证据　293

当事人应主动提供之信息	296
当事人不必主动提供信息之诉讼或程序	299
当事人应主动提出相关信息之期限	299

第十一讲　挖掘对方证据　303

如何整理争点：要求自认	306
如何要求检视证物：要求文件	310
如何以书面质问对方	315
如何口头诘问对方当事人及证人	321

第十二讲　保护我方信息　337

保护命令	340
律师与客户特权	343
工作成果豁免权	353

第十三讲　特殊程序　357

| 案件管理会议 | 360 |
| 马克曼听证 | 361 |

迳行裁判程序	365

第十四讲 最后的攻防及上诉 　　371

最后披露	374
诉讼律师如何进行审判活动	375
法院作出何种判决	378
当事人于判决后可申请之事项	379
上诉：美国联邦巡回上诉法院	380

第十五讲 要如何面对跨国专利诉讼 　　387

跨国专利诉讼总体规划	390
如何进行跨国专利诉讼	393
跨国专利诉讼的新思维	398

附录 跨国专利诉讼案例评析 　　405

案例1：UMC v. SIS	407
案例2：Genesis Microchip v. MRT，Trumpion，SmartASIC，and MStar	412
案例3：O2 Micro International Limited v. Beyond Innovation Technology Co., Ltd., and FSP Group and SPI Electronic Co., Ltd., and Lien Chang Electronic Enterprise Co., Ltd.	423

案例 4：Quanta Computer Inc., et al v. LG Electronics, Inc.   436

案例 5：Micron Technology Inc. v. MOSAID Technologies Inc.   444

案例 6：In Re Seagate Technology, LLC (Petitioner)   453

第 零 讲

是否要面对跨国专利诉讼

与智慧人同行的,必得智慧;和愚昧人做伴的,必受亏损。
Walk with the wise and become wise,
for a companion of fools suffers harm.

第零讲
是否要面对跨国专利诉讼

> **Story**
>
> 中国企业F公司在历经多年的独立研发之后,终于自行开发并制造一电动机具,甫进入国际市场,便因为优异的质量与合理的价位,在国际市场取得极大的占有率;也因而导致M公司所制造贩卖之电动机具在国际市场的占有率迅速衰退。
>
> M公司之电动机具严重滞销,获利大幅下滑,引起M公司极大的不满,M公司遂决定在美国法院提起民事诉讼,控告F公司制造贩卖之电动机具,侵害M公司在美国拥有的发明专利。
>
> F公司收到M公司的起诉书后,公司负责人遂与其律师商量,讨论是否要应对这场跨国专利诉讼。

Why Do You Learn This Chapter?

由于有越来越多具有国际竞争力的中国企业,带着价位合理、技术含量提升的产品"走出去",大规模地占有国际市场,以至于在原有市场上之其他的竞争对手受到严重威胁,而亟欲将中国企业排除于市场外。此外,这些在海外获利丰渥的中国企业,也吸引了一些专门以专利为运营核心的机构、俗称专利蟑螂的目光。

终于有一天,这些在国际市场上表现亮眼的中国企业因为成长到一定的程度,树大招风,收到了其他竞争对手或专利蟑螂的警告信,甚至是跨国专利诉讼的起诉书,取得了跨国专利诉讼被告俱乐部的入场券。[①]

此刻,中国企业究竟要选择离开这个好不容易打下的江山,放弃得来不易的国际市场,黯然地回到中国,还是要选择留下来,有智慧地与对手在国际专利诉讼战场上,争取最大的双赢?

相信要如何面对这个不断上演的抉择,值得想要进军国际市场的中国企业留意与关心。

因此,收到跨国专利诉讼的起诉状后,中国企业可以在考虑以下两种不同抉择所可能导致的结果,以及所可能造成之影响,并与国际专利律师及专家顾问讨论咨询后,审慎思考是否要远渡重洋,面对跨国专利诉讼:

> ▶▶▶ **本讲重点**
>
> ★ 决定逃避跨国专利诉讼之后果
> ★ 决定面对跨国专利诉讼之成果

[①] 中国企业近年来频频卷入美国"337调查"中,仅2010年,在美国总共发起的56件"337调查"中,涉及中国企业的就达到19件,占比33.9%,中国也由此成为其企业被提起调查较多的国家。

决定逃避跨国专利诉讼之后果

中国企业收到跨国专利诉讼的起诉书后,若决定逃避跨国专利诉讼,虽然不用立即支付律师费用,但却可能会因为收到他国法院之缺席判决(default judgement),导致以下的后果:

缺席判决

失去国际市场

客户请求损害赔偿

客户不再下单采购

金钱损害赔偿对手

减损企业形象及海外业务

【缺席判决】

如果中国企业收到跨国专利诉讼的起诉书后,决定逃避或不予理会,则法院会在经过一定期间之后作出缺席判决;而因为该收到他国专利诉讼起诉书的被告,从头到尾均未出庭应诉,甚至根本没有针对原告之主张,提出任何反驳之口头或书面意见;他国法院将可以所收到之原告书状及相关数据,也就是所谓"片面之词"为据,对原告所请求事项一面倒地进行缺席判决。

【失去国际市场】

由于原告所提起之专利侵权诉讼,大多数会请求法院禁止被告在该国使用、制造、贩卖、为贩卖之要约及进口侵害原告专利之物品,而因为被告并未提出答辩或反诉,所以法官即得根据原告之主张,作出禁止被告在该国使用、制造、贩卖、为贩卖之要约及进口侵害原告专利之物品的缺席判决,而若被告仍不予理会,在经过上诉期间后,该判决一旦确定,被告就不能在该国使用、制造、贩卖、为贩卖之要约及进口该原告所主张侵害其专利之物品,被告之该产品因此就失去了国际市场;好不容易建立的生产线、销售渠道、工厂仓储以及相关的人员,也将全部泡汤。

【客户请求损害赔偿】

因为被告并未提出答辩或反诉,法院作出禁止被告在该国使用、制造、贩卖、为贩卖之要约及进口侵害原告专利之物品的缺席判决后,就不能在该国使用、贩卖及进口该原告所主张侵害其专利之物品,包括被告客户所制造、内含该侵权物品之产品;由于被告客户之产品内含被告制造之侵权物品,不能进入国际市场,被告客户所遭受之损失,自然会回过头来,向被告请求损害赔偿。

【客户不再下单采购】

因为被告并未提出答辩或反诉,法院作出禁止被告在该国使用、制造、贩卖、为贩卖之要约及进口侵害原告专利之物品的缺席判决后,就不能在该国使用、贩卖及进口该原告所主张侵害其专利之物品,包括被告客户所制造、内含该侵权物品之产品;

若被告客户之产品内含被告制造之侵权物品,便不能进入该国市场,被告客户自然不会再向被告下单采购该侵权物品。

【金钱损害赔偿对手】

由于原告所提起之专利侵权诉讼,大多数会请求法院命被告赔偿其所受之损害;因为被告并未提出答辩或反诉,所以法官可根据原告之主张,作出命被告赔偿原告所主张之损害的缺席判决。若被告仍不予理会,在经过上诉期间后,该判决一旦确定,被告就应按照判决内容,赔偿原告所受之损害,中国企业过去辛苦赚来的利润,将被迫吐出来。

倘若中国企业在该国有资产(包括进口之货物)时,原告即得依据该业经确定之缺席判决,请求该国法院对中国企业在该国之资产,进行强制执行。

【减损企业形象及海外业务】

即使原告之专利有可能无效,中国企业的产品也并不一定侵害原告之专利;但是,因为选择不予理会跨国专利诉讼,中国企业已因弃权输了这场比赛,不但无法得知真正的答案为何,甚至还影响了股东及员工对企业的信心。

更重要的是,被他国法院作出缺席判决后,将造成该中国企业侵害该国专利之负面形象;该份对中国企业极其不利的他国专利侵权判决,将严重影响国际间其他客户对中国企业产品的信心,阻挠了日后中国企业海外业务的推展。

甚至，因为对中国企业提起诉讼，可以轻易尝到甜头，将招致日后来自竞争对手或专利蟑螂之更多威胁。

决定面对跨国专利诉讼之成果

中国企业收到跨国专利诉讼的起诉书后，若有智慧地面对跨国专利诉讼，虽然要支付律师费用，但却可能产生以下的成果，保留了诸多正面影响的可能性：

增加谈判筹码

保住国际市场

免负赔偿责任

增加客户信心

减少日后威胁

增进企业形象及海外业务

【增加谈判筹码】

由于中国企业选择正面迎战，在诉讼过程中，中国企业将可从各方面对原告展开反击。例如，挑战原告专利的有效性、提出具体资料质疑原告之主张。

若原告因而发现其专利存有瑕疵，可能诉讼因而无效；或发现其不易主张中国企业的产品侵害专利；或发现中国企业实际上的销售量或获利并不如原告之预期，即使法院判决，损害赔偿金额也非常有限；甚至在搜证程序（Discovery）中，被中国企发现对原告不利的证据时,均将增加中国企业谈判的筹码。

只要中国企业懂得把握时机,随时可以在掌握主动权的情形下,与原告协商达成和解,造成双赢的局面。

【保住国际市场】

若中国企业在国际市场的直接或间接获利①丰硕,远大于相关诉讼费用时,当然会倾向以面对跨国专利诉讼的方式,保护该产品在国际的市场。

若中国企业目前在国际市场的直接或间接获利尚属有限,可是该市场处于成长阶段,日后会有可观发展时,即使目前需要付出诉讼费用,但为了能抢滩上岸,不被完全歼灭,采取面对跨国专利诉讼的方式,试图借以占领并保住日后的国际市场,亦有其一定的意义。

【免负赔偿责任】

中国企业选择面对跨国专利诉讼,才有机会完整地向法院提供相关信息,驳斥原告不实之指控;若中国企业因而胜诉或成功与原告达成和解,中国企业才有可能不但免于对原告负担不合理之损害赔偿责任,也不必向客户承担所提供产品侵权所造成之损失。

---

① 即中国企业产品之客户在国际市场的获利。

【增加客户信心】

中国企业选择面对跨国专利诉讼,才有机会完整地向法院提供相关信息,驳斥原告不实之指控;若中国企业因而胜诉、或成功与原告达成和解,不仅免于在缺席判决中对原告承担败诉之责任,客户也会因为中国企业的产品经得起跨国专利诉讼的考验,增加对中国企业产品之信心。

【减少日后威胁】

中国企业在遇到跨国专利诉讼时,若选择以有智慧的方式面对跨国专利诉讼,而非一味地缺席、弃权、投降;才有机会完整地向法院提供相关数据,驳斥原告不实之指控,获得胜诉的结果,或让原告知难而退,双方达成和解。也唯有如此,才会让其他的竞争对手或专利蟑螂发现,中国企业不是一打就跑、一吓就投降时,自然会以更慎重的方式,考虑对中国企业发动跨国专利诉讼,减少无谓的骚扰或威胁。

【增进企业形象及海外业务】

由于中国企业选择面对跨国专利诉讼,在机会对等的情形下,原告之专利可能因而无效,中国企业的产品也并不一定侵害原告之专利;中国企业不会因为弃权而立即输了这场比赛。

更重要的是,中国企业一旦胜诉,除增加企业的股东及员工之信心外,亦将建立中国企业经得起跨国专利诉讼挑战之正面形象；该份对中国企业有利的外国判决，亦将鼓舞国际间其他客户对中国企业产品的信心，日后更加促进了中国企业海外业务的推展，成功进入国际市场、扩张企业版图、真正成为跨国企业。

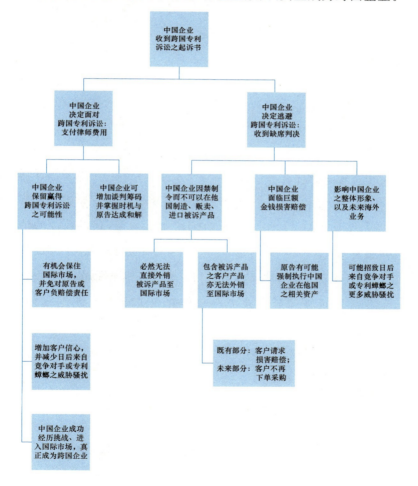

Suggestion

中国企业 F 公司收到跨国专利诉讼的起诉书后，可以在考虑以下的状况后，与他国专利律师或专家顾问讨论咨询，决定是否要应对这场跨国专利诉讼：

☐ 中国企业 F 公司该产品在该国目前的市场占有率及目前与未来每年可能的获利？

☐ 中国企业 F 公司有无将该产品销售给客户，客户组装后或直接进口至该国？

☐ 中国企业 F 公司有无与将该产品组装或直接进口至该国的客户签订赔偿协议？

☐ 中国企业 F 公司目前在该国有无资产或分公司？

☐ 将中国企业 F 公司结束营业，重新设立公司之损失及成本有多大？

☐ 委请律师调查该等被控所侵害之专利的有效性如何？

☐ 委请律师研究公司产品侵害相关专利之可能性有多大？

☐ 委请律师评估如何应对这场跨国专利诉讼及各阶段所可能之费用大约如何？

☐ 列举我方所有可能掌握之谈判筹码。

☐ 列举对方所有可能掌握之谈判筹码。

☐ 搜寻所有与对方有关之资料及法院裁判。

第 一 讲

发现侵权物品

不先商议,所谋无效;谋士众多,所谋乃成。
Plans fail for lack of counsel,
but with many advisers they succeed.

第一讲
发现侵权物品

> **Story**
>
> M 公司在美国拥有某电动机具 Super Screwdriver 之发明专利，某日发现 F 公司竟未经其允许，在美国擅自制造关于该电动机具 Super Screwdriver 的所有零组件，然而却未完成组装。
>
> F 公司虽未自行将所有零组件组合成一完整之电动机具，但却将完整电动机具所需之一切零组件，连同详细说明如何组装该等零组件之制程手册，一并贩卖给在美国之 C1 公司与在墨西哥之 C2 公司。C1 公司与 C2 公司分别依据该制程手册，自行在美国和墨西哥将所有零组件组合成一完整之电动机具，侵害 M 公司在美国拥有之该电动机具的发明专利。
>
> M 公司负责人为能从源头一举解决其专利被侵害的问题，遂与其律师商量，如何可以请求 F 公司赔偿其所受之损害。

Why Do You Learn This Chapter?

今天国际跨国产业分工现象日益频繁，竞争者之间基于经营策略、成本效益与风险分散之考虑，商业型态也更趋复杂；由于目前美国为全球最大单一市场，因此，本讲将着重介绍哪些经营型态在美国可能构成侵害专利，哪些商业模式可以避免被美国法院认定为侵权,供中国企业进行参考。

> ▶▶▶ **本讲重点**
> ★ 哪些行为类型在美国构成侵害专利
> ★ 何谓直接侵害专利
> ★ 诱导行为可否构成侵害专利
> ★ 促成他人侵害专利是否应负责
> ★ 国际分工可否回避侵权责任

哪些行为类型在美国构成侵害专利?

凡是未经专利权人同意,于专利有效期间内,在美国境内有《美国专利法》第271条所规定之行为,即会被认定为侵害专利权。根据《美国专利法》第271条所规定,大致可以将侵害专利之态样,区分为直接侵害专利与间接侵害专利两大类:

直接侵害专利

间接侵害专利

【直接侵害专利】

所谓直接侵害专利,系指依照《美国专利法》第271条(a)款之规定,侵权人自行完整实施专利之技术特征,制造出侵权物品、或已完全使用专利之方法、或针对该已构成侵权之物品,对第三人所为贩卖之要约、贩卖、或自国外进口至美国境内之行为。

【间接侵害专利】

反之,所谓间接侵害专利,系指侵权人自身虽曾诱导他人直接侵害专利或参与制造部分零组件,但却未完成最后之组装,亦即并未完全实施专利之全部技术特征,并未制造出完整侵权物品;或仅使用部分但非完全的专利方法,却在后述之特殊要件之下,仍会被美国法院认定为侵害专利之行为。

依照《美国专利法》第271条(b)(c)(f)款之规定,间接侵害专利可分为三种类型,即第271条(b)款之诱导侵害专利、第271条(c)款之促成侵害专利、以及第271条(f)款之国际分工侵害专利。下表为详细之解释与说明:

侵害专利之态样		《美国专利法》之依据
直接侵害专利		第271条(a)款
间接侵害专利	诱导侵害专利	第271条(b)款
	促成侵害专利	第271条(c)款
	国际分工侵害专利	第271条(f)款

何谓直接侵害专利

基本上可以从人、事、时、地、物等五个层面,分析《美国专利法》第 271 条(a)款之规定[①],唯有在满足这五个层面的情况下,专利权人始可以在美国主张被告应负直接侵害专利之责任:

人(who)
事(how)
时(when)
地(where)
物(what)

【人(who)】

首先,任何未经专利权人同意之人,均不得为侵害专利之实施行为。因此,只要是专利权人或其被许可人以外之第三人,均有资格成为直接侵害专利之行为人。

又由于《美国专利法》第 271 条(a)款,并未规定行为人必须要具备故意或过失,始可构成对专利之直接侵害,因此被控侵害专利之一方,在诉讼中无法单纯仅以其无故意或过失,辩称其行

---

① 35 USC §271(a) Except as otherwise provided in this title, whoever without authority makes, uses, offers to sell, or sells any patented invention, within the United States or imports into the United States any patented invention during the term of the patent therefor, infringes the patent.

为不算侵害专利;反之,倘若证明行为人系故意侵害专利,还可能要承担专利权人所受损害额三倍之赔偿责任。

【事(how)】

根据《美国专利法》第 271 条(a)款规定,除有特殊情形外,任何未经专利权人同意,制造、使用专利之技术特征,或将侵权之制成品为贩卖之要约或贩卖,或自国外进口至美国境内者,即构成对专利之直接侵害;所以只要有上述五种行为态样之一,就属于直接侵害专利的方式。

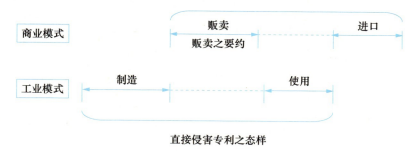

直接侵害专利之态样

1. 制造

制造即侵权行为人以手工或机械化之方式,将原材料加以处理、组合,进而生产出侵害美国专利之物品,或以侵害美国专利之方式进行生产的过程。

2. 使用

使用指基于系争专利原本所欲达到之目的,积极利用侵害美国专利之物品,或利用侵害美国专利之方法而言。若仅消极持有,则不符合此处之定义。

3. 贩卖之要约

贩卖之要约即侵权行为人将侵害美国专利之物品、或以侵害美国专利之方法所制造之物品,向他人要约,以达到贩卖之目的。

> **【注意】**
>
> 若系基于贩卖之目的,在商展向客户公开展出侵害专利权物品的行为,即可能构成本款所谓之"贩卖之要约"。

4. 贩卖

贩卖即指侵权行为人为收取买卖价金,将侵害美国专利之物品或以侵害美国专利之方法所制造之物品交付买方,并移转该物品所有权之行为。

5. 进口

进口即侵权行为人将在其他国家所制造侵害美国专利之物品、或以侵害美国专利之方法所制造之物品,为上述目的输入到美国之行为。

问题研究

Case 1

何先生向合法经销商购买了一台DULL公司拥有美国专利的机具,经使用一段期间后,何先生可否在未经DULL公司同意的情形下,擅自将之贩卖给李先生使用?

由于专利权人将专利物品贩卖给他人后,已自该交易过程获得其应享有之利润;买受人于付出一定价金后,目的当然是希望可以取得该专利物品完整权利,不受约束的使用该物品,甚至日后可以再卖给第三人。

所以,基于专利权利耗尽理论,专利权人将专利物品贩卖给他人或许可他人实施后,其在该物品上之专利权即已耗尽,换言之,专利权人不得再针对该物品主张排他权。

因此,专利权人 DULL 公司除不得禁止专利产品之合法买受人何先生使用该物品,也不可以拘束或限制何先生将该物品贩卖给第三人。所以何先生当然可以在未经 DULL 公司同意的情形下,将该专利机具贩卖给李先生使用。

Case 2

何先生向合法经销商购买了一台 DULL 公司有美国专利的机具,经使用一段期间后,该机具故障,何先生可否在未经 DULL 公司同意的情形下,自行拆解该机具,并简单加以修复?或者何先生将该机具拿到一家未经 DULL 公司授权之工厂,该工厂可否在未经 DULL 公司同意的情形下,拆解该机具,擅自置换其中之零组件?

根据上述之专利权利耗尽理论,何先生既已取得该专利物品完整的所有权,专利权人在该物品上之专利权也已耗尽,所以何先生本来应该可以自行拆解该机具,并简单加以修复,或者请未经 DULL 公司授权之工厂,直接修理该机具。

但是,根据美国实务的见解①,倘若何先生或未经 DULL 公司授权之工厂,在修理机具的过程中,已涉及自行替换该机具中经授予专利之特殊关键零件,甚至就某种程度而言,在参考原专利机具内部构造的情形之下,事实上已等于重新制造出(reconstruction)一件新的机具时,则有可能被法院认定为以制造之方式,直接侵害专利。

【重新制造(Reconstruction)】

是否构成重新制造,美国联邦巡回上诉法院曾提出以下之具体标准②:

1. 被告行为之属性为何?
2. 该零件之性质、及设计之方式为何?
3. 市场上是否有制造系争零件,或提供关于该零件之服务?
4. 关于专利权人意向之客观证据。

【时(when)】

由于专利制度之本质,即在于赋予专利权人在一段期间内,

---

① *Aro Manufacturing Co., Inc. v. Convertible Top Replacement Co., Inc.*, 365 U. S. 336(1961).

② *Sandvik Aktiebolag v. E. J. Co.*, 121 F. 3d 669, 674, 43 USPQ2d 1620, 1624 (Fed. Cir. 1997).

对其所发明的技术享有排他的权利,所以根据《美国专利法》第271条(a)款之规定,限于专利有效期间当中的行为,始可能侵害专利。

【地(where)】

由于世界各国关于专利制度系采取属地主义,所以唯有在美国享有专利权,始可以排除他人在美国实施其专利;因此,依据《美国专利法》第271条(a)款之规定,唯有在美国境内之行为,始可能直接侵害专利。

【物(what)】

在符合上述四个层面之要求下,最后仍须符合以下关于物品的说明,行为人之行为始构成《美国专利法》第271条(a)款之直接侵害专利。

基本上,法律赋予专利权人之权利保护范围,乃是指具备所有技术特征之物品整体或全部方法。换言之,在各个技术特征组合在一起之前,或是尚未完全实现所有技术特征之制程,仍非专利权所保护之对象,因此原则上,专利权人并不能以专利权被直接侵害为由,禁止他人使用、制造、贩卖、或进口与系争专利有关,但尚未整合之各个零组件。

根据美国联邦最高法院的见解,必须是针对已完成最后之组装,达到可实际使用程度之物品,才属于直接侵害专利。[①] 换

---

① *Deepsouth Packing Co. Inc. v. Laitram Corp.*, 406 U.S. 518 (1972).

言之,必须完成最后之组装阶段,产生完成品而非半成品,才属于以制造之方式直接侵害专利;或将完整具备系争专利技术特征之产品售出、输入美国,才属于以贩卖或进口之方式直接侵害专利。

【注意】
　　即使不构成《美国专利法》第271条(a)款之直接侵害专利,亦可能属于后述之间接侵害专利。

因此,倘若并未完成最后之组装阶段,仅系处于分散的零件或半成品之阶段,或是将该等零件售出,或由国外输入美国,并不构成以制造、贩卖或进口之方式,直接侵害美国专利。

诱导行为可否构成侵害专利

以下将从主观及客观的层面,分析《美国专利法》第271条(b)款之规定[①];行为人只要符合下述之条件,其自身虽未直接侵害第三人之专利,却可能会因为其对直接侵害专利之人的诱导行为,负担《美国专利法》第271条(b)款,即所谓诱导侵害专利之责任:

主观层面

---

① 35 U.S.C. §271(b) Whoever actively induces infringement of a patent shall be liable as an infringer.

客观层面

【主观层面】

由于所谓的诱导（induce），文义上即指必须对所诱导的行为，将可能产生之结果事先有所认知，并且有特定之意图（specific intent）；因此，行为人在主观上认知，并特定蓄意诱导他人采取直接侵害专利之行为。

> 【实务做法】
>
> 可借由寄发警告信的方式，使被告对侵权之结果，事先有所认知；或在搜证程序中，找到被告企业内部对系争专利的讨论数据，均可能证明被告应已知悉并意图诱导他人采取的行为，会直接侵害专利。

【客观层面】

行为人有积极诱导之行为

所谓积极诱导（actively induce），乃是指行为人有主动具体的行为，积极意图引诱指导或协助第三人，直接侵害专利。

例如某人虽未自行制造侵害专利之物品，但却主动撰拟详细之操作流程，积极指导协助第三人如何大量生产侵害专利之物品；或某创投业者要求亟须资金的公司，必须生产侵害专利之物品，作为决定是否投资该公司之主要条件。

因此，倘若并无积极诱导之行为，只是被动地应直接侵权行为人的要求，提供生产侵权品所需之资金，并不算此处所谓之诱导侵害专利。

> 【实务意见】
>
> 　　由于美国法院曾认为被告若取得可胜任之律师的法律意见，可作为判断其有无特定意图之间接证据；因此，被告若收到原告之警告信，被告知其行为与侵害专利之间的可能性后，建议尽速咨询并取得可靠之美国专利律师对此的法律意见，以避免或减少日后被法院认定有诱导侵害专利之风险。

促成他人侵害专利是否应负责

行为人虽未直接侵害第三人之专利，但是，其促成他人直接侵害专利之行为，若符合下述《美国专利法》第271条(c)款之相关规定时①，专利权人亦可以在美国主张被告应负《美国专利法》第271条(c)款，即所谓促成侵害专利之责任：

---

① 35 U.S.C. §271(c) Whoever offers to sell or sells within the United States or imports into the United States a component of a patented machine, manufacture, combination or composition, or a material or apparatus for use in practicing a patented process, constituting a material part of the invention, knowing the same to be especially made or especially adapted for use in an infringement of such patent, and not a staple article or commodity of commerce suitable for substantial noninfringing use, shall be liable as a contributory infringer.

第一讲
发现侵权物品

主观层面

客观层面

【立法背景】

> 由于必须完成最后组装阶段,美国最高法院始认为构成直接侵害专利。行为人便想到可以利用仅制造、贩卖专利物品中相关零件,却故意不完成最后组装的方式,避免被法院认定为直接侵害专利。
>
> 因此,美国联邦法院便逐渐发展出促成侵害的理论(Doctrine of Contributory Infringement),认为在一定条件下,上述行为人亦应负侵害专利之责;美国最高法院后来也接纳相关见解。所以,美国国会遂将相关实务见解明文化,增订为《美国专利法》第271条(C)款的规定。

【主观层面】

依据《美国专利法》第271条(c)款及美国最高法院之见解[①],若要求行为人应负促成侵害专利之责任,行为人必须要对以下两项事实有所认识:

(1) 所提供之物品主要系用以侵害他人专利

(2) 知道第三人将用以直接侵害专利

---

① *Aro Manufacturing Co. v. Converetible Top Replacement Co., Inc.*, 377 U.S. 476(1964).

(1) 所提供之物品主要系用以侵害他人专利

亦即行为人提供给第三人之物品,属于主要用以制造他人取得专利的机械、制成物、组合物、合成物之重要零组件,或主要用以实施方法专利之重要原料或器具;且该等零组件系专为侵害专利所制造或使用,并不具备其他不侵害专利之一般商品之实质用途。

(2) 知道第三人将用以直接侵害专利

行为人知道其所提供相关零组件之对象,系供第三人利用该等零组件用以在美国境内直接侵害他人专利。

【比较】

若行为人仅止于知悉第三人将利用其所提供之零组件,用以直接侵害他人之专利,则属于《美国专利法》第271条(b)款之促成侵害专利。

若行为人不止知悉上情,尚且用积极诱导的方式,鼓励第三人利用其所提供之零组件,用以直接侵害他人之专利,则可能同时构成《美国专利法》第271条(c)款之诱导侵害专利。

【客观层面】

依据《美国专利法》第271条(c)款,若要求行为人应负促成侵害专利之责任,行为人必须要有以下之行为,零组件亦必须要有以下之特性：

（1）行为人为贩卖之要约、贩卖或进口关于他人专利之零组件

（2）该等零组件属于他人发明之重要部分

（3）该等零组件专为用以侵害他人专利

（1）行为人为贩卖之要约、贩卖或进口关于他人专利之零组件

即行为人在美国境内将专利之机械、制成物、组合物、合成物之零组件或将用以实施方法专利之原料或器具，对第三人为贩卖之要约、或贩卖给第三人，或将上述物品进口给美国境内之第三人。

（2）该等零组件属于他人发明之重要部分

前述零组件、或用以实施方法专利之原料或器具，属于他人已获准专利的发明之重要部分。

（3）该等零组件专为用以侵害他人专利

行为人所提供给第三人之零组件，除系专门或特别为用以制造成侵害他人专利之物品外；在相关日常市场上，并无其他实质非侵害专利（substantial non-infringe use）、可单独发挥功效、作为一般交易商品之用途。

> **【实务做法】**
>
> 至于相关零组件是否系专门用以侵害专利,在美国专利诉讼实务上,属于事实问题,应由陪审团认定。
>
> 在通常情形下,应由被控以促成方式侵害专利之被告,提出具体而非空泛之证据,以证明其所提供之零件,在一般市场上的确具有其他实质之用途,可作为单一交易商品,并非专为侵害专利制造。

国际分工可否回避侵权责任

基于前述属地主义之说明,专利权人仅得针对发生在美国境内直接侵害专利之行为,主张侵权责任;即便有上述诱导侵害专利或促成侵害专利的情形,亦需要第三人在美国境内,有直接侵害专利之行为。

因此,在国际分工发达的今天,亟欲突破专利封锁却又无法回避设计的企业,便会将其已在美国境内制造,但尚未完成最后组装的全部零组件,直接输往国外,利用位在其他国家的第三方,在美国境外组装成为完整之侵权物品,冀图借以规避侵害专利之责任。

为有效防堵上述之恶意行为,《美国专利法》第271条(f)款

特别规定①,行为人有下述情形之一时,仍应负担侵权责任:

以诱导方式使第三人在美国境外直接侵害专利

以促成方式使第三人在美国境外直接侵害专利

【以诱导方式使第三人在美国境外直接侵害专利】

任何未经授权之行为人,从美国境内,将他人关于专利发明未完成组装的全部、或重要之组件,提供给第三人,并积极诱导第三人在美国境外以直接侵害专利的方式,将该等组件予以组装完成,该行为人即应负侵权责任。

【以促成方式使第三人在美国境外直接侵害专利】

任何未经授权之行为人,在明知第三人于美国境外,将可以直接侵害专利的方式予以组装相关组件的情形下,仍从美国境

---

① 35 U.S.C. §271(f)(1) Whoever without authority supplies or causes to be supplied in or from the United States all or a substantial portion of the components of a patented invention, where such components are uncombined in whole or in part, in such manner as to actively induce the combination of such components outside of the United States in a manner that would infringe the patent if such combination occurred within the United States, shall be liable as an infringer. (2) Whoever without authority supplies or causes to be supplied in or from the United States any component of a patented invention that is especially made or especially adapted for use in the invention and not a staple article or commodity of commerce suitable for substantial noninfringing use, where such component is uncombined in whole or in part, knowing that such component is so made or adapted and intending that such component will be combined outside of the United States in a manner that would infringe the patent if such combination occurred within the United States, shall be liable as an infringer.

内将专门制造用以实施他人专利、没有其他实质上不侵权用途、并非市场上的单一商品、且未完成组装的组件提供给第三人时，该行为人即应负侵权责任。

【观念整理】

整理本章所叙述之型态，建议读者可从以下流程，理解《美国专利法》第271条关于侵害专利型态之规定，并于实际案例中，检视应以何规定，在美国主张被告侵害相关之专利权：

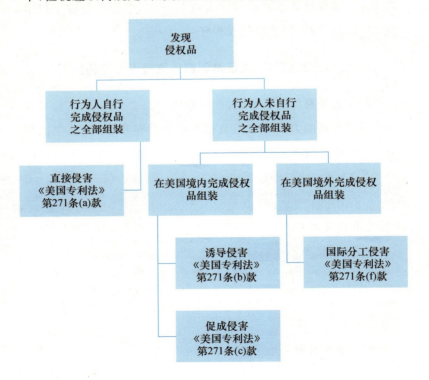

Suggestion

M 公司在美国发现 F 公司未经其允许,擅自制造关于该电动机具 Super Screwer 的所有零组件后,为期能从源头一举解决其专利被侵害的问题,建议 M 公司应先进行以下之工作:

- ☐ 取得与系争专利有关之一切专利文件与审批历史
- ☐ 取得侵害系争专利之产品实体
- ☐ 掌握侵害系争专利之产品的制造与销售型态
- ☐ 确定侵害系争专利之日期与地点
- ☐ 搜集所有直接侵权及间接侵权人之相关信息
- ☐ 调查该等侵权人先前曾否被控侵害相关专利
- ☐ 列举我方所有可能采取之攻击策略
- ☐ 列举对方所有可能采取之防御策略
- ☐ 搜寻所有与上述攻防策略有关之法条及法院判例

接下来,本案例可以依据上述之相关证据,分别从 F 公司系将相关未组装之零组件,贩卖给在美国之 C1 公司、还是给在墨西哥之 C2 公司两个部分加以说明。

首先,倘若 F 公司将相关未组装之零组件,贩卖给在美国之 C1 公司,系属于 M 公司在美国拥有发明专利的电动机具所有零组件,则可视 F 公司有无积极诱导 C1 公司以直接侵害专利的方式,将该等零组件予以组装;或相关零组件是否专为侵害专利所制造,别无一般不侵权之用途。倘若符合《美国专利法》第271条(b)或(c)款之规定时,律师可以建议M公司,主张F公司此际系以诱导或促成之方式,侵害其美国专利。

其次,倘若F公司将相关未组装之零组件,贩卖给在墨西哥之C2公司,系属于M公司在美国拥有发明专利的电动机具所有零组件,则因为C2公司系在美国境外,完成电动机具的最后组装,并非在美国境内完成直接侵害专利之行为,所以M公司不可依《美国专利法》第271条(b)或(c)款之规定,主张F公司系以诱导或促成之方式,侵害M公司的美国专利;需视F公司有无积极诱导在美国境外之C2公司,在墨西哥以直接侵害专利的方式,将该等零组件予以组装;或相关零组件是否专为侵害专利所制造,别无一般不侵权之用途。倘若符合《美国专利法》第271条(f)款之规定时,律师可以建议M公司,此际应主张F公司系以国际分工之方式,侵害其美国专利。

第二讲

如何开始与应对专利争端

智慧为首;所以,要得智慧。在你一切所得之内必得聪明。

The beginning of wisdom is this: Get wisdom.
Though it cost all you have, get understanding.

第二讲
如何开始与应对专利争端

Story

设在上海的 C 公司,接获来自德国 A 公司所寄发之警告信;内容指称 C 公司在美国贩卖之切割机具,侵害 A 公司所拥有之美国 X,XXX,XXX 号专利。A 公司除要求 C 公司停止继续侵害其专利权外,并要求 C 公司应在两个月内做出是否进行权利许可协商之答复,否则其将采取进一步必要之行动。

Why Do You Learn This Chapter?

在一般国际专利诉讼实务上,当专利权人发现市面上有侵权产品时,经过审慎评估,往往会向侵权产品之制造者、进口商、或经销商发出警告信(cease and desist letter, actual notice),以先礼后兵的方式开启专利争端;被控侵权之一方在收到警告函后,倘若过去没有类似之经验,也时常不知所措,一时之间乱了章法,以致耽误了宝贵的时间。

因此,专利权人应知悉如何撰拟一封架构完整之警告信;被控侵权之人在收到警告信,或发觉专利权人可能会对我方进行专利诉讼,甚至突然收到原告的专利侵权诉讼起诉状后,建议被控侵权人可依序参考本讲以下重点,迅速掌握相关警告信之基本内容,有条不紊地在第一时间研拟相关应对之道,审慎采取相关做法,以掌握宝贵的时机,甚至先发制人。

> ▶▶▶ **本讲重点**
>
> ★ 警告信应包含哪些内容
> ★ 被控侵权人收到警告信后之应对对策
> ★ 被告收到起诉状后所应进行之工作

警告信应包含哪些内容

一封正式而完整的专利侵权警告信，至少应包含以下之基本信息：

发信人之联络信息

侵权人之收信地址

专利权人/委托人

系争专利名称与号数

侵权产品为何

认定侵害专利之过程

专利权人之意图

最后通牒期间及未得正面响应的可能处理方式

其他

【发信人之联络信息】

专利权人通常不会以自己之名义，寄发警告信函，系委托律师为其处理。因此，往往是由专利权人所聘请之律师，寄发该警告信函。日后若被警告之对象认为有必要时，亦可直接与该发信之律师进行联络。

【参考格式】

　　发信之律师事务所名称
　　详细联络地址

【发信日及侵权人之收信地址】

在警告信函中，应具体载明警告信函之发信日，以及所欲寄发之对象，以确定相关之法律效力。

【参考格式】

　　发信日
　　投递方式（e.g., VIA UPS/FedEx）
　　侵权人之完整名称（e.g., C Inc.）
　　侵权人之地址

【专利权人/委托人】

由于系律师代为通知警告内容，所以该律师应说明系受何人所委托寄发该警告信函，通常该委托人即应为被侵害专利之专利权人。

【系争专利名称与号数】

为确定究系何专利被侵害,警告信函中应具体载明该系争专利之基本信息,例如专利名称和号数。该专利之说明书亦可考虑以附件的方式,随同警告信函,一并寄送给侵权人参考。

【参考格式】

We have been retained by 专利权人名称 for the purpose of analyzing and ensuring the enforcement of the following patent right which is owned by 专利权人名称:

U. S. Patent 系争专利号数, issue date 授予专利日.
A copy of this patent is enclosed.

【侵权产品为何】

由于专利侵害的情形,必以侵权产品为比对之基础,因此,警告信函中应具体指出目前已掌握之侵权产品为何。

【如何避免自我限缩】

由于警告信函中已具体指明何专利被侵权产品所侵害,为避免外界(包括收信人或日后在诉讼中之陪审团)误会专利权人仅认为该系争专利被侵害的可能性,建议在警告信函中加入以下之陈述:

> The above patent should not be considered an indication that no other patent rights owned by 专利权人名称 are infringed by the above product, or other products, manufactured, used and/or sold by 侵权人名称; however, the above listing can be used as a basis for beginning a discussion if 侵权人名称 desires to do so.

【认定侵害专利之过程】

若警告信函中认为系争专利被侵害,应说明相关的确信依据,例如之前专利权人自己的分析或专利律师之鉴定;避免流于发信人主观的个人看法。

【参考格式】

> Based on an analysis made by those at 专利权人名称, as well as by ourselves, we have cause to believe that the manufacture, use and/or sale by 侵权人名称 of 侵权产品名称 may be pertinent to one or more of the claims of the above identified United States Patent.

【应否一并提供专利侵害鉴定?】

在实务运作上,专利权人一方通常不会主动将完整的专利侵害鉴定意见,送交给涉嫌侵害专利的一方参考,以免在正式诉讼开始前,提供自己的攻击武器给敌人拆解分析出可能的弱点。

【专利权人之意图】

在警告信函中,律师一定要代表客户(即专利权人)表达其真正之意图为何。例如究竟只是要求侵权人立即停止侵权行为而已,还是要与侵权人展开权利许可谈判,或是要求赔偿专利权人所受损害,警告信函中应具体且明确地予以表达。

【参考格式】

We have been authorized to advise you that at this time 专利权人名称 is prepared to discuss the grant of a license to you under these patent rights on reasonable terms and conditions, provided that such an agreement can be concluded promptly.

【最后通牒期间及未得正面响应的可能处理方式】

为避免警告信函发出后不了了之,建议发信人应在信函中载明最后通牒期间或是具体之期限,以期在一定期间内,确定侵权人的意向,以及专利权人下一步应实行之应对策略为何。

至于最后通牒期间的长短,通常取决于侵害情形的严重性、专利权人对收信人习惯的了解、以及专利权人之真正意图。

【参考格式】

Our own analysis has been based on a careful consideration of the information available to us; however, should you believe that our analysis is in error, we encourage you to inform us of your position at once. We believe that a period of 适当之期间 from the date of this letter is sufficient to permit you to analyze this patent, and to make a determination as to whether 侵权人名称 wishes to enter into a discussion of licensing terms. If 适当之期间 from the date of this letter pass without a response from your company, 专利权人名称 will assume that your company does not desire to enter into such licensing discussions.

【其他】

最后,在警告信函中,可以考虑是否要提及请收信人尽快回复,以便律师及专利权人及早进行后续谈判、协商的安排,或其他一并附带之事项。

【参考格式】

Please let us know whether you are interested in conducting a discussion regarding this matter and/or the possibility of a license grant, and we will take appropriate steps to arrange to meet with you as soon as possible at a mutually convenient time and place.

被控侵权人收到警告信后之应对对策

是要对于专利权人之请求照单全收,还是要采取其他解决之道,其间所差距之商业利益,往往十分庞大。因此,当收到专利权人之警告信函后,建议被控侵权人可以采取以下之行动,以理性因应即将可能面临之风暴,避免不必要之损失:

检视专利权人警告信重要信息
审慎评估双方实力与利弊得失
谨慎选择律师团队与外部顾问
进行专利无效分析
进行专利侵权分析
尽速完成不侵权报告或回避设计
公司内部任务编组
配合未来可能之诉讼管理公司文件
决定是否停止制造销售被控侵权的产品
撰拟回复专利权人之警告信

【检视专利权人警告信重要信息】

被控侵权人应对所收到之警告信,逐步检视确认以下相关信息,以作为后续相关作业之基础:

☐ 发信人之联络数据
☐ 专利权人/委托人
☐ 系争专利名称与号数
☐ 侵权产品为何
☐ 认定侵害专利之过程
☐ 专利权人之意图
☐ 最后通牒期间
☐ 未得正面响应的可能处理方式

【审慎评估双方实力与利弊得失】

被控侵权人应根据警告信逐步检视确认之上述信息，与律师及专家顾问积极分析以下事项：

▲ 专利权人的实力

例如专利权人若为公司型态，被控侵权人内部的法务、业务及研发部门，则应调查该公司之资本额、所拥有之专利数量与质量、市场占有率、过去处理专利纠纷之解决模式，以分析专利权人的真正意图，以及有无进行专利诉讼之实力。

▲ 搜集与系争专利有关之资料

被控侵权人内部的法务及研发部门，应尽速搜集与系争专利有关之资料，例如专利说明书、审批历史，以委托该国专利律师初步分析系争申请专利范围有无该国专利法使专利无效的情形。

▲ 最坏情况之预估

被控侵权人内部的法务及财务部门，应根据相关被控侵权产品的销售量与获利能力,以及专利权人与系争专利相关产品的市场普及程度及系争专利之合理授权金(reasonable royalty),分析日后万一被法院判决一般侵权或恶意侵权成立时,被控侵权人所可能需负担之赔偿责任。

▲ 外在整体商业环境

此外,被控侵权人的注意焦点除应放在系争专利与自身相关的产品,尚应放大到与系争专利相关之市场,亦即被控侵权人内部的业务及研发部门,应完成目前外在整体商业环境之报告,例如相关产品的生命周期、市场上有无其他的竞争对手等,以分析大环境所可能对专利权人造成之后续影响。

【Worst Case Scenario】

被控侵权人内部完成最坏情况之预估后,可用以判断公司所面临最大的风险、决定应否开战或求和、评估公司需要聘请何种等级之外部律师以及日后展开谈判的底线为何。

【谨慎选择律师团队与外部顾问】

一旦正式展开国际专利诉讼,当事人所支出的律师费,往往超过数百万元美金;最后是否可妥善处理相关争议,亦影响双方当事人极为可观之商业利益。因此,被控侵权人可以参考以下的重点,展开与律师团队及外部顾问间的合作关系:

▲ 专业能力与收费标准

被控侵权人应评估律师团队与外部顾问是擅长处理国际专

利诉讼案件抑或只是处理一般国际案件或国内事务,以及相关收费标准是否合理,与本案所可能的风险相较后,所支出之律师费用是否仍有价值等因素,以考虑应否委任该律师(事务所)处理相关争议。

▲ 产业熟悉度及处理经验

由于专利诉讼案件,时常涉及诸如机械、电子、医药、生物科技等不同之专业领域,与一般诉讼有所不同,所以,被控侵权人应评估律师团队与外部顾问,对于目前本案所属产业是否熟悉,以及对于相关类似案件,过去是否有充分之处理经验。

▲ 有效教育并及时沟通

即便已委请熟悉相关产业、处理经验丰富之律师团队进行专利诉讼,被控侵权人仍不宜置之事外。换言之,被控侵权人仍应随时教育外部律师相关技术问题,并及时对不清楚或不同之看法,进行沟通,以因应瞬息万变之诉讼。因此,外部律师之沟通能力,包括有无语言障碍,亦显得格外重要。

▲ 有效切割律师团以构筑防火墙

由于在美国进行专利诉讼,有所谓律师拒绝证言权等相关机制。因此,建议在组建律师团队时,应分别聘请隶属于不同事务所之律师,分别担任专利意见(patent opinion)律师及专利诉讼(patent litigation)律师,才能有效保护与诉讼相关的内部讨论数据,不至于因为提出专利无效或不侵权之意见,一并被迫要摊在台面上。

【律师费用与公司预算】

为能有效控管诉讼费用,当事人可委托专业顾问,除可协助审核律师账单外,尚可分担基本事务,例如数据之整理、相关文件之草拟等工作,以节省公司预算。(详见第十五讲之跨国专利诉讼的新思维)

【进行专利无效分析】

被控侵权人内部完成前述搜集与系争专利有关之资料,并已决定外国律师顾问团后,则应**将相关数据送请外国律师顾问团参考,进行正式之专利无效分析。**[①] 倘若经过外国律师确认,系争专利权利要求范围的确有该国专利法专利无效的情形时,外国律师应尽速完成一份正式之专利无效分析意见。

被控侵权人根据该专利无效分析意见,日后可以在诉讼中作为专利无效抗辩之依据。

此外,被控侵权人还可以考虑对系争专利请求宣告无效,或透过后述之确认判决程序,确认系争专利无效(请参阅后述第三讲如何主张专利无效)。

【进行专利侵权分析】

除分析系争专利无效的可能性外,被控侵权人亦应**将相关**

[①] 此部分之详细说明请参阅后述第十二讲有关律师与客户特权(attorney-client privilege)之介绍。

第二讲
如何开始与应对专利争端

数据送请外国律师顾问团参考,进行正式之专利侵权分析。[①] 先完成系争专利权利要求范围的技术特征分析表,再检视其被控侵权的产品之技术特征,是否的确落入系争专利权利要求范围,或预估被控成立侵权行为的几率(请参阅后述第四讲专利侵害分析)。

> 【实务作业】
> 在外国律师之指导下,当事人将整理搜集公司内部所有相关文件,提供给外国律师而制作之文件,应加注下列相关文字,以确保受律师与客户特权之保障[②]:
> **PRIVILEGED AND CONFIDENTIAL ATTORNEY-CLIENT COMMUNICATIONS**

【尽速完成不侵权报告或回避设计】

被控侵权人送请外国律师顾问团完成前述【**进行专利侵权分析**】的评估比对分析后,倘若经过外国律师确认,被控侵权产品之技术特征并未落入系争专利之字面范围及等同范围内,则应由外国律师完成一份正式之不侵权报告;反之,倘若外国律师认为,被控侵权产品之技术特征已明显落入系争专利之字面范围或等同范围内,则被控侵权人之研发单位应尽速研究回避设

---

① 此部分之详细说明请参阅后述第十二讲有关律师与客户特权(attorney-client privilege)之介绍。
② 同上。

计之可能性,并与生产单位讨论是否改为生产变更设计后之产品等问题。

【公司内部任务编组】

跨国专利侵权之争议一旦开始,被控侵权公司的各个部门应在外国律师指挥下,实行相应作业:

☐ 研发部门:提供技术上之支持、与外国律师紧密合作研究相关技术

☐ 财会部门:整理过去相关销售记录、编列诉讼预算、控制诉讼费用

☐ 市场销售部门:调查相关产品销售量与利润、维系并调整现有及潜在市场

☐ 生产制造部门:整理制造流程、考虑是否及如何配合修改生产过程

☐ 人力资源部门:整理曾从事研发、制造及销售系争产品之人事数据

☐ 法务或知识产权部门:控制诉讼进展、沟通协调各单位、与外国律师联系

因此,被控侵权人必须借由指派公司相关部门的负责人员进行任务编组,将各个相关部门有效予以整合,使公司除仍能正常营运外,可以在第一时间,迅速因应专利争议最新发展情况而有所反应;最重要的,被控侵权之公司必须要在该任务编组中,安置一有紧急决策权的人员,才能发挥战场指挥官的功能,不至延误时机。

第二讲 如何开始与应对专利争端

【配合未来可能之诉讼管理公司文件】

被控侵权人于收到警告信函后,且自知一场专利大战在所难免时,为能有效掌握有利己方之相关证据资料,并受律师与客户特权之保障,建议被控侵权之人必须即刻另立专档,在外国律师之指挥下开始搜集整理公司内部所有相关之文件。

此外,因为美国专利诉讼中,有特殊之搜证程序,倘若于诉讼开始之际,被控侵权人未能有效管理公司文件,仍例行性删除日后在诉讼中有可能被认为极为重要之数据时,法院将有可能视之为藐视法庭,课以罚款或因而认定为恶意行为、甚至因而直接推定对方主张为真实,并于败诉后,承担恶意诉讼之责,赔偿专利权人之律师费用。

因此,在展开专利诉讼攻防战之际,建议被控侵权人配合诉讼需求,管理公司文件,对内部同仁发出正式通知(可参考后述【实例参考:内部通知】),以做好事前之准备工作。

【实务参考】

在专利诉讼中,当事人应委托律师协助搜集整理以下所列之物品及文件:

☐ **与系争专利有关之信息**

例如专利的审批历史、先前技术信息、专利有效性与侵权分析。

- [ ] **涉嫌侵权产品**

  例如产品实体、外观相片及广告资料。

- [ ] **涉嫌侵权产品之技术文件**

  例如涉嫌侵权产品之相关研发记录与实验数据。

- [ ] **涉嫌侵权产品之销售数据**

  例如与涉嫌侵权产品相关之订单、发票、账册、进出货记录。

- [ ] **其他与涉嫌侵权产品相关之文件**

  例如涉嫌侵权产品之使用手册、广告等促销资料。

- [ ] **相关团体或个人之信息**

  例如相关之子公司、关系企业、以及企业之负责人、高管与研发人员。

【实例参考：内部通知】

请诸位同仁仔细阅读以下文件：

于2013年4月，A公司已在美国德州东区联邦地方法院对本公司提起诉讼，声称本公司之切割机产品侵害其所拥有之美国专利权。本公司已雇用○○○○律师为外国法律顾问，○○○○律师在不久的未来会与您联系以取得相关信息；其律师团队将为本公司提供专业协助，处理与本次诉讼有关之事宜，所以请完全与其合作。

第二讲
如何开始与应对专利争端

本人发出此备忘录,系用以提醒各位目前诉讼正在进行中,并且说明我们目前必须保留可能与诉讼有关之证据的法律义务。在预期的诉讼中,为了达到美国法关于应保留上述证据之法律义务的要求,**本人兹代表本公司,要求各位应主动搜寻、收集并保留各位所持有、支配、或本公司其他同仁所持有、支配之所有任何以电子文件、纸本或其他形式存在,可能与 A 公司所指控情事有关之文件及信息**。这些文件可能系以电子邮件、书面通信、便条纸、立可贴、文件列表、约会簿、电话留言、简报文件或其他形式存在。法律人员及外国顾问近期内将向各位取得在诉讼中可能需要之文件及信息,在目前,各位主要之责任为保管该等文件,并且**停止所有将该等文件或信息予以删除或销毁之自动或例行程序**。请搜寻存在于您办公室、其他经允许之办公室、您个人计算机或笔记本电脑、交通工具、家庭或其他任何场所当中,您有权取得与本案有绝对相关的文件;若您察觉到有该等文件,但无权取得时,请提供相关文件予以说明;也请您将所有与本案有绝对相关的文件之原本,不论系以何种方式存在(例如:纸本、电子文件、电子邮件、卡带、及草稿等等),均予以收集并确保;如果您对于哪种特定之文件或记录是属于上述要求中所谓与本案有绝对相关的文件、或是否有关、或与本备忘录有关的其他问题存有疑惑时,请立即与本人联络以予以协助。当不确定时,请先推定相关文件及纪录为与本案有绝对相关。

> 请了解针对应属于与本案有绝对相关的文件,您有持续性予以确保之义务。并且,**特别强调应将与本备忘录有绝对相关的任何文件予以保留,不得抛弃、改变、或销毁。** 也请将任何其他可能持有与本案相关信息之人之姓名提供本人,以便本人寄发彼等类似之讯息以保存相关信息。
>
> 谢谢您的合作!

【决定是否停止制造销售被控侵权的产品】

被控侵权人送请律师完成前述【专利无效分析】及【专利侵权分析】的评估分析后,倘若经过外国律师确认,使系争专利的无效机会不高、被控侵权产品之技术特征落入系争专利之字面范围或等同范围内很高,且被控侵权人之研发单位表示回避设计之可能性很低时,被控侵权人应尽速讨论是否停止制造销售被控侵权的产品等问题,寻找可解决问题之替代方案,以避免或降低日后被法院认定构成恶意侵权之可能性。

【撰拟回复专利权人之警告信】

被控侵权人与律师完成前述的评估分析,并作出商业决定后,可委请律师参考以下事项,撰拟回复专利权人之警告信:

- ☐ 我方律师之联络资料
- ☐ 专利权人/委托人之收信地址
- ☐ 我方已于何时收到警告信

- ☐ 正在积极研究系争专利
- ☐ 请对方提供认定侵害专利之过程
- ☐ 表达我方愿意展开协商谈判
- ☐ 提供双方可展开协商谈判之期间

被告收到起诉状后所应进行之工作

若被告收到原告的专利侵权诉讼起诉状,确定双方之专利战争在所难免时,除应参考先前于收到警告信函时所作之评估外(**倘若先前未曾收到警告信函,或对于该专利诉讼完全无任何预警时,建议被告仍应参考前述关于《被控侵权人收到警告信函后之因应对策》的相关说明,逐步完成相关作业**),尚应要求已选定之外部律师团,积极进行下述之工作[①]:

确定原告起诉事实与要求重点

确认有无共同被告并考虑协同作战

分析系属法院与承审法官之特性

制定全盘防御策略与完整之规划

与原告之律师进行接触与沟通

评估本案的胜算及 ADR 之空间

---

① Don W. Martens et al., *The Answer and Other Responsive Filings*, in Patent Litigation Strategies Handbook 77 (Barry L. Grossman & Gary M. Hoffman ed., 2000).

随时汇报战况与建立合作小组

向相关企业或单位提出说明或报告

【重点回顾】

收到专利权人之警告信函后,建议被控侵权人可以采取以下之因应对策:
- 评估双方实力与利弊得失
- 选择律师团队与外部顾问
- 进行专利无效分析
- 完成不侵权报告或回避设计
- 公司内部任务编组
- 配合诉讼需求管理公司文件
- 决定是否停止制造销售被控侵权的产品

【确定原告起诉之事实与要求之重点】

由于已收到原告之起诉状,所以可确定整个专利诉讼之主轴为何与争点所在,并据以确认相关专利与被控侵权产品,与先前之警告信函内容所指是否一致。

【确认有无共同被告并考虑协同作战】

被告可从本案之起诉状上,得知是否有其他之共同被告(co-defendant),及透过专业顾问,以查知原告有无在其他国家或城市对其他人提起类似之专利诉讼;若经确认有其他共同被告,不论其在过去与我方是水平的竞争关系,还是垂直的供销关系,因为此际均有共同之敌人,所以可考虑是否要与之协同防御(joint defense),以分享相关诉讼数据,并分担未来庞大的律师费用。

【分析系属法院与承审法官之特性】

在原告之起诉状上,除可以得知案件编号外,尚可以得知本案系属在哪一个法院,并且系由哪一个法官负责审理本案;所以被告可据以分析该法院对专利侵权诉讼一贯之态度,以及该法官过去在类似案件中所表示之见解,以预估并决定未来的诉讼策略及方向。

【制定全盘防御策略与完整之规划】

由于专利侵权诉讼的过程中,涉及十分复杂的攻防技巧,其中许多之主张或抗辩,不但在逻辑上有顺序性,在法律上亦有时效性;倘若被告不能在一开始审慎进行完整之规划,妥善拟定进展日程,日后双方展开激烈攻防时,被告极有可能自乱阵脚,甚至不能再予以主张。

【举例而言】

若被告未于答辩状中提出积极抗辩,则在美国诉讼实务上将被视为弃权,日后与积极抗辩有关之证据,在诉讼中将不会被法院采信。

【与原告之律师进行接触与沟通】

实务运作上,由于诉讼已经展开,所以被告律师应与原告律师担任彼此之联系窗口,针对双方当事人之态度,以及对本案后续发展之看法,充分交换意见,才能掌握相关争议之重点,避免不必要之猜测与误会,促进诉讼之效率。

【评估本案的胜算及 ADR 之空间】

根据原告之起诉状与被告之相关分析,被告之律师或外部顾问可以约略评估双方当事人在本案胜诉的几率大致为何;由于在搜证程序展开前,是专利诉讼中第一个重要的和解时机,所以律师应积极为当事人评估,本案于现阶段进行诉讼外的替代纷争解决机制(alternative dispute resolution,简称 ADR)之可能性。

【实务经验】

在美国专利诉讼实务上,一般而言,有以下两个重要的黄金时机,利于当事人实行 ADR:

▲ **搜证程序开始前**

为了避免进入律师费用开销庞大的搜证程序,部分案件态势较为明显或双方经济规模较为悬殊之当事人,倾向于在本阶段先以和解的方式,解决彼此之争议。

> ▲ **搜证程序结束后**
>
> 经过搜证程序,若双方当事人所掌握的证据,已明显优劣互见时,为了避免进入另一个律师费用开销惊人的审判程序,许多识时务的当事人,也会选择在本阶段直接以谈判的方式,解决目前之争端。

【随时汇报战况与建立合作小组】

为期能在日程紧凑的专利诉讼中,积极掌握效率,迅速针对战况之变化,作出适当之响应,被告除应要求外部律师团,随时报告案件之最新进展外;被告内部亦应指派相关部门之负责人员,以任务为编制导向,组建合作小组,担任被告与律师团队及外国顾问间固定之联系窗口。

【向相关企业或单位提出说明或报告】

由于企业已经被提起美国专利诉讼,企业应视相关法规与实际情况(例如已否上市),选择于适当的时间、合宜的方式,向以下之个人、企业或单位,在注意依法应保护之机密的情形下,就目前之现况,披露或提出合适之信息、说明或报告:

- ☐ 本企业之员工
- ☐ 本企业之客户
- ☐ 本企业之股东
- ☐ 证券交易所

第三讲

如何主张专利无效

得智慧,得聪明的,这人便为有福。因为得智慧胜过得银子,其利益强如精金。
Blessed are those who find wisdom, those who gain understanding, for wisdom is more profitable than silver and yields better returns than gold.

第三讲
如何主张专利无效

> **Story**
>
> C 公司在接获来自德国 A 公司寄发的指称 C 公司在美国贩卖的切割机具侵害 A 公司所拥有之美国 X,XXX,XXX 号专利之警告信函后,经过专利律师之评估,认为 A 公司 X,XXX,XXX 号专利之技术内容,在相关之技术领域中司空见惯,根本无新颖性可言。

Why Do You Learn This Chapter?

在跨国专利诉讼中,被告可以依据法院所在国专利法中有关专利无效的规定,从根本上否认系争专利之有效性。

以下以美国为例,介绍《美国专利法》第 101 条、第 102 条、第 103 条或第 112 条之相关规定,以及《美国发明法》中挑战专利效力之机制、美国专利无效确认诉讼(DJ action)、挑战专利有效性之做法。

> ▶▶▶ **本讲重点**
>
> ★《美国专利法》第 101 条之抗辩
> ★《美国专利法》第 102 条之抗辩
> ★《美国专利法》第 103 条之抗辩
> ★《美国专利法》第 112 条之抗辩
> ★《美国发明法》中有关专利无效及补充陈述意见之机制
> ★ 确认诉讼(DJ action)

《美国专利法》第 101 条之抗辩

《美国专利法》第 101 条,包含了三种专利无效抗辩之基础事由:

不具实用性(lack of utility)

非专利适格客体(non-patentable subject matter)

双重专利(double patenting)

【实务经验】

通常仅会在专利商标局审核是否核准专利权的阶段,因本条之事由,核驳专利申请案;在实际专利诉讼中,发生引用本条的机会比较少。

【不具实用性】

一个发明若欲取得专利权,首先必须具有实用性,因此,一个发明若不具有任何实用性,即使符合其他专利的要件,如具备新颖性及非显而易知性时,仍不得准予专利。

【实务经验】

倘若一获准专利之设备已开始运行或操作,所制造之产品亦已实际进入市场,则因为该专利已进入实际操作阶段,具备实用性,此时被告成功援引本抗辩理由的机会,便会相对地大幅降低。

第三讲
如何主张专利无效

在实务上较常见到的例子,便是科学家有时发明一种新的化学合成物时,却不知道在实际应用上有何效用,或可发挥何种特殊用途。

倘若直到申请专利时,习知相关技艺之人仍无从得知其实用性,即使专利商标局误予准许专利,未来在专利诉讼中,被告仍可以该发明专利不具实用性,主张该专利无效。

【非专利适格客体】

若一发明的目标不属于《美国专利法》第 101 条中适格之专利客体,则不可准予专利。例如,若该发明系属于自然法则、自然现象或抽象观念时,被告可抗辩该专利权因非专利适格之客体,故应该无效。

在美国,是否符合《美国专利法》所规定之适格的客体,被归类为法律问题(a question of law)[1],应由法官依职权认定之,非由陪审团决定。

【双重专利】

因为《美国专利法》第 101 条规定,一个发明仅可得到"一个"专利权,故美国法院认为,若一专利权人就同一之发明事项,拥有两个以上之专利权时,被告便可以之为由,提出抗辩,主张

---

[1] *Arrhythmia Research Technology*, *Inc. v. Corazonix Corp.*, 958 F. 2d 1053, 1055, 22 U. S. P. Q. 2d 1033, 1035 (Fed. Cir. 1992).

该核准在后之专利权无效。① 相较于前述两种事由,本项之抗辩事由,是《美国专利法》第101条当中,比较常在美国的专利诉讼中经被告提出之无效抗辩。

> **【实务做法】**
>
> 　　美国实务界决定是否成立双重专利的标准,亦即二先后取得之专利权,其发明内容是否相同,乃是借由判断该二专利,是否可被同一侵权行为字面侵害(literal infringement)而决定。
>
> 　　换言之,倘若专利权人可证明其专利可被一侵权行为字面侵害,但另一专利并不会被该侵权行为字面侵害时,该二专利即无此处所谓之双重专利的问题。②

　　由于即使发生双重专利的情形,亦不会影响第一个取得专利之发明的效力,仅会使得就同一发明,随后所取得之专利权无效而已。因此,此种抗辩仅有局部之效力,只能对在后所取得之专利权,为请求权基础之原告,产生抗辩的效果;倘若原告所据以为基础之专利权,系先被核准的,则纵然其后就同一发明有双重专利的情形,被告仍无从抗辩该专利因双重专利而无效。

---

① *Ortho Pharmaceutical Corp. v. Smith*, 959 F. 2d 936, 940, 22 U. S. P. Q. 2d 1119, 1122—23 (Fed. Cir. 1992).
② Accord Manual of Patent Examining Procedure § 804.

第三讲
如何主张专利无效

《美国专利法》第 102 条之抗辩

《美国专利法》第 102 条,包含了三种专利无效抗辩之基础事由:

在先公开(anticipation)
已为贩卖或要约(on-sale bar)
他人已有发明(invention by another)

【在先公开】

若欲取得专利,该发明必须具备新颖性(novelty)[①],系争专利以"在先公开"为由,所提出的抗辩类型,即系所谓系争专利缺乏新颖性之抗辩。根据《美国专利法》第 102 条(a)款之规定,若某发明之技术内容在申请专利之前,已为他人所知悉或利用时[②],即不得取得专利权。意即在相关之先前技艺领域中,已有与系争专利的申请专利范围相同、且单一之发明,出现在其他公开发行之刊物或公众可得接触之管道上时,即成立此处所谓之"在先公开"。[③] 专利即使被误准,亦应被宣告无效。

---

① 35 U.S.C.A. § 102.
② 依美国法院之见解,此处所谓之知悉或利用,仅公众有机会可得知悉或利用即可。参阅 *Carella v. Starlight Archery*, 804 F. 2d 135, 139, 231 U.S.P.Q. 644, 646 (Fed. Cir. 1986).
③ *Richard v. Suzuki Motor Co.*, 868 F. 2d 1226, 1236, 9 U.S.P.Q. 2d 1913, 1920 (Fed. Cir. 1989).

另外,根据《美国专利法》第 102 条(b)款前段之规定,倘若某发明在申请专利超过一年之前,已为公众所使用时,即不得取得专利权。该从申请日起往前回溯满 1 年之日,即系所谓之**关键日**(critical date)。

因此,凡有证据足以证明在该关键日前,若有就该发明所为之任何已为公众所使用之行为(例如,发明人自己或其友人公开使用该发明、发明人曾将该发明之样品寄送给客户或发明人曾以其发明提供给公共机构团体使用等),日后均足以使该专利无效。①

但是,若发明人将其所发明欲申请专利的特殊制程予以保密,仅单纯公开贩卖以该方法所做成之产品,依美国法院之见解,该特殊制程仍不失其新颖性,故即使在关键日前有该行为,一年后仍可就该特殊制程,申请取得方法专利。②

过去《美国专利法》规定,新颖性优惠期限即宽限期(grace period)12 个月不限于与发明人自己有关的行为。但根据 2011 年 9 月 16 日,由美国总统奥巴马签署颁布之《美国发明法》(America Invents Act,简称 AIA,编号 S.23),宽限期虽仍维持 1 年,但将范围修改为限于发明人或共同发明人自己进行的公开行为,或者直接、间接源自发明人的公开行为为限。即专利申请日前 1 年内,限于发明人或共同发明人自己进行的公开行为,或者直接、间接源自发明人的公开行为,始得享有新颖性优惠期限

---

① *Milliken Research Corp. v. Dan River,Inc.*,739 F. 2d 587, 599—600, 222 U. S. P. Q. 571, 580 (Fed. Cir. 1984).

② *D. L. Auld Co. v. Chroma Graphics Corp.*,714 F. 2d 1144, 1147, 219 U. S. P. Q. 13, 16 (Fed. Cir. 1983).

即宽限期之适用，倘若并非系发明人或共同发明人自己进行的公开行为，或者并非直接、间接源自发明人的公开行为时，即不得享有新颖性优惠期限即宽限期。①

> 【如何构成在先公开】
>
> 该构成"在先公开"抗辩之先前技艺不必与系争之专利发明属于类似之领域，也不必用在相同之用途，只要符合以下之三个要件即可：
> 1. 该先前技艺与系争专利的权利要求范围相同。
> 2. 一般公众均可得接触到该先前技艺。
> 3. 该先前技艺乃清楚并充分地，使习知相关技艺者，可得使用、实施或据以制造。②

【已为贩卖或要约】

根据《美国专利法》第102条(b)款后段之规定，若在向美国提出专利申请超过1年之前，申请专利权之人或其他任何人，就该申请专利之发明已有贩卖或要约之行为时，该发明即不可被准予专利。只要是发明人或其所属公司在该1年的优惠期间前，企图借由商业利用而从该发明牟取利益，即使只有单独一次

---

① http://www.uspto.gov/aia_implementation/20110916-pub-l112-29.pdf，最后访问日期：2018年3月7日。

② *Barmag Barmer Maschinery v. Murata Machinery*, Ltd., 731 F.2d 831, 838, 221 U.S.P.Q. 561, 566 (Fed. Cir. 1984).

的销售行为,该专利也会因而无效。① 并且不必完成交易,即使尚未交货,但只要在关键日前有要约、销售契约或签约等行为,即构成本款规定之适用。②

【立法背景】

《美国专利法》第102条(b)款后段规定之理由如下:

1. 保障信赖利益

在已取得社会大众合理的信任,并可通过一般销售管道,自由取得该特定之商品后,为防止发明人借由申请取得专利之排他地位后,将该产品又任意从公开市场取回。

2. 鼓励早日披露

鼓励发明人尽快透过专利之申请,将其新发明,快速且广泛地向社会予以披露。

3. 防止偷跑行为

防止专利权人在关键日前偷跑,使其就该专利所为之商业利用期间,实质地超过基于专利所赋予独占排他之专利期间。

4. 合理犹豫期间

关键日至专利申请日间的一年期间,系为了给予发明人一段经由初步之销售,决定日后是否值得将该发明申请专利,进而投资量产之合理的犹豫期间。③

---

① *A. B. Chance Co. v. RTE Corp.*, 854 F. 2d 1307, 1311, 7 U. S. P. Q. 2d 1881, 1884 (Fed. Cir. 1988).

② *Buildex Inc. v. Kason Industries, Inc.*, 849 F. 2d 1461, 1464, 7 U. S. P. Q. 2d 1325, 1327 (Fed. Cir. 1988).

③ *UMC Electronics Co. v. United States*, 816 F. 2d 647, 652 2 U. S. P. Q. 2d 1465, 1468 (Fed. Cir. 1987).

第三讲
如何主张专利无效

【适用《美国专利法》第 102 条(b)款后段之注意事项:】

1. 该等贩卖或要约之行为,须系发生在有独立的权利能力之主体间,倘若仅发生在公司内部,则不在此限。①

2. 该要约系针对该发明,而非其上之专利权或其他知识产权。②

3. 该要约不必特别地明示发明为何,只要有证据(如公司内部之备忘录、图表或与客户间往来之书信)足以证明该要约之产品,事实上即是所欲申请专利之发明即可。③

4. 该要约之内容,不必包括发明之物品或方法之每一细节,只要足以彰显该发明之特点与性质即可④;所以即使日后该发明在申请专利之际,已另有改良或增进时,仍有本款的适用。⑤

【专利权人如何防御?】

若被控侵害专利权之人,提出上述已为公开使用、贩卖或要约之抗辩时,专利权人可尽量借由限缩解释的方式,将其被

---

① *In re Caveney*,761 F. 2d 671,676,226 U. S. P. Q. 1,4 (Fed. Cir. 1985).
② *Moleculon Research Corp. v. CBS, Inc.*,793 F. 2d 1261,1267,229 U. S. P. Q. 805,809 (Fed. Cir. 1986).
③ *RCA Corp. v. Data General Corp.*,887 F. 2d 1056,1060,12 U. S. P. Q. 2d 1449,1452 (Fed. Cir. 1989).
④ *UMC Electronics Co. v. United States*,816 F. 2d 647,656 2 U. S. P. Q. 2d 1465,1471 (Fed. Cir. 1987).
⑤ *Baker Oil Tools, Inc. v. Geo Vann, Inc.*,828 F. 2d 1558,1563 4 U. S. P. Q. 2d 1210,1214 (Fed. Cir. 1987).

指为在关键日前之行为的主要目的,解释为**系为使该发明更臻完美所为之实验,且不具有商业利用之成分在内**;即使有若干的商业成分,亦系因单纯的意外所造成,并非利用人所刻意达成。

承审法院此时则必须整理所有呈堂之证供,综合考虑一切与该行为有关之特性及利用程度,以决定该关键日前之行为,其主要目的,到底只是为了实验而已,或的确隐含有商业目的。

由于所谓基于实验目的之使用,应系指一连串为完成该发明所欲追求之目的而使该发明在实用上之效能更臻完美的活动,一直到该发明可付诸实现为止;故若该发明一旦付诸实施、甚至大量生产,即意味着该活动内容,已实际地具体体现该发明所有之技术特征。因此,若系将某发明付诸实施的结果予以贩卖或要约,则不可能仍仅系处于实验的阶段。

反之,贩卖或要约之客体,则不局限于已付诸实施之发明;因此,若于关键日前,将仍处于实验阶段的发明,作为贩卖或要约之客体时,该行为亦足以构成专利无效之事由。

【他人已有发明】

过去美国专利制度有别于世界上其他国家,采取先发明主义,即专利权由先发明者享有;但为与世界上其他国家之专利制度接轨,2011年9月16日由美国总统奥巴马签署颁布的《美国发明法》(AIA)之最大突破,即系将先发明主义改为先申请主义

(first-inventor-to-file),亦即专利权由先发明者改为先申请者享有①,换言之,先申请者会被认定是发明者,享有专利权;从而在专利申请案件,先申请者才是发明人与专利权人。②

扩大《美国专利法》第102条之先前技术范围

过去《美国专利法》第102条规定,所谓先前技术(prior art),包括世界范围内的以专利、公开出版物形式公开,以及限于美国境内之公开使用、销售而公开的技术。而根据《美国发明法》(AIA)的规定,则完全取消了地域的限制,亦即只要在全世界曾以专利、公开出版物、公开使用、销售或者其他方式为人所知的技术,均可构成先前技术;即先前使用技术与其销售及公众使用范围定义,不再局限于美国境内,而是扩及至全世界,均可视为《美国专利法》第102条规定所谓的先前技术。③

《美国专利法》第103条之抗辩

依据《美国专利法》第103条之规定,若某申请专利的发明,整体而言,对于该技术领域中习知一般技艺之人而言,系显而易知(obviousness)时,该专利即属无效。

---

① 根据新法规定,新颖性之审查判断亦均以专利之申请日为审查基准日,故倘若专利申请日前已有任何公开文献、公开使用或贩卖之证据、该已被授予之专利(issued patent)将因而丧失新颖性。

② http://www.uspto.gov/aia_implementation/20110916-pub-l112-29.pdf,最后访问日期:2018年3月7日。

③ 同上。

例如：仅系将相关技术领域中，习知一般技艺之人所已知之物品的大小、尺寸或形状予以改变，或将旧的零件重新予以排列组合；或将相关技术领域之人所已知制程之步骤顺序，前后颠倒或重复为之。

【观念比较】

显而易知与前述**在先公开**不同之处，在于若欲以曾"在先公开"为抗辩专利无效之事由，系以单一之先前技艺，作为引证数据进行比对，以决定是否确曾公开在先；而若以"显而易知"为抗辩专利无效之事由时，则可结合多数的先前技艺，作为引证数据进行比对，以决定该发明对于该技术领域中习知一般技艺之人而言，是否确系显而易见而应无效。

又相对于前述关于"在先公开"的抗辩中，先前技艺不必与系争之专利发明属于类似之领域，也不必用在相同之用途；此际，若系以"显而易知"为抗辩专利无效之事由时，则先前技艺与系争专利之发明，必须属于相同或类似之领域始可。

【在先公开抗辩与显而易知抗辩之区别】

比较项目	在先公开（anticipation）	显而易知（obviousness）
法条依据	《美国专利法》第102条(a)款	《美国专利法》第103条
引证资料个数	一对一的方式进行比对	同时结合多数综合观察
先前技艺领域	无限制	与系争发明类似之领域

若欲以"显而易知"为抗辩专利无效之事由时,首先,必须先确认先前技艺之范围与内容为何,以及先前技艺与系争之专利发明,是否属于相同或类似之领域;其次,则应透过一定之考虑因素,决定先前技艺领域中的通常技艺层次之后;最后,法院便须决定系争之发明与该先前技艺之差别、或是否有其他之证据,足以供法院认定系争专利之技术是否为显而易知。

【实务经验】

　　此部分乃实务上专利无效分析双方攻防过程中,最为困难的部分。

因此,系争专利的技术内容是否系显而易知,虽然属于法律问题,但在判断过程中,法院仍须先就有关下列之事实进行调查,以为认定之依据:

该先前技艺之范围与内容
该先前技艺之通常技艺层次
系争之发明与该先前技艺之差别
是否有非显而易知之客观或次要证据[①]

【该先前技艺之范围与内容】

首先,在有陪审团的专利诉讼案件中,系先由陪审团依据明

---

① *Graham v. John Deere Co.*, 383 U.S. 1, 17—18, 86 S.Ct. 684, 694, 15 L.Ed.2d 545, 148 U.S.P.Q. 459, 467 (1966).

确且具说服力(clear and convincing)之证据，在综合考虑一切情形后，从整体而言，以认定相关先前技艺之范围与内容。

其次，由于先前技艺必须与系争之专利发明属于**相同或类似之领域**，始可继续进行系争专利之技术，是否为显而易知的后续判断工作；因此，如何决定先前技艺与系争之专利发明，是否属于相同或类似之领域，便成为一项重要的问题。

美国实务上在决定先前技艺与系争之专利发明，**是否属于相同或类似之领域**，有下列两个考虑层次：

（1）先前技艺所致力解决问题之领域，是否与系争专利发明致力之领域相同或类似。

（2）如果先前技艺所致力解决问题之领域，与系争专利发明致力之领域既不相同也不类似时，则视该引证之先前技艺，与系争专利发明所欲解决之问题，是否有合理之关连性。[①]

【该先前技艺之通常技艺层次】

若先前技艺与系争之专利发明，属于相同或类似之领域时，则须以该先前技艺领域中的**通常技艺层次**，来检测系争发明是否系显而易知。而所谓通常技艺层次，指的是依循该技艺传统思维模式思考的工作者之技艺层次而言，不包括负责创新研发的工作人员之技艺层次。

---

① *In re Clay*, 966 F. 2d 656, 658—59, 23 U. S. P. Q. 2d 1058, 1060 (Fed. Cir. 1992).

【决定先前技艺领域中的通常技艺层次之考虑因素】

1. 发明人之教育程度。
2. 该先前技艺所处理的问题之类型。
3. 该先前技艺处理该问题之解决模式。
4. 该先前技艺创新之速度。
5. 该先前技艺之复杂度。
6. 该先前技艺领域工作者之教育程度。①

【系争之发明与该先前技艺之差别】

最后,在确认先前技艺之范围与内容为何以及先前技艺与系争之专利发明,的确属于相同或类似之领域,并且也已透过上述之考虑因素,决定先前技艺领域中的通常技艺层次之后,法院便须根据与系争之专利发明,属于相同或类似之技艺领域中的通常技艺层次,决定系争之专利发明、与该先前技艺之差别。

法院根据上述经调查所得之事实,必须系以全部相关之先前技艺,与系争专利的申请专利范围整体观察,而非个别逐一比对,视先前技艺是否具有系争专利的优点或特质,以决定该系争专利的发明是否系显而易知。

---

① *Environmental Designs*, Ltd. v. Union Oil Co. of California, 713 F. 2d 693, 696, 218 U. S. P. Q. 865, 868 (Fed. Cir. 1983).

【是否有非显而易知之客观或次要证据】

在决定系争专利是否系显而易知的事实调查过程中，美国法院基本上均尚会以下列两种证据方法，作为认定之依据：

> **【注意】**
>
> 　　此际相关之证据均必须与系争专利的本身有实质关连时，才会有一定之证据价值。
>
> 　　例如仅系因为广泛的商业广告，或专利权人在市场上本已有之领先地位，而非因为专利产品本身之优越性，所导致该发明专利商业上之成功，或第三人仅系避免专利诉讼所导致之巨额开销，而非出自于对系争专利所含技术之实际需求，始积极寻求专利权人授权，其证据价值均会有所减损。

客观证据：

例如该技术长期为相关产业所需求、缔造了商业上之成功，以及他人对该发明所为之仿冒行为多寡。

次要证据：

例如他人欲达成同一目的的失败比率、该产业中基于系争专利所为之授权数量。

第三讲
如何主张专利无效

【技术问题】

　　法院在审核专利无效抗辩时所考虑之因素，基本上与美国专利商标局在审核是否核准专利权时所考虑之因素是一样的。亦即专利侵权诉讼中被控涉嫌侵权的被告，有权在审理该专利诉讼的法院中，质疑专利商标局核准该专利权的决定是否正确；但是因为一旦所申请之发明被核准专利，美国法律即会拟制该专利的申请专利范围，均因符合美国专利法的规定而确定有效①；因此，倘若被告欲主张系争之专利权应无效时，必须在法院提出明确且具说服力之证据（clear and convincing evidence）以证明该专利的申请专利范围不符合美国专利法的可专利性②。

　　举例来说，倘若被告所据以主张系争专利权无效之证据数据，与专利商标局当初据以核准专利权申请的引证数据相同时，比较不容易被美国法院认为已尽举证责任；相反地，倘若被告所据以为主张系争专利权无效之证据数据，与专利商标局审查员当初曾参考过之申请专利权的引证数据不同，甚或更具关连性时，比较容易被美国法院认为已尽举证责任，从而比较有机会推翻该基于美国专利法有效之推定③。

---

　　① 35 U.S.C. § 282 (1994).
　　② *Radio Corp. v. Radio Eng'g Laboratories*, 293 U.S. 1 (1934), reh'g denied, 293 U.S. 522 (1934).
　　③ *Ryco, Inc. v. Ag-Bag Corp.*, 857 F.2d 1418, 1423 (Fed. Cir. 1988).

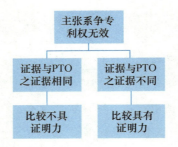

《美国专利法》第 112 条之抗辩

依《美国宪法》规定[①],专利制度之目的与精神,乃系在促进科学与有用技艺之进步。所以,若专利说明书的记载不符合下列《美国专利法》第 112 条所规定之要件,无法借由专利内容之披露,达到上述专利制度之目的时,则不能核准该专利申请,即使误予核准,日后该专利亦将因而被宣告无效:

不具实施可能性

说明不充分

专利申请范围不明确

【实务经验】

实务上,在美国一旦专利核准,日后于专利诉讼中,以《美国专利法》第 112 条所规定之事由为基础之抗辩,成功几率并不高、难度比较大。

---

① *U. S. Const.*, art. I, § 8, cl. 8.

第三讲
如何主张专利无效

【不具实施可能性(lack of enablement)】

所谓"实施可能性",乃是指一具有相当技艺或技术之人,以其本身之知识,与专利说明书中所披露可得知悉的内容,不再另外需要过多之实验[①],即可制造并使用该专利之发明。换言之,倘若根据专利说明书中所披露可得知悉的内容,一具有相当技艺或技术之人,以其本身之知识仍无法制造并使用该专利之发明时,该专利则将因不具实施可能性而无效。

> 【注意】
>
> 专利说明书不必详述该发明专利背后所需之基础理论,或究系因何原因始能有效运作,仅需说明如何可透过所披露之该发明内容,即可达到其所希望之效果、或解决相关之技术难题即可。

【说明不充分(inadequate description of the invention)】

专利说明书须将该发明予以充分的描述,使拥有相关技艺之人,得以认知申请专利之发明的内容为何;可借由发明人于专利说明书中详细的说明与充分的描述,得以确定其专利之权利要求范围为何。

---

① 如仍需进行些许之实验使得以制造并使用该专利之发明亦无不可,因为专利说明书本身毕竟不是生产说明书。

【实务做法】

专利说明书是否满足充分说明的要求,在美国专利诉讼中属于事实问题。换言之,若案件中有陪审团,应由陪审团决定专利说明书之说明是否充分。

但由于实务上对于所谓"详细叙述"所要求之门槛较低,因此在专利诉讼中,以"说明不充分"为抗辩事由之成功几率并不高。

倘若专利说明书之说明充分,在日后的专利诉讼中,不但有助于专利权人确定其独占排他之权利范围,亦可防止专利权人于日后任意解释、过度扩充其专利权之范围。

【未披露最佳实施例(failure to disclose the best mode)?】

在过去,依《美国专利法》第112条之规定,专利申请人均必须在其专利说明书中,提出经其深思熟虑后,所得实施其专利的最佳实施例;使专利权人因专利法赋予其独占排他的权利后,同时可以确保社会大众,亦得以知悉具体实现该专利后,最好的实施方式;倘若在专利说明书中未披露最佳实施例(failure to disclose the best mode)时,于美国将可被视为专利无效或得撤销之理由。

由于此项要求十分主观,认定过程及搜证程序很困难,因此2011年9月8日,美国参议院决议通过众议院先前通过的《美国发明法》(AIA)之《专利改革法案》(Leahy-Smith America

第三讲
如何主张专利无效

> Invents Act,编号 H. R. 1249);其后于 2011 年 9 月 16 日,由美国总统奥巴马签署,颁布成为美国之正式法律①规定未披露发明的最佳实施例时,不再属于使专利无效、撤销或不能执行(unenforceable)之理由;但仍可作为审核专利时的考虑。

【专利权利要求范围不明确(indistinct claims)】

专利说明书上关于专利权利要求范围(claim)的记载,决定法律对于该专利权所提供的独占排他之保护范围。因此,若专利权利要求范围之记载不够明确,依照《美国专利法》第 112 条之规定,该专利权可被判定为无效。

【实务做法】

> 美国法院认为,专利权利要求范围之记载是否足够明确,系属于法律问题。专利说明书上关于专利权利要求范围的记载,究竟要包含多少细节才算明确,则要视该发明内容本身与先前技艺而定。基本上,虽然不可太过于抽象而不具体,但只要能达到合理并清楚地界定该专利权利要求范围之程度即可。

但是实际上,本问题通常发生于美国专利商标局在审核专利,决定核准或核驳专利的程序中;一旦专利商标局核准专利

---

① http://www. uspto. gov/aia_implementation/20110916-pub-l112-29. pdf,最后访问日期:2018 年 3 月 7 日。

后,日后的专利诉讼中,被告较少有机会能以此为抗辩事由,有效地提出抗辩。

【注意事项】

倘若被控涉嫌侵害专利权之被告,曾系该专利权之被许可方(licensee)时,美国法院之见解认为,即使被告曾与专利权人就该系争专利权签订专利权利许可合同,并不当然可推定被许可方默认该专利权之有效性,因此,被告即被许可方,在该专利侵权诉讼中,仍可主张该专利无效之抗辩①;但是,美国有法院认为,专利权之受让人(assignee),则不可于日后挑战该专利之有效性,值得注意。②

【验证表】

经过上述之分析后,兹简要整理美国专利诉讼实务上,与专利无效抗辩有关之**验证表**如下。以便日后于实际个案发生时,可以迅速委托外国律师逐一检验系争专利的性质,是否有请求法院宣告专利无效的机会,以及作为撰拟专利无效分析报告之参考。

---

① *Lear, Inc. v. Adkins*, 35 U.S. 653 (1969).
② *Acoustical Design, Inc. v. Control Electronics Co.*, 932 F. 2d 939 (Fed. Cir.), cert. denied, 502 U. S. 863 (1991). (An assignee, however, is estopped from challenging the the valid of the patent,⋯).

第三讲
如何主张专利无效

抗辩态样	法条依据	具体类型	检验结果
专利无效	《美国专利法》第 101 条	不具实用性	
		非专利适格客体	
		双重专利	
	《美国专利法》第 102 条	在先公开	
		已为贩卖或要约	
		他人已有发明	
	《美国专利法》第 103 条	显而易知	
	不具实施可能性		
	说明不充分		
	专利申请范围不明确		

《美国发明法》(AIA)中有关专利无效及补充陈述意见之机制

美国参议院司法委员会主席 Patrick Leahy 及众议院司法委员会主席 Lamar Smith 持续推动美国专利制度的改革,终于在 2011 年 9 月 8 日,美国参议院以 89 票赞成、9 票反对、2 票弃权之投票结果,决议通过众议院先前通过的《美国发明法》(AIA)之《专利改革法案》;其后于 2011 年 9 月 16 日由美国总统奥巴马签署,颁布成为美国之正式法律。① 其中以下有关专利无效或补充陈述意见之机制,均自本法签署颁布之日起 1 年

---

① http://www. uspto. gov/aia_implementation/20110916-pub-l112-29. pdf,最后访问日期:2018 年 3 月 7 日。

后生效：

　　授权后之复审程序

　　多方复审程序

　　补充审查程序

　　授权前之陈述意见

【授权后之复审程序】

　　本法生效后，与系争专利有利害关系之人（即不得匿名），对于新法生效日之后申请的专利，可于专利核准授权发出后 9 个月内，提出授权后复审之申请（post-grant review，PGR），申请人可以以任何可使系争专利无效或得撤销的事由，主张新法生效日之后申请的专利，其中一个或多个请求项不具备专利性而使之无效。

【多方复审程序】

　　根据新法的规定，非专利权人于专利核准 9 个月后，或授权后之重审程序后，与系争专利有利害关系之人（即不得匿名），得提起多方复审之申请（inter partes review，IPR），且需以专利或公开文献为依据，并限于以《美国专利法》第 102 条、第 103 条之不具新颖性，或非显而易见性作为多方复审之申请理由，取代原有的 inter partes reexamination。至于 ex parte reexamination 程序则仍保留。在多方复审程序中，审查官可以安排各方之口审（oral hearing），并应于提起多方复审后之 1 年内，作出最终决定；虽然审查官可依实际情况展延，但该展延期间仍不得超过 6 个月。

【补充审查程序】

新法生效后，倘若专利权人在领证后，对于该专利未正确提供的信息，新法允许专利权人自己提出补充审查之申请（supplemental examination），请求 USPTO 再次审查其修正之相关专利的信息，修正该专利相关的信息，以避免因有不正当行为（inequitable conduct），导致该专利有不可执行（unenforceable）的危险（详见第五讲）。

【授权前之陈述意见】

本法生效后，任何第三人得于专利审查中，亦即：
（1）核准通知（notice of allowance）前；
（2）申请案在第一次官方公开（如 18 月早期公开）后 6 个月；
（3）接获第一次 Official Action（简称 OA）后。

提出已公告之专利、公开申请案，或相关印刷品等证据，并提出授权前之陈述意见（preissuance submissions by third parties），供专利审查官参考。

> **【单方再审查程序】**
>
> 　　在 AIA 公布生效后,《美国专利法》仍保留了【单方再审查程序】(ex parte reexamination):专利授权后,任何人可以依据《美国专利法》第 102 条、第 103 条之规定,对专利之有效性提出质疑。
>
> 　　此程序之特色为申请人提出本申请后,即由专利审查官进行后续之专利有效性认定程序,申请人无从继续表示补充意见,不像在 IPR 中,审查官可以安排各方之口审;但申请费用相对于 IPR 而言,则较为便宜。

确认诉讼

　　被控侵害专利之人在收到专利权人的警告信函后,经过前阶段之专利评估作业,若认为系争专利应该无效或并未侵害专利,或于调查与专利权人有关之案例后,发现专利权人过去的纪录,均倾向于到美国一些特别青睐专利权人之联邦地方法院,对其他国家之被告提起专利诉讼,甚至悬而未决的情况导致客户不敢下单或大量流失时,他可以选择先发制人、不坐以待毙,而主动出击,直接到其应诉较为方便、立场较为客观、效率较为迅速之美国联邦地方法院提起确认诉讼,以解决此不安定的状态:

　　何谓确认诉讼

　　确认诉讼的基本要件

专利权人可以如何抗辩

确认诉讼的真正目的

【何谓确认诉讼】

所谓**确认诉讼**（declaratory judgment action），依据 28 U.S.C.§2201(a)的规定，当事人之间若已存在**"真正争议"**（actual controversy）时，除有特殊例外情形，基本上，无论当事人间是否有其他管道可以解决该争议，当事人之一方均可以请求美国联邦地方法院，判决宣告其间之权利状态或法律关系究竟为何。

【What's actual controversy?】

此处所谓之真正争议，例如系争专利是否无效、不得实施，或原告之产品有无侵害系争专利等情形。

若当事人不服联邦地方法院该确认诉讼之判决时，当事人可向联邦巡回上诉法院提起上诉。

【提起确认诉讼之时机】

☐ 即将进入销售旺季，却得到竞争对手即将起诉之信息
☐ 竞争对手在市场上动摇客户之信心，导致客户不断流失
☐ 竞争对手已与同业诸多专利争讼，即将兵临我方企业城下

【确认诉讼的基本要件】

美国联邦巡回上诉法院认为,当事人若欲提起确认之诉,必须要能证明以下两项事实,才符合当事人之间已有"真正争议"的要求[1][2]:

原告对确认之事实具有一定之利益
被告之行为使原告产生合理怀疑

【原告对确认之事实具有一定之利益】

若要提起确认诉讼,原告首先要证明其对于欲经由法院确认之事实,具有一定之利益(recognized interest);换言之,必须系该确认事实之实际利害关系人,始可提起确认诉讼,并非任何一般第三人均可随意提起。

> ## 【经验分享】
>
> 在实务运作中,若专利权人在市面上发现侵权产品时,专利权人并非不作任何评估,一律对侵权人寄发警告信函;应先评估对方的属性是否好战,以及己方系争专利的强度,再决定是否应先寄发警告信函给侵权人,抑或注意警告信函中之遣词用字;还是直接向法院提起专利侵权诉讼。这样可以避免反而造成对方先下手为强,向法院提起确认系争专利无效之诉的机会。

---

[1] EMC Corp. v. Norand Corp., 89 F. 3d 807 (Fed. Cir. 1996).
[2] Fina Oil and Chemical Co. v. Ewen, 123 F. 3d 1466 (Fed. Cir. 1997).

第三讲
如何主张专利无效

以专利确认诉讼为例,若 C 公司收到 A 公司指控其侵害系争专利之警告信函后,C 公司欲对 A 公司提起确认系争专利无效之诉,C 公司可以提出其已从事生产或即将建立生产线,开始生产与系争专利有关之产品(即被控侵权之产品)的相关证据,以证明 C 公司将因法院确认系争专利无效,可在未经专利权人 A 公司的同意下,获得继续从事生产与系争专利有关之产品的利益,从而满足此处所谓"对确认之事实具有一定之利益"之举证责任。

【被告之行为使原告产生合理怀疑】

此外,提起确认诉讼的原告,尚要证明因为被告已有之客观行为,使原告产生合理的疑虑(reasonable apprehension),担心被告有可能将进一步展开对其不利之行动。

例如,若 A 公司寄发指控 C 公司侵害系争专利、要求 C 公司立即停止制造贩卖相关产品或于一定期限内与其进行授权协商,否则其将对 C 公司提起专利侵权诉讼之警告信函,C 公司即可以根据该警告信函,证明其确因继续生产该产品,产生合理的不安,担心 A 公司接下来极有可能对其提起专利侵权诉讼。C 公司遂可据之先对 A 公司向法院提起确认系争专利无效之诉。

【专利权人可以如何抗辩】

当被控侵权行为人先向法院提起确认系争专利无效之诉时,专利权人可以下列两种方式,分别向法院提出抗辩,申请法院裁定驳回侵权行为人所提起之确认诉讼：

本案当事人间并无真正之争议

法院不宜受理此种确认诉讼

【本案当事人间并无真正之争议】

倘若提起确认诉讼之原告，对于欲经由法院确认之事实，并不具有一定之利益，亦即该事实是否存在，与原告无利害关系，或者被告并无任何客观行为，足以使原告产生合理的不安时，确认诉讼之被告可申请法院驳回该确认诉讼。

例如，若 A 公司并未寄发指控 C 公司侵害系争专利之警告信函，亦无任何其他足以使 C 公司产生合理不安的具体行动，C 公司却以担心 A 公司极有可能将对其提起专利侵权诉讼为由，先向法院对 A 公司提起确认系争专利无效之诉时，A 公司可以抗辩本案当事人之间目前并无真正之争议，故法院应裁定驳回侵权行为人所提起之确认诉讼。

【法院不宜受理此种确认诉讼】

由于依照 28 U.S.C. §2201（a）的规定，即使当事人间的确有真正之争议，法院仅系得判决宣告其间之权利状态或法律关系究竟为何，并非有义务应就之为确认判决；换言之，法院对于确认诉讼，仍享有一定裁量权，以决定是否受理此种案件。所以，确认诉讼之被告可以根据实际具体之情形，抗辩法院不宜受理此种确认诉讼,申请法院驳回之。①

例如若 A 公司虽的确寄发警告信函给 C 公司,但是,A 公司却可以抗辩双方已积极进行专利授权之协商,并证明 C 公司系基于在该协商过程中,有意借以减损专利的强度、增加 C 公司谈判筹码的不良动机,滥行提起确认系争专利无效之诉,故可申请法院裁定驳回该确认诉讼。

【确认诉讼的真正目的】

由于美国各个联邦地方法院对于专利诉讼案件的态度不一,例如有部分联邦地方法院较为保护专利权人,以致在专利侵权诉讼中,专利权人的胜诉率可以超过六成;所以,有些专利权人往往便会在律师的建议下,倾向于选择观点对专利权人有利之法院,提起专利侵权诉讼。

【经验分享】

被控侵权人于收到专利权人之警告信函后,可以于评估专利之强度、侵权之可能性、专利权人过去之习性及其他相关商业因素后,考虑是否要化被动为主动,先行至适当之联邦地方法院,对专利权人提起确认诉讼,以掌握日后进行专利诉讼的法院,并解决浮动不安的状态。

但是,倘若专利权人已直接至观点可能对专利权人有利之

---

① EMC Corp. v. Norand Corp., 89 F. 3d 807 (Fed. Cir. 1996).

> 联邦地方法院，提起专利侵权诉讼；此时，被控侵权人除应向该专利侵权诉讼系属之法院，抗辩缺乏对人之管辖权，同时即刻向其认为妥当之法院，提出确认诉讼，以在管辖问题上，尽量争取对抗专利权人之机会。

在实务运作上，一旦该等法院受理此诉讼，即使被告认为法院无管辖权而提出抗辩，也通常要等到全案审理终结时，被告才有机会连同本案判决，一并将该等法院认为有管辖权之见解，上诉至联邦巡回上诉法院。

因此，被控侵权人在收到专利权人之警告信函后，察觉专利权人即将进一步对其展开专利侵权诉讼前，为了避免被动地被拖曳至某些见解可能对其不利之联邦地方法院，被控侵权人便可以主动先至其他立场较为中性、地点较为便利之联邦地方法院，以确认其并未侵害系争专利、系争专利无效、或系争专利不能实施等为由，对专利权人提起确认诉讼，而依据后述F.R.C.P. RULE 13(a)关于强制反诉之规定，若专利权人主张系争专利有效、或被控侵权人侵害系争专利时，原则上即应至该联邦地方法院对被控侵权人提起反诉。被控侵权人因此便有机会主控日后进行专利诉讼的法院之选择权，并解决浮动不安的状态。

第四讲

专利侵害分析

殷勤筹划的,足致丰裕;行事急躁的,都必缺乏。
The plans of the diligent lead to profit
as surely as haste leads to poverty.

第四讲
专利侵害分析

> **Story**
>
> A 公司收到英国知名药厂 P 公司之律师函,内容指称 A 公司所生产并在美国贩卖之 X 药品侵害 P 公司所拥有之美国 1,234,567 号专利;P 公司要求 A 公司于文到后 1 个月内与其洽谈权利许可事宜,否则将在美国对 A 公司提起专利侵权诉讼。A 公司负责人随即邀集 A 公司之法务与研发人员,开始对 P 公司所指称之美国 1,234,567 号专利权进行了解,希望可以先确定该专利权之范围究竟为何,才能进一步分析 A 公司所生产并在美国贩卖之 X 药品,究竟有无侵害 P 公司所拥有之美国 1,234,567 号专利,并评估对 P 公司之律师函应采取何种响应方式。

Why Do You Learn This Chapter?

有可能在国际面临专利诉讼之人,事先应设法使其外部律师在其协助下,为其完成一份内容严谨的(不)侵害意见,如此不但可以在研究过程中,做有必要之回避设计;日后即使真正进入专利诉讼,亦可尽量避免被控侵权成立。

但是,由于在现阶段中,大部分公司内部之法务人员或一般之外部律师,并未接受过跨国专利诉讼之基本专业训练,以致未能掌握在国际实务上,专利侵害鉴定之要领;而从事设计研发业务之工程师,亦因不具备相关之知识背景,以至于在回避设计之过程中,疏忽或误解部分专利侵害鉴定的基本原则。

本讲将介绍目前美国专利侵害救济实务,在处理专利侵害鉴定的过程中,如何确定专利权范围、所采用之专利侵害分析流程;并将其中之全面覆盖原则、逆等同原则、等同原则以及禁止反悔原则等较为抽象的基础理论,以简明的方式加以说明,使读者在实际应用中,可有效地参考相关原则,进行回避设计、检视专利是否被侵害以及协助外部律师完成(不)侵害鉴定报告,以确保个人或企业在跨国专利战场上的利益。

> ▶▶▶ **本讲重点**
>
> ★ 如何确定专利权之范围
> ★ 如何进行专利(不)侵害分析
> ★ 何谓全面覆盖原则
> ★ 如何主张逆等同原则
> ★ 等同原则的应用与限制
> ★ 如何以禁止反悔原则狙击等同原则

如何确定专利权之范围

必须先清楚确定涉案专利之专利权保护范围,才能进一步在跨国专利诉讼中,判断被指控之产品或制程是否构成侵权。在美国有陪审团之专利诉讼中,倘若双方对于系争专利之专利

第四讲
专利侵害分析

权范围有争议时，究竟应由法院判断，还是交由陪审团认定；以及法院为了确认专利权范围，所要审查之素材包括哪些，在审查这些素材时，有没有一定之方式应该遵循，乃是以下所要说明之重点。

何谓专利权之范围

所谓专利权之范围，系各个国家赋予专利权人在一定期限内，针对其已披露于公众之完整发明内容，借由类似栅栏（fence）的围篱，法律保护专利权人独占排他之领域；换言之，在专利权之范围内，未经专利权人之同意（或许可）或其他法定事由允许下，任何第三人均不得擅自闯入而实施（make, use, sell, offer for sell, import）该专利权范围内之发明内容。

【By Whom？】

美国联邦巡回上诉法院全体法官（en banc）于 1995 年在审理 Markman v. Westview Instruments, Inc. 一案中，认为在有陪审团负责审理之诉讼案件中，法院有权力并有义务，解释属于法律范畴的权利要求当中相关用语之意义（"in a case tried to a jury, the court has the power and obligation to construe as a matter of law the meaning of language used in the patent claim"）。[①] 换言之，在美国专利诉讼中，乃是由法院在陪审团开

[①] *Markman v. Westview Instruments, Inc.*, 52 F. 3d 967, 34 U. S. P. Q. 2d (BNA) 1321 (Fed. Cir. 1995).

始审理专利诉讼案件前,法官借由听证程序,先行界定系争专利之权利要求之意义,并据以判断专利权之范围,而非由陪审团决定。美国最高法院亦于 1996 年肯认该见解。① 此即美国专利诉讼中所谓之"马克曼听证"(Markman hearing)的由来。

【By What?】

美国法院在确定专利权范围的过程中,基本上必须受到系争专利的权利要求所限制。然而,联邦巡回上诉法院认为法院在解释权利要求当中相关用语的意义、确定专利权之范围时,却不必为申请权利范围内所使用之文字所限制,换言之,法院在解释权利要求的字面时,仍然可以参考下列证据数据,以确认权利要求之真正含义:

内部证据(intrinsic evidence)

包括系争专利之权利要求(the patent's claims)、说明书(the specification)、图示(the drawings),于专利审查过程中,申请人与审查官间往来之历史档案(the prosecution history)或称审批纪录(the file wrapper)。②

外部证据(extrinsic evidence)

例如专家证言(expert testimony)③、教科书(text book)或

---

① Markman v. Westview Instruments, Inc., U. S. 116 S. Ct. 1384, 38, U. S. P. Q. 2d (BNA)1461 (1996).

② Athletic Alternatives, Inc. v. Prince Mfg., Inc., 73 F. 3d 1573 (Fed. Cir. 1996).

③ Vitronics Corp. v. Conceptronic, Inc., 90 F.3d 1576 (Fed. Cir. 1996).

字典(dictionary)。

【By How？】

美国法院在专利诉讼过程中,基本上必须根据以下之原则,处理上述之证据数据,以确定专利权之范围:

不得扩张至权利要求以外
原则上以内部证据为参考数据
注意内部证据之顺序性
例外情况始得参考外部证据

不得扩张至权利要求以外

首先,法院不得推翻或变更权利要求(claim),而将专利权之范围,扩张至发明人在申请专利之际,所撰拟之权利要求以外;亦即法院必须受到权利要求相关记载之拘束,仅得针对权利要求加以解释,以确定专利权之范围。

【实施例与权利要求之关系】

专利权的范围,系以权利要求为基础。其他用以辅助说明专利内容之数据,例如专利说明书,仅得在以权利要求为基础的前提下,发挥解释专利权范围之作用,不得单独据以重新界定专利权范围;换言之,不可将专利权的范围,扩及于仅出现于专利说明书,却未曾表现在权利要求内之任何实施例。①②

例如,系争专利的权利要求为 A,专利说明书之实施例为 A′,但是 A 并未涵盖实施例 A′;所以系争专利权的范围,即应以权利要求 A 为限,不可扩及该实施例 A′。

因此,倘若待鉴定对象,与系争专利说明书中之实施例 A′完全相同,但因为系争专利之权利要求系 A,A 并未涵盖实施例 A′,所以待鉴定对象仍未落入系争专利权之范围。

原则上以内部证据为参考数据

由于仅以权利要求所记载之文字,用以界定专利权范围,会有断章取义、定义不清、过度抽象的问题,所以在实务运作上,实有赖其他相关的证据资料,始能正确掌握专利权人欲透过权利要求,所欲围篱起之专利权范围。

【实战经验】

在实际的专利诉讼中,往往会因为专利权人在权利要求当中所使用之陈述方式有别于一般的定义,造成专利权人或被控侵权的一方有做文章机会,趁机不当扩张或减缩专利权之保护范围的空间。法院此际即应以系争专利的说明书、图示或相关

---

① *du Pont v. Phillips Petroleum*, 849 F. 2d 1430, 1438, 7 USPQ2d 1129, 1135 (Fed. Cir. 1988).

② *Diversitech Corp. v. Century Steps, Inc.*, 850 F. 2d 675 (Fed. Cir. 1988).

第四讲
专利侵害分析

> 历史档案当中,对该用语之相关叙述,作为认定系争专利权范围之重要依据。也正因为如此,专利诉讼中被控侵权的一方,甚至担心日后可能会有专利纠纷的一方,首要之务,必须先取得系争专利的说明书、图示或相关历史档案,积极进行研读,才能有效预估系争专利的"势力范围"究竟有多大。

为了保障公众基于对客观存在之公开记录(public record)的认知,所建立的对系争专利之认识的信赖利益,在解释专利权范围时,即应以上述之内部证据为基本之素材。因为上述之内部证据,不管是系争专利之说明书、图示,还是于专利审查过程中,申请人与审查人员间之历史档案,均会因为相关资料系正式向审查机关提出,当事人不得任意抽回窜改而尘埃落定,成为一般公众均可得接触之公开记录,也不再会有出尔反尔、莫衷一是或各说各话的不确定性;所以在解释权利要求时,原则上应以内部证据为参考数据。

注意内部证据之顺序性

在解释权利要求时,原则上即应先以权利要求本身所记载之文字为研究对象;然后应审阅系争专利说明书中之相关叙述与图示,以判断专利权人所使用之陈述方式是否与一般经常、习惯性的定义(ordinary and customary meaning)不一致;而当专利权人所使用之陈述方式有别于一般的定义时,则应以说明书中对该用语的清晰明确之定义作为认定之基础。由于历史档案是专利权人在申请系争专利过程中,与审查官间关于系争专利所为之一切陈述,所以,在解释权利要求时,仍应将历史档案纳入考虑。

换言之,专利权范围之解释,必须从该权利要求本身之意涵、专利说明书之角度以及申请取得该专利过程中所提出之相关资料为据。为了帮助法院可以正确地在解释专利权权利要求用语意义时获致正确之结论,法院可以适当地采取所谓之"外在证据"(extrinsic evidence),例如"专家证言"(expert testimony);但是"外在证据"只可以用来帮助法院了解该专利权之权利要求的意义,不可以用来改变甚至推翻该专利权权利要求固有之意义[1]。

例外情况始得参考外部证据

在例外之情形下,若仅依据上述之内部证据,仍不足以厘清权利要求相关用语的意义或范围时,法院可以参考上述诸如专家证言、教科书或专业字典等外部证据,用以帮助法院了解该权利要求的意义或范围。

但要注意的是,由于一般社会大众、相同技术领域之竞争者、包括专利诉讼中之被告,均是借由参阅上述之内部证据,以认知系争专利之权利要求,因此,当内部证据足以厘清权利要求相关用语的意义或范围时,法院即不得再根据诸如专家证言之外部证据,改变、甚至推翻明确的权利要求相关用语的意义或范围。

---

[1] 34 U.S.P.Q. 2d (BNA) at 1331.

第四讲
专利侵害分析

【观念整理】

倘若专利诉讼之双方当事人,对于系争专利的权利要求有争议时,首先应依据系争专利的说明书、图示或相关历史档案等内部证据,作为认定系争专利权范围之重要依据。若仍无法有效厘清时,始得借由专家证言、教科书或专业字典等外部证据,用以帮助法院了解该权利要求的意义或范围。

Suggestion

当 A 公司收到 P 公司指称其生产贩卖之 X 药品侵害 P 公司之专利权时,**应随即向美国专利商标局(United States Patent and Trademark Office 简称 U. S. P. T. O. 或 P. T. O.)申请系争专利的说明书、图示及相关历史档案**,透过公司顾问律师,对系争专利进行分析,以预估系争专利之专利权范围究竟为何,才能进一步分析 A 公司所生产并在美国贩卖之 X 药品,究竟有无侵害 P 公司所拥有之美国 1,234,567 号专利权,并评估对 P 公司之律师函应采取何种回应方式。

如何进行专利(不)侵害分析

归纳美国专利诉讼实务,关于判断待鉴定物是否侵害专利之见解,可以分析出以下之专利侵害分析流程:

1) 解释系争专利之权利要求
2) 解析权利要求之技术特征
3) 解析待鉴定对象之技术内容
4) 字面读取
5) 全面覆盖原则
6) 逆等同原则
7) 等同原则
8) 禁止反悔原则

【Step 1】解释系争专利之权利要求

应根据前述之内部证据,亦即系争专利本身关于权利要求、说明书、图示,于专利审查过程中,申请人与审查官间往来之历史档案等文字记载,据以解释系争专利之权利要求(claim construction)。

【Step 2】解析权利要求之技术特征

在确定系争专利之权利要求究竟为何后,则应将权利要求中能相对独立实现特定功能、产生功效的组件、成分、步骤及其结合关系设定为技术特征,解析权利要求之技术特征,完成技术特征表(claim chart)。

【注意】

　　专利侵害鉴定时，并非以系争专利之制成品，与待鉴定对象二实体进行比较。亦即并非以按照系争专利所制造出之产品，作为判断系争专利是否被侵害之根据。

【Step 3】解析待鉴定对象之技术内容

　　根据经解析出之权利要求的技术特征，据以解析待鉴定对象之技术内容；换言之，比对权利要求与待鉴定对象时，应注意方向性，亦即先解析权利要求之技术特征，再据以分解待鉴定对象之对应组件、成分、步骤或其结合关系。

【注意】

　　比对待鉴定对象与权利要求时，并非单纯以其命名方式为比对之基础，而应以所发挥之功能进行比较。

【Step 4】字面读取

　　然后，则应将系争专利解析后之权利要求之技术特征，与待鉴定对象之对应组件、成分、步骤或其结合关系进行逐一比对的过程；以确定待鉴定对象是否落入系争专利的字面范围内。

> 【注意】
>
> 比较过程中,应将系争专利的字面读取范围视为一个面,待鉴定对象视为一个点,判断该点是否落入该范围当中;而非面与面之比较。

【手段功能用语?】

倘若专利权人并未在权利要求内,详述特定之具体构造或装置,仅系以利用一定之手段、发挥特定功能的方式,描述其权利要求时,即系依照《美国专利法》第112条之规定,以手段功能用语(means-plus-function)方式,撰写权利要求时,该专利之权利保护范围,依照《美国专利法》第112条第4项之规定,将及于一切利用相同之手段,发挥一样功能之构造或装置。

因此,在检视此种以手段功能用语方式撰写权利要求之专利,是否被待鉴定对象侵害时,应特别注意可否在待鉴定对象上,发现所有与系争专利所利用之手段、发挥之功能一样的结构或装置,以决定被待鉴定对象是否侵害系争专利。

【Step 5】全面覆盖原则

在全面覆盖原则的要求下,唯有系争权利要求之全部技术特征均可在待鉴定对象中找到对应组件,即待鉴定对象完全落入系争权利要求时,始构成侵害专利。

【a prima facie of literal infringement】

倘若在此阶段,已得以在待鉴定对象中找到系争权利要求所有之技术特征时,则专利权人可主张待鉴定对象初步已构成字面侵权。

换言之,倘若待鉴定对象不具备系争权利要求之全部技术特征时,待鉴定对象即未落入系争专利范围,并不构成侵害专利。

【Step 6】逆等同原则

倘若待鉴定对象的组件已落入系争专利的字面读取范围内(Y),即必须再检视待鉴定对象之该组件,可否主张逆等同原则,而认为该组件实质上并未利用系争专利说明书所揭示之技术手段。

倘若不能适用逆等同原则(N),亦即经检验待鉴定对象之该组件,实质上即系利用系争专利说明书所揭示之技术手段,则待鉴定对象该组件的确落入系争申请专利的范围,此际构成**字面侵权(Literal Infringement)**。

但是,倘若可适用逆等同原则(Y),亦即经检验待鉴定对象该组件,实质上并未利用系争专利说明书所揭示之技术手段时,则鉴定对象该组件仍未落入系争申请专利的范围。

【Step 7】等同原则

又倘若鉴定对象中的组件并未落入系争专利的字面范围内(N),即必须再检视待鉴定对象之该组件可否主张等同原则,而认为该组件系利用与系争专利实质等同的技术手段(way),达成与系争专利实质等同的功能(function),而产生与系争专利实质等同的结果(result)。

倘若不能适用等同原则(N),亦即经检验待鉴定对象之该组件,实质上的技术手段、功能、结果与系争专利实质不等同时,则待鉴定对象该组件不落入系争申请专利的范围。

但是,倘若可适用等同原则(Y),亦即经检验待鉴定对象之该组件,实质上的技术手段、功能、结果与系争专利实质等同时,则待鉴定对象该组件仍落入系争申请专利的均等范围。

【Step 8】禁止反悔原则

为防止专利权人将其先前在申请专利或维护专利阶段,为维持其专利之有效性,而曾自愿限缩或放弃其专利范围,日后在专利侵权纠纷阶段,又反悔并重为主张的可能,便需以禁止反悔原则之理论,防止专利权人在进行等同原则之判断的过程中,又重为主张该等已限缩或放弃之范围。

换言之,唯有在不能适用禁止反悔原则的情形时(N),始可有效进行等同原则;反之,若有禁止反悔原则的原则适用时(Y),则专利权人不可主张等同原则。

> 【注意】
>
> 仅有在适用等同原则时,始有禁止反悔原则之适用。在其他阶段,即若待鉴定对象已落入系争专利的字面读取范围时,则无禁止反悔原则之适用。
>
> 换言之,唯有在待鉴定对象并未落入系争专利的字面读取范围,进入等同原则的判断阶段时,始有必要主张禁止反

悔原则，防止专利权人将其专利范围扩及其字面范围以外其曾为取得专利而放弃之部分。①②

【专利侵害分析流程表】

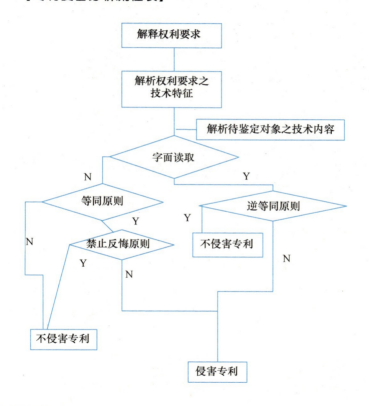

---

① *Hughes Aircraft v. U. S.*，717 F. 2d 1351，1360，219 USPQ 473，479 (Fed. Cir. 1983).

② *du Pont v. Phillips Petroleum*，849 F. 2d 1430，1438，7 USPQ2d 1129，1135 (Fed. Cir. 1988).

跨国专利诉讼手册
Handbook of the Transnational Patent Litigation

【观念整理】

基本上，专利侵害分析的各个阶段，可以下述的方式简单理解：

解析权利要求之技术特征：确定基本模块有哪些要件

解析待鉴定对象之技术内容：确定样本有哪些要件

字面读取：判断样本表面上是否落入基本模块内

逆等同原则：判断样本实质上是否未落入基本模块内

等同原则：判断样本实质上是否已落入基本模块内

禁止反悔原则：不可主张等同原则

【(不)侵害分析报告】

在美国专利诉讼实务上，专利律师若欲完成一份(不)侵权分析报告（infringement opinion/non-infringement opinion），基本上应有一定之结构，读者可参考以下之格式，有基本之认识：

封面

(不)侵权分析报告的封面，基本上应包含以下之相关信息：

第四讲
专利侵害分析

> 律师事务所名称
> 地址及电话
>
> # (NON-)INFRINGRMENT OPINION
>
> △△△△△△
> (待鉴定对象)
> In relation to
> U.S. Patent ○,○○○,○○○
>
> Month Date, Year
> (完成报告日期)
>
> ———————
> 专利律师签名

基本架构

以下为一份(不)侵权分析报告之基本架构:

Ⅰ Introduction

Ⅱ Summary of Conclusions

Ⅲ The Doctrines of Infringement

Ⅳ Factual Analysis

  A The Related Patent

    1 In General

    2 Claims

    3 Prosecution History

  B The Product/Process being Analyses

Ⅴ Infringement Analysis in This Case

  A Literal Infringement Analysis

  B Infringement Under the Doctrine of Equivalents

Ⅵ Conclusion

附录(Appendix)

A. 系争专利之相关说明书及审批历史

B. 待鉴定对象之相关数据

何谓全面覆盖原则

所谓之**全面覆盖原则(All Elements Rule,AER)**,系指在专利侵害分析中,系争权利要求里每一个技术特征或要件(element),均必须完全对应、缺一不可地表现(express)在待鉴定对象中,待鉴定对象才对系争专利申请范围构成侵害。[①]

---

① *Laitram Corp. v. Rexnord, Inc.*, 939 F. 2d 1533, 1535, 19 USPQ2d 1367, 1369 (Fed. Cir. 1991).

【注意】

对应出现的方式,包括字面读取的相同,或等同原则的相等。

例如,系争权利要求包含 A、B、C 及 D 四项技术特征,而待鉴定对象亦必须具备 A、B、C 及 D 四项技术特征时,待鉴定对象始会侵害系争权利要求。

根据全面覆盖原则之说明,在判断系争专利是否会被待鉴定对象所侵害时,有以下之原则可供读者参考。

附加原则

精确原则

删减原则

【附加原则】

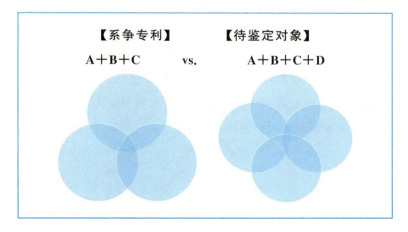

倘若针对具备 A、B、C 三项要件的系争专利,仅欲以增加技术特征或要件 D 之方式,进行回避设计,因为待鉴定对象已具备系争专利的 A、B、C 三项要件,待鉴定对象仍落入系争专利之权利要求内,所以回避设计失败,系争专利会被待鉴定对象所侵害。

【精确原则】

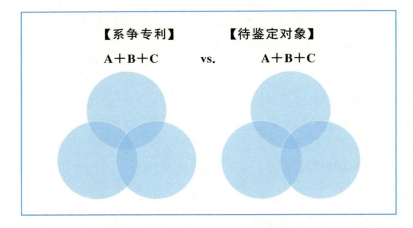

倘若系争专利具备 A、B、C 三项要件,而待鉴定对象亦正好具备 A、B、C 三项要件,则因为待鉴定对象已具备系争专利的全部要件,待鉴定对象仍落入系争专利之权利要求内,所以系争专利会被待鉴定对象所侵害。

【删减原则】

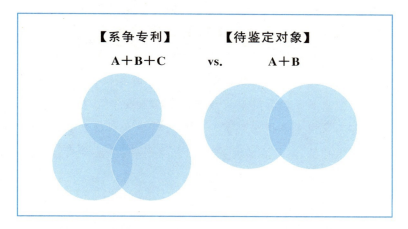

倘若针对具备 A、B、C 三项要件的系争专利,欲以减少技术特征或要件 C 之方式,进行回避设计,因为待鉴定对象并未具备系争专利的全部要件,待鉴定对象并未落入系争专利之权利要求内,系争专利不会被待鉴定对象所侵害,所以回避设计成功。

【多余指定原则】

在一些国家的专利诉讼实务中,会采用多余指定原则。所谓之多余指定原则,系指系争权利要求中之部分要件,会被法院指定为非必要、即多余之技术特征。在进行专利侵害判断时,法院可省略该等多余之技术特征,仅以剩下必要之技术特征,作为认定系争权利要求之基础,而系争权利要求,因为减少内涵要件,所以外延相对扩张。因此,待鉴定对象只要具备系争权利要求当中,法院认为必要的技术特征或要件时,待鉴定对象即对系争权利要求构成侵害。

在今天一般跨国专利诉讼实务上,则推定系争权利要求的每一个技术特征均为必要且重要;因此,大部分国家的专利诉讼实务不采用多余指定原则,换言之,系争专利权利要求的每一个技术特征,均可在待鉴定对象上找到时,待鉴定对象才会被认定为侵害系争权利要求。

例如,系争权利要求包含 A、B、C 及 D 四项技术特征,而待鉴定对象仅具备 A、B、C 三项技术特征。若采用多余指定原则,法院亦指定 C 为非必要、即多余之技术特征时,待鉴定对象即侵害系争权利要求。

但是,因为大部分国家的专利诉讼实务不采用多余指定原则,而待鉴定对象仅具备 A、B、C 三项技术特征,并不具备系争权利要求当中 D 之技术特征,则因为不符合全面覆盖原则,待鉴定对象并未侵害系争权利要求。

如何主张逆等同原则

经过字面上单纯之解读分析,待鉴定对象之技术特征,与系争专利之技术特征,虽可达到相同或类似之功能,而落入系争申请专利"字面读取"范围;但是,若被控侵权人以待鉴定对象实质上所使用之技术手段,或实质上所产生效果,与系争专利有所不同;换言之,被控侵权人系以性质上与系争专利不同之技术手段,发挥与系争专利相同或类似的功能,即不构成侵害专利等理由为抗辩之方式,为所谓之"**逆等同原则**"(Reverse Doctrine of **Equivalents**)①。

例如,经过字面读取,自动步枪之权利要求,与待鉴定对象之冲锋枪,均具备可达到相同或类似功能的以下之技术特征:A自动击发装置、B枪管、C扳机、D前后手把,冲锋枪因而落入自动步枪的权利要求。

但是,倘若冲锋枪技术特征中之 A 自动击发装置,实质上所使用之特殊技术手段,或实质上所产生快速击发之效果,与系争专利自动步枪之技术特征 A 的自动击发装置明显有所不同;亦即冲锋枪中关于自动击发装置之技术特征 A,虽可发挥与自动步枪专利中技术特征 A 自动击发装置相同之连续击发功能,然而,冲锋枪却系以实质上不同之技术手段,而产生速度不同之击发之效果时,可认为在逆等同原则之检验下,制造冲锋枪之人,基本上系利用实质上不同于自动步枪的原理,已制造出与自动步枪一般自动击发装置实质不同之 A'特殊自动击发装置。

因为系争专利之技术特征 A,不等于待鉴定对象之技术特征 A',所以,冲锋枪并未落入自动步枪的权利要求。

---

① *Moleculon Research Corp. v. CBS, Inc.*, 793 F. 2d 1261 (Fed. Cir. 1986).

在现实生活之案例当中,待鉴定对象之技术特征,倘若已落入系争申请专利之"字面读取"范围,一般而言,被控侵权人甚难有机会主张逆等同原则;因此,以下将主要介绍美国实务上主张逆等同原则时,当事人应搜集之资料与宜强调之重点:

主张逆等同原则时应搜集之证据资料
主张逆等同原则时可以强调之重点

【主张逆等同原则时应搜集之证据资料】

若要主张逆等同原则之抗辩,首先应取得系争专利的说明书及审批历史档案,再根据其中之相关内容(包括书面披露、可据以实施之程度等),逐一检视权利要求所载之技术特征,其所使用之技术手段与可产生之效果,以决定是否与待鉴定对象实质等同或类似。

【主张逆等同原则时可以强调之重点】

取得上述相关数据后,被控侵害专利之人可以下述之重点为依据,主张逆等同原则:

★ 待鉴定物品或相关技术对于系争专利而言,有重大之技术突破。

★ 待鉴定物品或相关技术所产生之效果,对于系争专利而言有明显之改善。

★ 待鉴定物品或所使用之方法,其所使用之技术手段与可产生之效果,实质上与系争权利要求所载之技术特征并不相同。

★ 习知相关技艺之人不容易将系争权利要求所载之技术,替换或研发成为待鉴定物品或相关技术。

【实务做法】

在美国专利诉讼实务上[1],专利权人必须先证明其专利被侵害;倘若专利权人在此阶段,已使法官认为其在待鉴定对象中,找到系争权利要求所有之技术特征的主张较为可采时,则专利权人此际已完成待鉴定对象构成字面侵权之举证责任。

接下来,若被控侵权之被告提出逆等同原则之抗辩,则被告必须要能提出相关证据,以证明相关应强调之重点,例如其系以实质上不同之手段发挥与系争专利相同或类似的功能;而专利权人亦可提出相关之证据,以证明相反之主张。

等同原则的应用与限制

经过字面上单纯之解读分析,待鉴定对象之技术特征虽未落入系争专利的"字面读取"范围;但是,若待鉴定对象实质上所使用之技术手段,实质上所发挥的功能,以及实质上所产生之效果,与系争专利实质等同(substantial equivalent);换言之,被控侵权人系以侵权行为发生时,以该发明所属技术领域中,具有通

---

[1] SRI International v. Matsushita Electric Corp., 775 F. 2d 1107 (Fed. Cir. 1985) (en banc).

常知识者之技术水准而言,替换可能性(interchangeability)极高的方式,针对系争专利为非实质改变的实施行为,仍构成侵害专利之理论,为所谓之"**等同原则**"(Doctrine of Equivalents)[①]。

> **【实务经验】**
>
> 　　在实际运作里,较少直接以字面侵权的方式,侵害他人专利的案例。可以看到的是竞争对手看到专利产品利润丰厚的市场,又不愿意与专利权人洽谈权利许可的情形下,积极针对系争专利进行回避设计,并大量制造贩卖未直接以字面侵权的方式,侵害他人专利的产品。
>
> 　　在判断专利是否被**近似的产品**所侵害,或是否已成功地回避设计之过程中,专利权人是否有效主张等同原则,第三人可否成功阻却等同原则,往往成为决定专利诉讼胜负的关键变量。
>
> 　　但是,美国专利诉讼实务界普遍认为,如何正确或有说服力地适用等同原则,已成为双方律师、专家证人、甚至法院挑战性最高的工作之一。因此,专利权人更应清楚掌握等同原则基本的运作模式,被控侵害专利之人亦应了解如何抗辩以阻止专利权人主张等同原则。

　　例如,系争发光组件的权利要求之技术特征为:A、B、C,被

---

① *Moleculon Research Corp. v. CBS,Inc.*,793 F. 2d 1261(Fed. Cir. 1986).

第四讲
专利侵害分析

控侵害系争专利之人,其所制造之某照明设备之技术特征为:A'、B、C。经过字面读取,因为 A 不等于 A',所以待鉴定对象在表面上并未落入系争专利的字面读取范围。

但是,在没有其他阻却等同原则事由的情形下,可以经过后述与等同原则相关的原则之比对分析,检视该某照明设备之技术特征 A' 与发光组件之技术特征 A,二者在实质上是否仍不一样,亦即 A 与 A' 实质是否等同,以确定待鉴定对象之某照明设备,是否仍落入系争发光组件的权利要求。

专利权人如何清楚掌握等同原则基本的运作模式,以及被控侵害专利之人如何抗辩以阻止专利权人主张等同原则,为以下之介绍重点:

专利权人如何主张等同原则

被控侵权之人如何阻却等同原则

【专利权人如何主张等同原则】

在美国专利诉讼的历史中,等同原则已有超过一百年之历史,相关见解十分丰富,分析其中较为基本且重要之法院见解,归纳整理如下之重点:

比对基准为何

何谓实质等同

应逐一比对还是整体比对

应以何时之技术水平为准

是否必须证明侵权人之意图

应由陪审团还是法官判断

◆ 比对基准为何

依据美国实务见解,原则上系以系争专利之权利要求,与待鉴定对象二者之间,是否系透过实质等同的技术手段(way),发挥实质等同的功能(function),并可达到实质等同的效果(result),作为进行等同原则之比对基准。

【历史背景】

此三部测试(tripartite test),最早系见于美国最高法院1877年关于 *Machine Co. v. Murphy* 的判决;其中提到,即使二个装置的名称、型态或外型并不一样,但倘若二者系透过实质上相同之手段,发挥一样之功能,并达到实质等同之效果,亦属相同。① 此标准一般又被称为手段、功能、效果测试法(way-function-result test)。

承上例,应检视系争发光组件的权利要求之技术特征 A 与被控侵害系争专利之人,其所制造之某照明设备之技术特征 A′,二者所采用之技术手段是否实质等同。倘若不同,被控之人即不构成侵害系争专利;倘若二者系采用实质等同之技术手段时,则必须再检视二者可否发挥实质等同的功能。

---

① "if two devices do the same work in substantially the same way, and accomplish substantially the same result, they are the same, even though they differ in name, form, or shape." *Machine Co. v. Murphy*, 97 U.S. 120, 125.

倘若二者虽采用实质等同之技术手段,但却发挥实质不同的功能时,被控之人即不构成侵害系争专利;倘若二者不但系透过实质等同之技术手段,且发挥实质等同的功能时,则必须再检视二者可否达到实质等同的效果。

倘若二者虽采用实质等同之技术手段,发挥实质等同的功能,但却达到实质不同的效果时,被控之人即不构成侵害系争专利;倘若二者不但系透过实质等同之技术手段,发挥实质等同的功能,并且达到实质等同的效果时,则 A 与 A′ 实质等同(substantial equivalent)。所以,待鉴定对象某照明设备,仍落入系争发光组件的权利要求,构成侵害系争专利。①

【有无其他之比对基准】

由于科学日新月异,技术水准进展速度太快,而且相关个案内容不一,若单纯仅以上述之比对基准,有时可能无法真正达到等同原则之功效。因此,美国专利诉讼实务认为,不应该将关于等同原则之判断,仅仅局限于上述手段、功能及效果之比对基准,应在具体个案中,将其他任何与二者是否有实质差异性相关之因素,或可资证明其他证据,一并纳入考虑。②

---

① "generally speaking, one device is an infringement of another 'if it performs substantially the same function in substantially the same way to obtain the same result." *Sanitary Refrigerator Co. v. Winters*, 280 U.S. 30 (1929).

② *Hilton-Davis Chemical Co. v. Warner-Jenkinson Co.*, 63 F. 3d 1512, 35 U.S.P.Q. 2d 1641 (Fed. Cir. 1995).

◆ 何谓实质等同

所谓"实质等同",系指习知相关技艺领域一般技术水平之人,认为待鉴定对象与系争权利要求之技术特征,二者的手段、功能及效果,存在置换可能性(interchangeability)。

承上例,如待鉴定对象之技术特征 A′与系争权利要求之技术特征 A,二者在表面上虽不相同;但是,倘若按照习知相关技艺领域一般技术水平人士的标准,A′与 A 之手段、功能及效果,在客观上却有置换可能性时,仍应视 A′与 A 二者为实质上均等;否则,有意抄袭之人将可轻易地回避设计、脱免侵权责任,而无法达到保护专利权人之目的。

【经验分享】

在进行等同原则的攻防过程中,相关技术特征是否实质等同,双方首先应针对以下部分,详细搜集有利于己方之诉讼资料:

相关技术特征本身之性质

相关技术特征之特殊手段

相关技术特征可发挥之功能

相关技术特征可达到之效果

相关技术特征与其他相关技术特征间之关系

◆ 应逐一比对还是整体比对

在适用等同原则时,究竟应将待鉴定对象与系争权利要求,二者技术特征的手段、功能及效果,逐一比对是否实质等同(element-by-element),还是应将二者整体上的手段、功能及效果,作为比对之基础(as a whole),在美国专利诉讼实务上,联邦巡回上诉法院曾有不同之看法。

最终,由于美国联邦最高法院认为,在界定权利要求时,系争专利的每一项技术特征,都是不可或缺的必要因素。因此,在判断专利是否被侵害时,当然应针对权利要求内的每一项技术特征,进行判断;所以在进入等同原则的阶段时,自然应逐一比对待鉴定对象与系争权利要求当中,字面上不同的技术特征之手段、功能及效果,在实质上是否相同,而不应将待鉴定对象与权利要求各视为一个整体,予以统合比较。

承上例,应检视系争发光组件的权利要求中之技术特征 A 与被控侵害系争专利的某照明设备中之技术特征 A′,A 与 A′ 二者之技术手段、功能及效果是否实质等同,而不应从整体的观点,直接将系争发光组件的权利要求全部与某整个照明设备所有之技术特征,进行等同原则之判断。

◆ 应以何时之技术水平为准

在判断待鉴定对象,与权利要求技术特征之手段、功能及效果是否实质等同的过程中,"相关技艺领域一般技术水平"是一项重要的决定因素。

【观念厘清】

判断是否具备非显而易知性,系争专利应否无效,应以**提出专利申请时**,相关技艺领域中一般之技术水平,作为决定之标准。

> 但是,透过等同原则,判断系争专利是否被侵害,在美国则应以**发生侵权行为时**,作为决定该专利所属技艺领域中,一般技术水平之标准。

但是,自申请专利之日起,至专利被侵害之时止,相关技艺领域一般技术水平,会随着时间的经过,因为科技的快速进步而不断被提升,因此,究竟应以哪一个时间点为标准,认定相关技艺领域之一般技术水平,遂成为一项重要议题。

世界上不同的国家,由于对专利制度最后所欲保障之对象,究竟应为发明人的私益、还是国家社会的公益,看法有所不同,因此对于这个问题有不同的看法。而美国专利诉讼实务界则普遍认为,应以发生侵权行为的时间点,作为决定该专利所属技艺领域中,一般技术水平之标准。

【实务做法】

基本上在主张或抗辩等同原则时,双方当事人可提出下列之证据,以证明相关之技术特征的手段、功能及效果:

▲ 系争专利之说明书及审批历史档案
▲ 先前技艺的实体及具体数据
▲ 法院或专利商标局相关个案之见解
▲ 专家证人或相关研发人员之证词

◆ 是否必须证明侵权人之意图

美国专利诉讼实务认为,由于在判断待鉴定对象是否落入系争权利要求时,并未考虑被控侵权人主观上是否有一定之意图;而等同原则之适用,亦属于判断待鉴定对象是否落入系争权利要求的一个阶段,换言之,与字面读取阶段的性质并无二致,只是一个系以表面字面为判断标准,一个系以实质的手段、功能、效果为判断标准。

因此,若专利权人欲主张等同原则时,并不需要额外再证明侵权人主观上有一定之意图。

◆ 应由陪审团还是法官判断

虽然等同原则的适用,困难度、复杂度、以及专业度均非常高;但因为依据美国专利诉讼实务见解,待鉴定对象是否落入系争权利要求,属于事实认定的范畴;故专利权人可否主张待鉴定对象之技术特征,与系争权利要求之技术特征实质均等,亦属于事实认定的议题(a matter of fact)。

【实务做法】

在有陪审团的专利诉讼案件中,固然应由陪审团判断待鉴定对象是否因适用等同原则,而落入系争权利要求;但是事实审法院的法官,仍应就以下之事项,积极扮演一定之角色:

1. 法官有权决定,双方当事人在主张或否认等同原则时,所提出之一切证据,与本案系争事实是否有关连。亦即若律师提出异议,而法官亦认为对方提出之部分证据,与本案系争事实没有关连时,法官得指示陪审团,在判断待鉴定对象是否因适用等同原则,而落入系争权利要求的过程中,不得参考该等证据数据。

2. 法官应就如何适用等同原则,对陪审团进行适当之解释或说明;使陪审团基于相关之证据资料,正确地适用等同原则,以认定待鉴定对象,是否因而落入系争权利要求的事实。

因此,无论是字面读取抑或等同原则之判断,不但应由事实审法院,即美国联邦地方法院加以决定;且除非有法律上明显之瑕疵,美国联邦巡回上诉法院亦不得加以干涉。

因为等同原则之判断属于事实认定的范畴,所以在有陪审团的专利诉讼案件中(jury trial),应由陪审团判断待鉴定对象是否因适用等同原则,而落入系争权利要求[1];而在没有陪审团参与,由法官负责审理的专利诉讼案件(bench trial)中,则应由法官判断待鉴定对象是否因适用等同原则,而落入系争权利要求。

【专利权之字面读取范围 & 专利权之保护范围】

所谓专利权之字面读取范围,指的是经过主管机关之实质审核,在与相关习知技艺比较后,仍具备新颖性(novelty)与非

---

[1] Warner Jenkinson CO., INC. v. Hilton Davis Chemical CO., 520 U.S. 17.

显而易知性（non-obviousness）之情形下，系争专利在正式被核准后，由解析权利要求，所架构起之字面范围。

所谓专利权之保护范围，指的是在专利诉讼中，为避免他人仅就其权利要求之技术特征，稍作非实质之改变或替换即可逃避专利侵权的责任，而允许专利权人在其专利权之字面读取范围外，与其权利要求之技术特征实质等同的部分，亦即其实际技术贡献范围内，仍可借由等同原则，而主张其排他权之范围。或者，由于专利权人所撰写之权利要求的字面，实质上已超过其技术贡献时，则必须以逆等同原则将专利权人可主张之排他效力，限缩至专利权人实际技术贡献的范围。

【被控侵权之人如何阻却等同原则】

所谓阻却等同原则，系指在特殊情形下，被控侵害专利之人，可以抗辩专利权人不得借由主张等同原则，而扩充其专利权之保护范围至字面范围以外，换言之，此际专利权之保护范围又回到原来的字面范围。

根据前述关于内部证据与外部证据之分类，以及相关证据是否与主观的行为、还是与客观的事实有关等标准，将等同原则相关适用上的阻却事由，归纳整理如下：

	内部证据	外部证据
主观	▲ 申请历史档案之禁止反悔原则	▲ 专家证言 ▲ 专利权维护过程之禁止反悔原则
客观	▲ 申请历史档案之引证技术 ▲ 实质并未记载于权利要求之技术	▲ 先前技术阻却 ▲ 权威文献、有参考价值之裁判

▲ 申请历史档案之禁止反悔原则

此部分属于传统所谓之"禁止反悔原则"理论,请参阅后述关于"如何以禁止反悔原则狙击等同原则"的说明。

▲ 申请历史档案之引证技术

由于在专利之申请过程中,专利权人已就其提出之引证技术,具体说明与其权利要求不同,故其专利案具备新颖性;所以,在日后专利侵权诉讼中,专利权人当然不可反悔,又借由等同原则,主张其专利权之保护范围,与自己曾引证之技术实质等同。

【实务参考】

因此,被控侵害专利之人,应仔细研读专利权人在申请专利过程中,曾提出之引证技术,与其待鉴定物间之异同。

▲ 实质并未记载于权利要求之技术

专利权人虽可主张在实质等同的范围内,扩充其专利权之保护范围至专利权利字面范围以外;但是基本上,仍应以与专利权利范围实质等同为限,以保障一般社会大众的信赖利益。故专利权人不得无限制地扩充其专利权之保护范围。而如何决定专利权利的范围,又系以权利要求为基础。

> **【注意事项】**
>
> 若专利权人本来可以不必在权利要求内,记载该相关技术特征,即使专利权人在专利说明书中,并未披露该部分之技术内容,但在日后专利侵权诉讼中,专利权人不但不能主张其专利申请范围不包括该等技术特征,也不得借由等同原则,将其专利权之实质保护范围,扩充至说明书中未披露,但却在权利要求中记载之该技术特征以外之部分。因此,在申请专利的过程中,专利权人应特别留心撰写权利要求,不得大意。

因此,倘若专利权人在撰写专利申请案的过程中,实质上并未在其权利要求中,披露或记载相关技术;日后,在专利侵权诉讼中,专利权人当然不可又借由等同原则,任意主张其专利权之保护范围延伸至其实质上并未在其权利要求中已披露或记载之相关技术。换言之,专利权人不得在专利侵权诉讼中,假等同原则之名,行重新改写权利要求之实。

▲ 专家证言

在适用等同原则,以判断待鉴定对象是否因而落入系争权利要求的过程中,双方当事人可以申请法院传唤专家证人,以确定专利权之实质保护范围的界线为何。因此,专家证人之证词,可以阻却专利权人适用等同原则之机会。

▲ 专利权维护过程之禁止反悔原则

被控侵害专利之一方,通常会依据《美国专利法》第102条或第 103 条的规定,主张系争专利应属无效。而为维护专利之有效性(即系争专利仍具备新颖性或非显而易知性),避免与公知的技术领域重叠而被宣告专利无效的风险,专利权人亦会辩称其权利要求与相关技术有所差异。

> **【实战经验】**
>
> 在现实诉讼中,专利权人即会因而陷入专利是否无效,或因禁止反悔原则而不得主张等同原则的困境。

基于禁止反悔的原则,专利权人在专利诉讼中,便不得又将其先前曾辩称与其权利要求有所差异之相关技术,在此际又主张与其专利范围实质等同。

换言之,专利权人为维护专利之有效性,所曾为相关技术与其权利要求有所差异、或将其专利范围实质限缩之抗辩,日后会阻却专利权人借等同原则,而将其专利保护范围向外扩充的机会。

▲ 先前技术阻却

由于在专利申请日(主张优先权者,则为优先权日)之前,所有能为公众得知之信息或先前技术,属于公有领域(public domain),任何人本即均可使用,不得为任何人所独占;故申请专利之内容必须具备新颖性,与先前技术有所不同,才会被核准专利权,专利权人始可享有独占排他权。

因为专利权保护范围,必须以专利权有效为前提;因此,在专利诉讼中,不容许专利权人借等同原则,扩张其专利权保护范围到属于公有领域之先前技术。所以,若被控侵害专利之人,能有效证明所使用者属于先前技术时,专利权人将无法利用等同原则,而主张其专利权之排他效力。

▲ 权威文献、有参考价值之裁判

在适用等同原则,以判断待鉴定对象是否因而落入系争权利要求的过程中,双方当事人可以提出该技术领域之权威文献、或与系争专利相关的裁判,以确定专利权之实质保护范围的界线为何。

【等同原则与逆等同原则之比较】

等同原则	逆等同原则
同样属于实质判断的过程	
同样属于事实认定之范畴	
待鉴定对象未构成字面侵权时,用以判断待鉴定对象是否表面虽未落入、但实质却落入系争权利要求之理论。	待鉴定对象构成字面侵权时,用以判断待鉴定对象是否表面虽落入、但实质却未落入系争权利要求之理论。
当专利权人之技术贡献,实质上已超过其所撰写之权利要求的字面时,则必须以等同原则将专利权保护范围扩张至专利权人之实际技术贡献范围。 换言之,等同原则系用以扩张系争专利之权利保护范围,故有利于专利权人。	当专利权人所撰写之权利要求的字面,实质上已超过其技术贡献时,则必须以逆等同原则将专利权保护范围限缩至专利权人之实际技术贡献范围内。 换言之,逆等同原则系用以限缩系争专利之权利保护范围,故不利于专利权人。

(续表)

用于侵权之判断	用于不侵权之判断
系争专利之权利要求,与待鉴定对象二者之间,系透过实质等同的技术手段,发挥实质等同的功能,并可达到实质等同的效果。	待鉴定对象实质上所使用之技术手段,或实质上所产生效果,与系争专利有所不同。

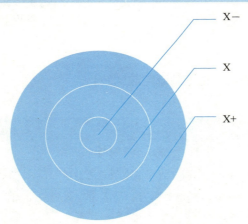

图例　X字面读取之范围

系争机械设备的权利要求,经过字面读取,技术特征为:$A+B+C$,被控侵害系争专利之某机械设备之技术特征为:$A'+B+C$。 经过等同原则之比对分析,A与A'系透过实质等同的技术手段,发挥实质等同的功能,并可达到实质等同的效果,故$A' \rightarrow A$;因为$A+B+C = A+B+C$,所以待鉴定对象落入系争权利要求内。	系争机械设备的权利要求,经过字面读取,技术特征为:$A+B+C$,被控侵害系争专利之某机械设备之技术特征为:$A+B+C$。 经过逆等同原则之比对分析,待鉴定对象之技术特征A实质上所使用之技术手段,或实质上所产生效果,与系争权利要求之技术特征为A有所不同,故$A \rightarrow A'$;因为$A+B+C \neq A'+B+C$,所以待鉴定对象并未落入系争权利要求内。

第四讲
专利侵害分析

如何以禁止反悔原则狙击等同原则

所谓禁止反悔原则,系指专利权人为使其申请案具备可专利性,自愿在**专利审批历史**(Prosecution History,或 File Wrapper)中,放弃或限缩的权利要求(claim)时,日后专利权人不得反悔,再以任何方式(例如等同原则)重新主张该部分为其专利保护范围。[①][②]

> 【专利审批历史】
>
> 所谓**专利审批历史**,系指专利申请人在申请专利的过程中,向各国为专利审查主管机关所曾经提出包括申请案内容、答辩、论述及修正经过之一切资料,以及审查官所曾表示之意见。

因此,倘若专利权人欲以等同原则,将其专利保护范围,自字面范围向外扩张至其过去曾主动放弃的部分时,被控侵害专利之人,可主张专利权人应受禁止反悔原则之限制;换言之,此际专利权人不得出尔反尔,又主张其过去曾自愿放弃的部分。

例如,CSI 公司将其关于硬盘拷贝机的发明,向 USPTO 申

[①] *Festo Corp. v. Shoketsu Kinzoku Kogyo Kabushiki Co., Ltd.*, No. 95-1066, 234 F.3d 558, 56 USPQ. 2d BNA 1865 (Fed. Cir. Nov. 29, 2000).

[②] *Festo Corp. v. Shoketsu Kinzoku Kogyo Kabushiki Co., Ltd.*, 122 S. Ct. 1831(2002).

请专利；惟专利审查官认为其申请案不具备新颖性。CSI 公司为使其发明获准专利,自愿在该申请案当中,增加新的技术特征 A,限缩其权利要求。该增加技术特征 A 之硬盘拷贝机,因而获准专利。

日后在专利诉讼时,CSI 公司以等同原则,主张被告所贩卖的硬盘拷贝机,与 CSI 公司的硬盘拷贝机专利实质等同,故侵害其系争专利；但是,被告所贩卖的硬盘拷贝机,却正好不具备 CSI 公司当初该自愿增加的技术特征 A。

因此,被告便主张 CSI 公司应受禁止反悔原则之限制,不得又以等同原则为由,重为主张其当初自愿放弃之权利要求；亦即 CSI 公司不可以扩张其专利保护范围至不包含技术特征 A 的硬盘拷贝机。

【如何分析专利审批历史】

在跨国专利诉讼实务上,可以参考以下的图表格式,逐一分析已从该国专利主管机关取得的系争专利之审批历史,作为日后主张禁止反悔原则之用。

No.	Date	Issuer	Action	Issues	Cited by Examiner	Remark
1						
2						
3						
4						
5						
6						

说明

◇ **No.**：记载编号，以利日后引用。

◇ **Date**：按时间先后顺序，记载相关日期。

◇ **Issuer**：记载提出该意见之人为申请人或审查官。

◇ **Action**：简要记载系申请人提出之申请案、答辩、论述或修正，还是审查官所表示之审查结果或其他具体要求。

◇ **Issues**：详细记载该次申请人所提出申请案、答辩、论述、修正及审查官所表示意见之重点。←**特别注意**

◇ **Cited by Examiner**：记载审查官所引证之前案或专利编号。←**特别注意**

◇ **Remark**：记载备注事项。

Simplified Example

Patent No. ○,○○○,○○○

No.	Date	Issuer	Action	Issues	Cited by Examiner	Remark
1	y/m/d	Applicant	Filing Date	Tha Application title is "Chair for Moving " with the inventor being Frank Alford. Applicant filed a total of 42 claims, including 13 independent claims and 8 drawings.		

（续表）

No.	Date	Issuer	Action	Issues	Cited by Examiner	Remark
2	y/m/d	Examiner	Election (Restriction) Requirement	Applicant is required to elect, some claims for prosecution under 35USC○○○		
3	y/m/d	Applicant	Response	Applicant elected some claims		
4	y/m/d	Examiner	Office Action	Examiner rejected some specific claims under 35USC○○○ as being unpatentable over USPN○,○○○,○○○ and US Patent Publication yyyy/○○○○○○○○	USPN ○,○○ ○,○○ ○, and US Published Application yyyy/○○○○ ○○○	Prior Art
5	y/m/d	Applicant	Amendment	Applicant amended some specific claims		Applicant narrowed these specific claims
6	y/m/d	Examiner	Notice of Allowance	Examiner allowed some specific claims.		

第四讲
专利侵害分析

【何谓"可专利性"（patentability）】

所谓"可专利性"，根据《美国专利法》第 101 条、第 102 条、第 103 条及第 112 条等规定，特定之物品或方法必须具备实用性、新颖性、非显而易知性、或实施可能性等性质，系争专利才会被核准。

若申请人系为使其申请案具备可专利性而修改权利要求，则等于承认其修改前之权利要求符合《美国专利法》之相关规定，不具备以上之可专利性；日后专利权人自然不可再透过等同原则，又对第三人主张其修改前之权利要求。

换言之，倘若专利权人能证明其补充、修正或更正的部分，与可专利性无关，例如仅仅为文法或错字之修正，则不适用禁止反悔原则，专利权人仍可主张等同原则。

【实务参考】

为期有效主张禁止反悔原则，阻止专利权人借由等同原则而扩张其专利保护范围，被控侵权之一方必须尽快取得系争专利的审批历史。而在检视专利审批历史时，除必须逐一检视专利权人在申请过程中，所曾经修正及限缩的部分；还必须透过前后文关系，仔细分析其修正及限缩的原因，亦即专利权人所为之补充、修正或更正，是否与系争专利之可专利性（patentability）有关。例如，若可证明专利权人当初所为之修正或限缩，系基于避免权利要求触及先前技术，有可能因而被核驳之考虑，则应限制专利权人适用等同原则。

反之，专利权人则应尽量解释其所为之更正或补充，与系争专利之可专利性无关，亦即并非为避免涵盖先前技术所为之修正或限缩，而系基于其他之原因，例如文法结构或拼字之错误等。因此，专利权人该部分之论述，并不影响其专利保护范围，亦即不应限制其适用等同原则。

【禁止反悔原则之适用范围】

根据美国法院之见解，原则上，若申请人系为使其申请案具备可专利性而修改权利要求，则专利权人仅不可对该曾修正之权利要求主张应适用等同原则。

【注意】

倘若在申请专利的过程中，系争专利申请案曾有某项权利要求 A，及因而所披露，仅仅为 A 之实施例 A′。但是，在申请过程中，申请人却为确保申请案之新颖性，而限缩该项权利要求 A 为 B，B 并未涵盖实施例 A′，但申请人却未一并删除与 A 相关之实施例 A′。

日后，若发现待鉴定对象，与系争专利说明书中已具体披露之实施例 A′完全相同时，即使待鉴定对象并未落入系争专利之权利要求 B 的字面读取范围，但因为专利权人已放弃其原有之权利要求 A，所以专利权人应受禁止反悔原则之限制，不得重新主张 A 与 B 实质等同，而扩张其专利保护范围。

第四讲
专利侵害分析

亦即专利权人不得借由等同原则，主张因为待鉴定对象与实施例 A′ 相同，所以侵害其系争专利。①②

因此，倘若系争专利的权利要求不止一项，而专利权人并未对与待鉴定对象有关之权利要求加以修正或限缩时，即使专利权人在申请过程中曾对与待鉴定对象无关之权利要求加以修正或限缩，则专利权人仅不可对该曾修正之权利要求适用等同原则，专利权人仍可对与待鉴定对象有关之其他权利要求适用等同原则。③④

【专利权人所为之任何修正，是否均因禁止反悔原则，导致不得适用等同原则】

美国联邦巡回上诉法院全院法官，在联席审理（en banc）*Festo Corp. v. Shoketsu Kinzoku Kabushiki Co., Ltd* 一案时，采取绝对禁止（absolute bar）之见解，亦即认为若专利权人对于权利要求有任何未经过解释（unexplained）之修正，将因禁

---

① *du Pont v. Phillips Petroleum*，849 F. 2d 1430，1438，7 USPQ2d 1129，1135（Fed. Cir. 1988）.
② *Diversitech Corp. v. Century Steps, Inc.*，850 F. 2d 675（Fed. Cir. 1988）.
③ *Hughes Aircraft v. U. S.*，717 F. 2d 1351，1360，219 USPQ 473，479（Fed. Cir. 1983）.
④ *Festo Corp. v. Shoketsu Kinzoku Kogyo Kabushiki Co., Ltd.*，No. 95-1066，234 F. 3d 558，56 USPQ. 2d BNA 1865（Fed. Cir. Nov. 29, 2000）.

止反悔原则,而不得对该修正后之权利要求,主张等同原则。①

但此见解事后为美国最高法院所推翻。美国最高法院采取所谓弹性禁止(flexible bar)之见解,亦即认为申请人在修正权利要求后,日后虽然不得再以等同原则为由,重新主张该已放弃、修正前的权利要求。但是,不得因此进而推论申请人对于其他在当时所无法想象之等同物或方法,亦一并放弃其原本可得享有之排他权利;亦即在申请人修正权利要求时,若一般习知该技术之人均不可能预见该等同物或方法时,日后专利权人仍可透过等同原则,主张之专利保护范围。②

换言之,即使专利权人在申请专利的过程中,曾放弃部分权利要求,因而推定有专利审批历史禁止反悔原则之情形,不得适用等同原则;但是,若专利权人于诉讼中提出反证,证明其主张之专利保护范围,与其先前放弃的部分无关,且当初在修改权利要求时,一般习知该技术之人,均无法预见被控侵害专利之待鉴定对象为系争专利之等同物或方法时,专利权人仍可对于与修正后的权利要求实质等同之物或方法,主张等同原则,不受禁止反悔原则之拘束。

【验证表】

经过上述之分析后,兹简要整理美国专利诉讼实务上与不

---

① *Festo Corp. v. Shoketsu Kinzoku Kogyo Kabushiki Co., Ltd.*, No. 95-1066, 234 F. 3d 558, 56 USPQ. 2d BNA 1865 (Fed. Cir. Nov. 29, 2000).
② *Festo Corp. v. Shoketsu Kinzoku Kogyo Kabushiki Co., Ltd.*, 122 S. Ct. 1831(2002).

第四讲
专利侵害分析

侵权抗辩有关之**验证表**如下。提供公司之律师于实际个案发生时，迅速据以逐一检验待鉴定对象，有无落入系争权利要求。

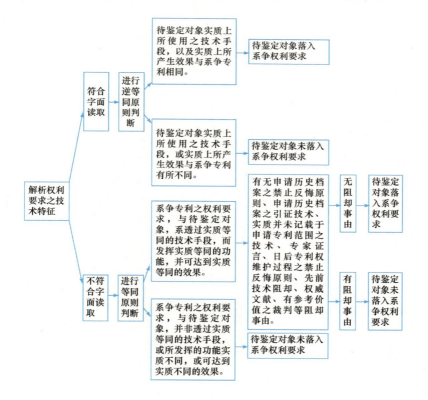

第五讲

专利不可执行

计谋都凭筹算立定；打仗要凭智谋。
Plans are established by seeking advice; so if you wage war, obtain guidance.

第五讲
专利不可执行

Story

　　G 公司发现其准备以美国为主要市场之 LCD 面板,其中某项关键技术,无法回避韩国 K 公司所拥有的由数项美国专利结合而成之专利组合(patent portfolio)。因此 G 公司希望与 K 公司洽谈授权事宜,但 K 公司却提出极为不合理之授权条件。

　　G 公司为避免日后该面板在美国上市后,被 K 公司在美国提起专利侵权诉讼,万一败诉所要承担之赔偿金,以及若被认定恶意侵权,所可能要负担之巨额费用,遂与外部顾问律师商讨相关专利有效性。但外部顾问律师却表示要做出该等专利无效之分析报告,困难度相当高;且因为该专利组合之专利数量过于庞大,要一一完成专利无效分析意见,G 公司需要付出庞大之律师费用。

　　G 公司遂邀集公司相关主管与外部顾问律师,研议因应对策。

Why Do You Learn This Chapter?

　　在属于普通法的美国专利诉讼中,所谓不能执行之抗辩(unenforceable),大部分乃是基于衡平法的观念,所产生之一种抗辩方式,普遍地为一般审判法院斟酌援用;而此种抗辩可使该专利权之所有申请专利范围不得实施排他效力,换言之,倘若此际专利权人有下述之事由,专利权人即不得排除他人实施其专利权,他人即有机会得以直接实施相关之技术内容。

> ▶▶▶ **本讲重点**
> ★ 不正当行为(inequitable conduct)
> ★ 懈怠(laches)
> ★ 禁止反悔原则(equitable estoppel)
> ★ 滥用专利(patent misuse)

不正当行为之抗辩

美国实务认为,每一个提出专利申请之人,对于承办该专利申请之机关(即专利商标局)均负有诚实呈报相关信息之义务(Information Disclosure Statement)。

【实务参考】
    专利权人之行为是否构成不正当行为,美国实务认为属于法律问题,应由法院加以决定。①

倘若专利申请人不能履行该诚实义务,会被认为系对承办

---

① J. P. Stevens & Co. v. Lex-Tex, Ltd., 747 F. 2d 1553, 1560 (Fed. Cir. 1984). cert. denied, 474 U. S. 822 (1985).

机关的一种诈骗行为,而被称作不正当行为。该不正当行为之效果,将污染该专利权,导致专利权人不能据以请求法院执行其排他效力。①

所谓之不正当行为,系指基于诈骗的意图,消极地未向承办机关披露重要的信息,或积极地向承办机关提出重要不实的陈述或申报。因此,被告若欲提出专利权人有不正当行为的抗辩,必须要能证明:

未经披露或虚假陈述的信息之重要性
申请专利之人隐瞒该信息之意图②

> 申请专利之人是否确系基于诈骗的意图,及其所隐瞒或所虚假陈述之信息,是否确属重要,均必须以明确且具说服力之证据方法加以证明。

【未经披露或虚假陈述的信息之重要性】

至于如何才构成所谓之"重要",美国法院认为,应视该未经披露之信息与其他数据组合后,对于一个理性的审查员而言,在决定应否允许申请人所请而核准专利时,对可专利性之影响程度是否属于一项重要的决定因素。③

---

① *Driscoll v. Cebalo*,731 F. 2d 878,884 (Fed. Cir. 1984)。
② *Glaverbel Societe Anonyme v. Northlake Mktg & Supply Inc.*,45 F. 3d 1550,1558 (Fed. Cir. 1995)。
③ *Molins PLC v. Textron Inc.*,48 F. 3d 1172,1179 (Fed. Cir. 1995)。

倘若审查员已检索到较该未经披露之信息更为接近专利申请范围之技术内容，或属于与该其他已提出之重要信息间接相关的信息，或较已提出者为不重要之信息，申请人则无提出之义务。

【申请专利之人隐瞒该信息之意图】

又所谓之"意图"，美国法院认为，系指欲误导专利商标局而言。① 故被告除了能证明申请专利之人事实上应该知悉所隐瞒之事实外，还要能进一步证明申请专利之人，尚因欲误导专利商标局而有所隐瞒。②

> **何谓"呈报相关信息之义务"（Information Disclosure Statement）**
>
> 所谓相关信息之呈报义务，系指自提出美国专利申请案开始，直至刊印前或申请延续案之前，专利申请案相关人员（发明人、专利代理人）有义务披露其已知可能影响专利核准的重要先前技术（例如同案申请其他国家专利时，其他国家之新颖性调查报告或核驳引证之资料）给审查委员知悉。而此制度之目的，系借由日后专利侵权诉讼中所可能面临之专利不能执行，迫使原本打算暗藏不利信息之专利申请人，自动履行诚实呈报之义务。

---

① *Therma-Tru Corp. v. Peach Tree Doors Inc.*, 44 F. 3d 988, 985 (Fed. Cir. 1995).

② *Nordberg, Inc. v. Telesmith, Inc.*, 82 F. 3d 394, 396 (Fed. Cir. 1996).

【补充审查程序】

2011年9月8日,美国参议院决议通过众议院先前通过的《美国发明法》(AIA)之《专利改革法案》;其后于2011年9月16日,由美国总统奥巴马签署,颁布成为美国之正式法律:倘若专利权人在领取专利证后,对于该专利未正确提供的信息,新法允许专利权人自己提出补充审查之申请(supplemental examination),请求USPTO再次审查其修正之相关专利的信息,以避免因有不正当行为,导致该专利有不可执行的危险。

【实务参考】

一般而言,在美国诉讼实务上,发明人或公司的负责人,不可能于专利诉讼中,主动承认当初彼等系以故意诈骗专利商标局的方式,以取得专利权。故通常系在搜证程序中,被告一旦发现关于取得专利的重要信息,系经原告虚假陈述,或原告刻意有所隐瞒时,即可根据相关的证据,推论原告当初在申请专利的过程中,有无诈骗USPTO之意图。①

---

① *Glaxo*, *Inc. v. Novopharm*, *Ltd.*, 52 F. 3d 1043, 1048 (Fed. Cir. 1994), cert. denied, 116 S. Ct. 56 (1995). ("Intent is often inferred from surrounding circumstances when a material misrepresentation is shown.")

> 因此，在专利诉讼的审理程序中，若发现越多关于原告即专利权人，当初在申请专利过程中重大不实的陈述，被告就专利权人有无诈骗意图的举证责任相对越轻。

懈怠之抗辩

所谓之懈怠（laches），系指被侵权之一方即专利权人，对涉嫌侵权之人，无理由（unreasonably）且无法辩解地（inexcusably）疏忽或延迟诉请救济，而该诉讼之迟延提出，对于被告造成了重大之损失或伤害（material prejudice or injury）。①

> **【理论基础】**
>
> 本抗辩的理论基础，系指当事人所使用之证据，在诉讼当中必须处于可合理取得之状态，不会因为时日拖延过久，而产生不当之影响或破坏。故倘若被侵权之一方对涉嫌侵权之人，在侵权事实结束后，仍怠于诉请法院救济，将使得日后当事人间过于陈旧之纠纷，不得再寻求法院救济。

虽然原告是否有懈怠之情形，并非有一固定不变的机械式标准，而必须视个案中的特殊情节、情况，衡量双方利害后弹性

---

① Advanced Cardiovascular Sys. v. SciMed Life Sys., 988 F. 2d 1157, 1161 (Fed. Cir. 1993).

地逐案(case-by-case)予以认定。① 然而,依照美国法院实务之见解,专利侵权诉讼中,被告若欲有效提出原告懈怠之抗辩,基本上仍必须证明以下两点:

1. 自原告知悉或可得知悉其对被告有请求权时起,迄原告以该请求权为基础对被告提起诉讼之日止,已拖延了一段不合理,且无法解释其理由为何之期间。

2. 原告迟延提出该诉讼,经法院基于合理的标准依据,认定对于被告造成重大之损失或伤害。②

【多久才算是一段不合理之期间?】

至于专利权人究竟要延迟多久诉请救济,才算此处之懈怠,美国实务上并无一固定之标准,而系视个案中各个特殊情节、情况而定。

基本上,期间之计算,系自原告知悉或可得知悉其对被告有请求权时起,迄原告以该请求权为基础,对被告提起诉讼之日为止。

美国法院则有见解地认为,若该期间超过 6 年时,则推定已拖延了一段不合理期间,并可能因此对被告造成损害,所以可能

---

① A. C. Aukerman Co. v. R. L. Chaides Construction Co., 960 F. 2d 1020, 1028, 22 U. S. P. Q. 2d 1321, 1328 (Fed. Cir. 1992)(en banc).

② Id.

成立此处之懈怠。①

【何谓重大之损失或伤害?】

至于何谓重大之损失或伤害,可从证据方面及经济方面加以说明:

证据方面

被告可能因原告迟延提出该诉讼,以至于无法提出其行为当时有利于己但却有一定保存年限之记录,或相关物证因年代久远而有所灭失(例如可证明发明在先之研发日志),或关键证人之记忆已模糊不清甚至已失去联络或死亡等(例如研发团队之重要成员),导致被告无法就本案之实体争议部分,提出充分且有力之防御。

经济方面

被告可能因原告未能及时提出该诉讼,以至于因事隔已久,陆续投入大笔资金,购买生产所需之原材料、建立生产线、设立厂房,日后却因被控侵权成立,无法继续制造并贩卖,而一夕之间血本无归;或其他可因原告较早提出诉讼,而可得以避免的金钱上之损失。因此承审法院在被告提出本抗辩事由时,应调查被告在原告迟延提出诉讼的期间中,前后经济条件之变化。

---

① A.C. Aukerman Co. v. R.L. Chaides Construction Co., 960 F. 2d 1020, 1028, 22 U.S.P.Q. 2d 1321, 1328 (Fed. Cir. 1992)(en banc).

【注意】

　　此处所谓经济层面重大之损失或伤害，并不包括因被控侵权而需负赔偿责任之损害。否则每一种诉讼之被告，皆有可能日后因败诉而产生经济层面重大之损失或伤害。

【实务参考】

　　倘若被告主张原告懈怠的抗辩成立，则原告该次诉讼前被造成之损害，将无法请求被告赔偿；但是，原告仍可向法院请求核发禁制令（相关禁制令之核发标准，请参阅后述详细介绍），并且仍然可以对日后其他之侵权行为请求损害赔偿。

【专利权人如何反击】

　　原告可以下列业经美国法院承认为合理的事由，使其迟延提出的诉讼正当化，不至于因而被法院认定为构成懈怠：

　　1. 原告与该涉嫌侵权之被告间，另有其他之诉讼或协议，正在进行之中。

　　2. 该段期间适逢天灾、战争或其他不可抗力的事由。

　　3. 关于该专利权权利之归属，该段期间产生争议。

　　4. 被告系从事非常过分之恶意侵权行为，例如被告蓄意地进行仿冒。

禁止反悔原则之抗辩

若因专利权人之误导行为(misleading conduct),使得被控涉嫌侵害专利权之被告,可合理地推论专利权人并无对被告主张专利权,或因侵权行为而提起诉讼之意图;而该被控涉嫌侵害专利权之被告,亦已合理信赖专利权人上述之行为。此际,若仍允许专利权人对被告主张专利权,势将导致该涉嫌侵害专利权之被告因而受到重大之损害。

因此,所谓"衡平法上的禁止反悔原则"(equitable estoppel),乃是指在上述情形下,被告主张不得执行专利权的排他效力,亦即专利权人不得对该侵害专利权之行为,诉请救济的一种抗辩形态。[1] 而美国法院则有判决认为,此际专利权人因其所为的该误导行为,使得专利权人与被控侵害专利权人之间,就该专利权之使用已构成默示授权。[2]

【观念比较】

"衡平法上的禁止反悔原则"之抗辩,与前述"懈怠"之抗辩,同样是属于地方法院审理专利诉讼时,被告所可提出之

---

[1] *Wang Lab. Inc. v. Mitsubishi Elecs. Am.*, 103 F. 3d 1571, 1580 (Fed. Cir. 1997).

[2] *McCoy v. Mitsubishi Cutlery Inc.*, 67 F. 3d 917, 920 (Fed. Cir. 1995), cert. denied, 116 S. Ct. 1268 (1996)(conduct between a patentee and accused infringer can create an implied license to use the patent).

专利不能执行的防御方法,且同样要经过是否有滥用之判断标准的检视。

二者主要不同之处,在于"衡平法上的禁止反悔原则"之抗辩不像"懈怠"之抗辩般需经过一段不合理的期间而仍未提起诉讼;也不论专利权人拖延多久始提起诉讼,也不会因而推定被告提起"衡平法上的禁止反悔原则"之抗辩有理由,但是专利权人却必须要有一定之误导行为,被告才可能主张"衡平法上的禁止反悔原则"之抗辩。

一旦成立"衡平法上的禁止反悔原则"之抗辩,则可阻却先前所有基于该专利权所产生之排他效力;而"懈怠"之抗辩,仅可对一段不合理的期间前所产生之损害,有阻却专利权人请求救济之效果;若侵害专利权之行为系新发生,或在合理的期间当中,专利权人并未懈怠提出救济,则被告不得再以专利权人先前之懈怠为基础,于后来的专利诉讼中对此次不再懈怠的专利权人提出抗辩。

【"懈怠"之抗辩与"衡平法上的禁止反悔原则"之抗辩之异同】

"懈怠" 之抗辩	"衡平法上的禁止反悔原则" 之抗辩
皆为专利诉讼时,被告所得提出专利不能执行之防御方法。	
同样要经过是否有滥用之判断标准的检视。	
需经过一段不合理的期间,而专利权人仍未提起诉讼。	不必经过一段不合理的期间,而专利权人仍未提起诉讼。
专利权人仅消极地未提起专利诉讼。	专利权人有一定之误导行为。

（续表）

"懈怠"之抗辩	"衡平法上的禁止反悔原则"之抗辩
专利权人拖延一段不合理的期间始提起诉讼，会因而推定被告提起"懈怠"之抗辩有理由。	专利权人拖延多久始提起诉讼，也不会因而推定被告提起"衡平法上的禁止反悔原则"之抗辩有理由。
"懈怠"之抗辩，仅对一段不合理的期间前所产生之损害，有阻却专利权人请求救济之效果，效力不及于合理期间内及未来之侵权行为。	一旦成立"衡平法上的禁止反悔原则"之抗辩，则可阻却先前所有基于该专利权所产生之排他效力。

依美国法院之见解，被控涉嫌侵害专利权之被告，若欲提起"衡平法上的禁止反悔原则"之抗辩，必须要能证明以下三项要件[①]：

专利权人有误导之行为

被控涉嫌侵害专利权之被告信赖专利权人上述之行为

被控涉嫌侵害专利权之被告因信赖而将受到重大之损害

【专利权人有误导之行为】

即由于专利权人误导之行为，使得被控涉嫌侵害专利权之被告，可合理地推论专利权人并无对被告主张专利权之意图。

---

① A. C. Aukerman Co. v. R. L. Chaides Construction Co., 960 F. 2d 1020, 1028, 22 U. S. P. Q. 2d 1321, 1328 (Fed. Cir. 1992) (en banc).

该所谓之"行为",包括特定之陈述、积极之作为,或在有说明义务时而仍保持沉默之消极不作为。亦即该行为不一定是积极之作为,在一定情况之下,消极之不作为亦有可能构成此处所谓之"行为"。只是该等行为均必须依社会通念,可合理地因而推论专利权人并无对被告主张专利权之意图。

例如,专利权人曾积极地向被告订购侵害专利之产品;或专利权人曾明白对被告表示,专利权人知悉被告正从事侵害专利之行为,但却未进一步有任何主张专利排他效力的行为。

【单纯的沉默】

虽然单纯的沉默,并不足以构成此处所谓可导致第三人因而误信专利权人已放弃其请求救济权利的"误导之行为"。但是,美国法院认为,若专利权人在完全的沉默之后,立即且强力地对被告主张专利权,并隐含恐吓之意味时,则该"完全的沉默"仍可算是所谓"误导之行为",此际专利权人将因而受到禁止反悔原则之限制。①

【被控涉嫌侵害专利权之被告信赖专利权人上述之行为】

被控涉嫌侵害专利权之被告,必须要能证明因其信赖上述专利权人误导之行为,导致其开始或继续进行侵害专利权之行为。

---

① *Meyers v. Asics Corp.*,974 F. 2d 1304,1309 (Fed. Cir. 1992).

要证明所谓之"信赖"（reliance），被告必须要能证明其与专利权人之间，有使被告在开始或继续为侵权行为前，因专利权人之行为，而使被告疏于警觉其有可能侵害专利权之某种关系或特殊联系。

【被控涉嫌侵害专利权之被告因信赖而将受到重大之损害】

值得注意的是，单纯的信赖并不当然等同于被告因而会有损害产生。意即必须由于被告信赖专利权人上述之行为，若仍允许专利权人对被告主张专利权，将因而导致该被告受到重大之损害。

所谓的"重大之损害"，如同前述关于"懈怠"之抗辩的说明，包括被告经济条件之变化，及相关人证之死亡或物证之灭失。

【实务参考】

在实际商业环境中，专利权人为了一举获得丰富利润，甚至对竞争对手造成重大打击，有时候不一定会在他人刚开始相关涉嫌侵害专利行为之际，立即展开专利诉讼。而往往是在经过一段时日，等到他人公司已有一定规模，正式对公开市场发行股票；甚至主动以误导之行为，例如，向他人购买侵权产品，使他人产生误信，放心从事大量生产，侵权品量价齐扬的时候，才突然寄发律师函要求授权金，或直接到美国对该脆弱的被告提起专利侵权诉讼,使得被控侵害专利的一方猝不及防。

此时,部分被告为了避免造成公司形象不佳、股价下跌、大批订单流失或相关原材料及生产线立即停滞、无法取得流动资金,甚至因巨额之诉讼费用,使公司陷入更大风暴,较为弱势的一方,便倾向于以支付权利许可使用费的方式,解决相关专利纷争。

因此,上述两种使专利不能执行的抗辩,虽然不能使系争专利因而被宣告无效,但却可以于此际,在美国专利诉讼个案中,有效阻却专利权人之攻势,削减专利权排他之效力,不致处于一面倒的局势,从而争取到一定的谈判空间。

滥用专利之抗辩

当发明人取得专利后,专利法会在一定期间内,依其专利权利要求范围,赋予专利权人独占排他的地位;所谓滥用专利(patent misuse)之抗辩,指的是被控涉嫌侵权之被告,在专利诉讼中,抗辩称专利权人不当地扩张其专利权性质上或时间上范围之效力,亦即专利权人企图将专利权独占排他之效力,延伸至上述专利法所赋予时间或空间的合法范围之外,导致违反公平竞争之结果。①

> 【实务参考】
>
> 　　美国实务上禁止滥用专利的目的,乃系在赋予专利权人一定期间内,就其专利有独占排他效力的同时,限制专利权人在实施专利权时,不当地享有反竞争之权力。
>
> 　　换言之,禁止滥用专利,系为了防止专利权人利用专利,而得到超过专利法所赋予固有专利权应有利益以外之市场利益。
>
> 　　因此,其主要之考虑,系为了保障公共利益(public interest),所以即使提出本抗辩之被告,并非因专利权人滥用专利而直接受害,美国法院仍允许该涉嫌侵权之被告在专利诉讼中提出本抗辩。②

其效果,则是在滥用专利期间,专利权人不得就侵害该专利之行为请求损害赔偿③;惟他人仍不能单独以专利权人滥用专利为请求权基础,对专利权人请求损害赔偿,但若达到违反反垄

---

　　① 虽然滥用专利之抗辩有可能同时涉及反托拉斯法的问题,但不必要达到反托拉斯法所规范之程度亦可提起滥用专利之抗辩。See *Zenith Radio Corp. v. Hazeltine Research, Inc.*, 395 U. S. 100, 89 S. Ct. 1562, 23 L. Ed. 2d 129, 61 U. S. P. Q. 577 (1969).

　　② *Noll v. O. M. Scott & Sons*, 467 F. 2d 295, 301 (6th Cir. 1972), cert. denied, 411 U. S. 965 (1973).

　　③ *B. Braun Medical, Inc. v. Abbott Labs.*, 124 F. 3d 1419, 1427 (Fed. Cir. 1997).

第五讲
专利不可执行

断法的程度时,则仍可据以为请求。① 由于专利滥用之抗辩,属于衡平法下不净手原则(unclean hands)的体现。因此,本抗辩的情形若成立,仅影响该次专利诉讼中,专利权可执行性(enforceability)之效力,并不会对该专利权本身的效力(validity)产生影响。② 所以,专利权仅在专利权人滥用该专利之期间,不具可执行性,倘若专利权人不再滥用该专利,该专利则仍具有可执行性。③

哪些行为构成滥用专利
滥用专利与反垄断法之关系

【哪些行为构成滥用专利】

基本上,倘若专利权人有不当扩张其专利权之独占地位,并因而造成破坏总体之竞争环境时,美国法院有可能将该行为认定为滥用专利。④

此时,法院将对专利权人该不当行为之结果,对于市场竞争是否产生不合理之限制,进行事实之调查,考虑的因素,包括相关产业的特定信息,加诸该限制前后该产品之情况,该限制本身

---

① B. Braun Medical, Inc. v. Abbott Labs., 124 F. 3d 1419, 1427 (Fed. Cir. 1997).
② U.S. Gypsum Co. v. National Gypsum Co., 352 U. S. 457, 465—66 (1957).
③ Id.
④ Virginia Panel Corp. v. MAC Panel Corp., 133 F. 3d 869, 868—69 (Fed. Cir. 1997).

165

之历史、性质与影响等。①

以下为经美国法院认定为构成滥用专利的一些具体的行为类型：

搭售

所谓搭售，系指在出售者的限制下，交易相对人没有自由选择权，必须同时购买两个可分离之商品，不得仅选择当中其真正欲购买之商品。

在美国若将专利产品与其他商品一起搭售，亦即若专利权人以要求购买其他之商品，作为授予专利权的必要条件时，即有可能构成专利之滥用。

该搭售契约不必达到违反美国反垄断法的程度，才可以构成滥用专利；依照美国法院已有判例，可依以下之三个步骤，决定搭售契约中，专利权人是否有滥用专利的情形：

1. 是否有两个以上可分别独立之商品，而只有其中部分系交易相对人欲取得授权之专利权。

2. 该涉嫌搭售于专利商品之其他商品，依一般商业习惯，在使用上本应具有独立性，或与专利商品可分开交易。

3. 该两个以上可分别独立之商品，事实上是否有搭售的情形。②

---

① *Virginia Panel Corp. v. MAC Panel Corp.*, 133 F. 3d 869, 868—69 (Fed. Cir. 1997).

② *Senza-Gel Corp. v. Seiffhart*, 803 F. 2d 661, 669, 231 U. S. P. Q. 363, 369 (Fed. Cir. 1986).

第五讲
专利不可执行

根据美国国会于1988年修正之专利法(Patent Misuse Reform Act of 1988)第271条(d)项第1—5款之规定[①],单纯的对(共同)侵害其专利权之人取得利益、许可实施专利或提起诉讼,以及拒绝就其专利权予以许可等商业上之运作方式,并不当然足以构成所谓滥用专利;除非专利权人在该专利或专利产品的相关的市场中,同时拥有一定之市场力量(market power),则有条件之专利许可或搭售,始有可能因而被认定为滥用专利。否则,单纯有条件之许可实施,亦不一定足以构成滥用专利。

因此,在1988年修正之专利法公布前,单纯将专利产品与其他商品一起搭售,即有可能构成专利之滥用;而在1988年修正之专利法公布后,专利权人之搭售行为,还必须在专利权人就该专利或专利产品的相关的市场中,同时拥有一定之市场力量之情形下,才可因而被认定为滥用专利。

其他合同条款

除了上述几种可能构成滥用专利之情形外,以下为其他几种在美国实务上,曾因可明显发现专利权人意图超过专利法所赋予之权限,不当扩张其专利权之独占地位,破坏总体之竞争环境,而被法院认定为构成专利滥用的合同条款内容:

★ 在专利实施许可合同中,要求被许可方不得向专利权人

---

① 本修正自1988年11月19日起生效。

之竞争对手购买商品。①

★ 专利权人就本可分别许可实施之数个专利,要求应为包裹式的专利许可实施组合,而不愿意就各个专利权单一许可实施。②

★ 许可实施合同中专利权人要求被许可方,于专利权有效期间届满后,仍应支付许可使用费。③

★ 不论被许可方在销售活动中,是否使用到系争专利权,专利权人要求被许可方均应以其销售活动所得利润之固定比率,作为其许可使用费。④

★ 专利权人意图在实施许可合同中,限制权利耗尽理论(请参阅附录案例四之相关叙述)之适用,或其他违反美国反垄断法的约定。⑤

【滥用专利与反垄断法之关系】

由于专利法本身即赋予专利权人在一定期间内,享有独

---

① *National Lockwasher Co. v. George K. Garrett Co.*, 137 F. 2d 255 (3d Cir. 1943).

② *Automatic Radio Mfg. Co. v. Hazeltine Research, Inc.*, 339 U. S. 827, 70 S. Ct. 894, 94 L. Ed. 1312, 85 U. S. P. Q. 378 (1950).

③ *Brulotte v. Thys Co.*, 379 U. S. 29, 85 S. Ct. 176, 13 L. Ed. 2d 99, 143 U. S. P. Q. 264 (1964).

④ *Zenith Radio Corp. v. Hazeltine Research, Inc.*, 395 U. S. 100, 89 S. Ct. 1562, 23 L. Ed. 2d 129, 61 U. S. P. Q. 577 (1969).

⑤ *Baldwin-Lima-Hamilton Corp. v. Tatnall Measuring Systems*, 169 F. Supp 1, 120 U. S. P. Q. 34 (E. D. Pa. 1958), *aff'd per curiam*, 268 F. 2d 395, 122 U. S. P. Q. 357 (3d Cir. 1959).

占排他之权利,故在本质上,专利权人即容易拥有一定独占市场的力量。因此,被告在美国进行专利诉讼时,即时常主张原告因滥用专利,同时涉嫌违反反垄断法之规定,以有效牵制原告。

主张反垄断法最典型之请求权基础,即为美国薛曼法(Sherman Act)第 2 条之规定[①],亦即若已不当地限制贸易行为时,下述之行为即为违反反垄断法:

独占(monopolize)

意图独占(attempt to monopolize)

独占:

1. 在相关市场中拥有一定之独占力。

2. 系透过一定之行为,故意地获取或维持该独占力;而非因为产品优良、产业尖端或历史事件等因素,所逐渐形成之成长或发展所致。

【实务参考】

  基本上,若构成前述滥用专利等情形时,也仅相当于构成前述"独占"中的第二个要件,或"意图独占"中的第一个要件而已,因此倘若被控涉嫌侵害专利权之被告,欲反控原告违反反垄断法时,尚需进一步提出相关证据,以证明其他之要件始可。

---

① 15 U.S.C. § 2.

意图独占：

1. 行为人有掠夺或反竞争之行为。
2. 行为人已有独占之具体意图。
3. 在相关市场中已有达到独占之成功可能性。

此外，美国联邦贸易委员会及司法实务界，认为若专利权人根据应该被核驳之专利、或被告之行为根本与该专利权无关，而专利权人仍对被告提起专利诉讼或其他主张权利之行为时，将可能被认定为违反美国之反垄断法。[①] 最主要者有两种态样：

原告系透过诈骗之手段取得专利权

原告明知其所依据之专利权无效或根本未被侵害而仍企图主张其权利

原告系透过诈骗之手段取得专利权

此种案件类型（Walker Process fraud），一开始系源于 Walker Process Equip., Inc. v. Food Machinery & Chem. Corp. 一案；该案主要之精神，系在于若专利权人透过不实之陈述，或故意隐瞒重要之事实，而从专利商标局获得本应被核驳之专利；专利权人日后若根据该专利，对第三人主张权利或提起诉讼时，将违反美国之反垄断法。

本案件类型与前述的"**不正当行为**"之抗辩十分类似，但在诉讼实务上，尤其在举证责任方面的要求部分，二者仍有所不

---

① Federal Trade Commission, Antitrust Guidelines for the Licensing of Intellectual Property (April 6, 1995). *Walker Process Equip., Inc. v. Food Machinery & Chem. Corp.*, 382 U.S. 172 (1965).

同;亦即被告若欲主张原告有不正当行为的情形,而专利不能执行时,仅需证明与审查员是否核准专利案件决定有关之重要事实,专利权人有不实之陈述、或故意隐瞒的情形即可。

但是,若被告欲主张原告有此处所讨论的情形,而专利权人违反美国之反垄断法时,除需要证明专利权人有不实之陈述或故意隐瞒重要之事实外,尚必须进一步证明,若专利权人未为不实之陈述,或故意隐瞒重要之事实,该专利之申请案将会被予以核驳。因此,此际被告所要负之举证责任要求较高。

【inequitable conduct 与 Walker Process fraud 之异同】

	inequitable conduct	Walker Process fraud
基本态样	专利权人于对专利商标局申请专利之过程中,关于重要之事实,有不实之陈述、或故意隐瞒之行为。	
待证事项	"专利权人关于重要之事实,有不实之陈述、或故意隐瞒之行为"	"专利权人关于重要之事实,有不实之陈述、或故意隐瞒之行为" 以及 "若专利权人未为不实之陈述或故意隐瞒,该专利之申请案将会被予以核驳"
法律效果	专利不能执行	违反美国之反垄断法

原告明知其所依据之专利权无效或根本未被侵害而仍企图主张其权利

本种案件类型,系指原告明知其所依据之专利权无效[①]或

---

① E.g., *Handgards, Inc. v. Ethicon, Inc.*, 601 F.2d 986, 988 (9th Cir. 1979).

根本未被第三人侵害①,而仍企图对第三人主张其权利或提起诉讼时,将违反美国之反垄断法。

被告若欲主张原告有本类型的情形,而专利权人违反美国之反垄断法时,需要证明原告所提起之该诉讼,属于所谓之**"诈骗诉讼"**(sham litigation);而依照美国最高法院在 *Professional Real Estate Investors, Inc. v. Columbia Pictures Industries, Inc.*②一案中所表示之意见,所谓之"诈骗诉讼",系指原告所提起之该诉讼不但在客观上无法律依据,而且系基于不当及反竞争之动机。

例如,透过搜证程序,被告取得原告公司内部之开会资料,根据该数据显示,发现原告竟然明知被告所制造产品之技术特征,根本未落入系争专利之申请专利范围内。换言之,原告明知所依据之专利权,根本未遭被告侵害,原告却企图借提起专利诉讼的方式,意欲使被告为避免耗费巨额资金,而被迫不战而降,主动退出竞争市场,或使得被告为息事宁人,自愿缴付庞大之权利许可使用费以破财消灾时,被告可以主张原告所提起之该诉讼,属于所谓之"诈骗诉讼",违反美国反垄断法之相关规定。

---

① *E. g., Loctite Corp. v. Ultraseal Ltd.*, 781 F. 2d 861, 877 (Fed. Cir. 1985).

② 508 U. S. 49 (1993).

【实务参考】

若被告胜诉,且证明原告有"诈骗诉讼"的情形时,被告尚可主张因原告恶意滥诉,而请求原告给付被告为本专利诉讼所支出合理的律师费用。

【实务参考】

不论被控涉嫌侵害专利权之被告,最终可否经由主张专利权人有上述不正当行为、懈怠、禁止反悔原则或滥用专利等情形,成功地反控原告专利不能执行,甚至违反反垄断法,被告均可借由该等抗辩或反诉未来成功的可能性,取得在该专利争端当中,与原告进行谈判或协商之筹码。而且,在实务运作上,亦不乏因而扭转局势、反守为攻的成功案例。因此,专利诉讼中的原告与被告均应仔细了解、评估、分析上述之问题与相关法律依据,以期能在实际诉讼中有效地予以运用。

【验证表】

经过上述之分析后,兹简要整理美国专利诉讼实务上,与专利不能执行抗辩有关之**验证表**如下。提供公司之律师于实际个案发生时,迅速据以逐一检验专利权人的相关行为,是否有主张专利不能执行抗辩的机会。

抗辩态样	具体类型	必要要件	检验结果
专利不能执行	不正当行为	未经披露或虚假陈述的信息之重要性	
		申请专利之人隐瞒该信息之意图	
	懈怠	自原告知悉或可得知悉其对被告有请求权时起,迄原告以该请求权为基础对被告提起诉讼之日止,已拖延了一段不合理,且无法解释其理由为何之期间。	
		原告迟延提出该诉讼,经法院基于合理的标准据,认定对于被告造成重大之损失或伤害。	
	禁止反悔原则	专利权人有误导之行为	
		被控涉嫌侵害专利权之被告信赖专利权人上述之行为	
		被控涉嫌侵害专利权之被告因信赖而将受到重大之损害	
	滥用专利	视具体个案而决定	

第六讲

选择救济机关

凡通达人都凭知识行事；愚昧人张扬自己的愚昧。
All who are prudent act with knowledge,
but fools expose their folly.

第六讲
选择救济机关

Story

在美国有制造工厂的日本 M 公司发现 F 公司竟未经其允许，向美国进口侵害 M 公司所拥有美国发明专利的电动机具，迅速侵蚀 M 公司在美国之市场；M 公司负责人为期能尽速排除 F 公司对其市场之侵害，遂与其律师商量，应向何机关寻求救济？以禁止 F 公司继续进口并销售侵权产品到美国、或一并请求 F 公司赔偿其因而所遭受之损害？

Why Do You Learn This Chapter?

若在美国之专利权受到侵害，对专利权人而言，寻求公权力之介入为最好的选择时，专利权人首先会面临要到何机关请求救济的问题。由于在美国专利权受到侵害，最主要有美国国际贸易委员会与联邦地方法院可以提供相关之救济，因此二者之程序与特色及二者之比较，遂成为本讲将介绍之重点。

▶▶▶ 本讲重点

★ 美国国际贸易委员会
★ 美国联邦地方法院
★ 美国国际贸易委员会与美国联邦地方法院之比较

跨国专利诉讼手册
Handbook of the Transnational Patent Litigation

美国国际贸易委员会

由于美国国际贸易委员会（United States International Trade Commission, ITC）对于专利侵权案件，其审理程序与时间较为快速①，加上 ITC 裁定的效果可直接发生作用于被控侵害专利之货物上，因此，对于以美国为主要销售市场的外国公司而言，无疑是最为严重的威胁，该公司极有可能不但因而丧失已有的在美国市场的占有率，甚或因而被迫完全退出该市场。因此，本讲将针对美国国际贸易委员会的组织与运作，作有系统的分析与介绍，以帮助读者有效掌握美国国际贸易委员会于《美国关税法》第 337 条款之下的实际操作过程及其因应之道。

功能及属性

人员编制

进行流程

救济型态

【功能及属性】

美国国际贸易委员会乃一独立、非政党、准司法之联邦行政机关；设立之目的，仅在提供美国国会或总统有关关税政策之建

---

① ITC 基于《美国关税法》第 337 条所赋予的权力，对于此类案件的调查系采较明快的动作与程序，通常会在一年半内完成审查工作并作出决定。

议,对贸易相关事项具有广泛之调查权力,可对特定产业进行调查、建议、分析及预测等。因此其并非一决策单位,也非法院,更不涉及贸易条约之协商。①

> **【历史背景】**
>
> 　　美国国际贸易委员会前身为美国关税委员会(U. S. Tariff Commission),于1974年贸易法(the Trade Act of 1974)颁布后,始正式被命名为美国国际贸易委员会。

美国国际贸易委员会的一项任务为调查美国的国内产业是否有因不公平的贸易行为(unfair trade practice)受到伤害。例如调查发现进口商因政府补贴而以低于公平价格之定价进口货物到美国,借以获利,使得美国的国内产业受到重大损害时,便可建议美国总统禁止进口该货物,以对抗进口贸易中的不公平的贸易行为。

美国国际贸易委员会之所以有权力处理与侵害专利有关之争端,主要是依据《美国关税法》第337条②之规定。美国认为,进口贸易中若涉及侵害专利、商标或著作权等情事时,即属于以上所述之不公平贸易行为。

---

① 参见 http://www.usitc.gov,最后访问日期:2018年3月7日。
② 19 U.S.C. §1337。

【如何启动美国国际贸易委员会调查?】

申请人应主张：
▲ 系争专利在美国现存或将有国内产业
▲ 相对人之商品进口至美国、或已进口在美国境内销售
▲ 该进口商品本身或其制造方法侵害申请人之美国专利

依据《美国关税法》第 337 条，美国国际贸易委员可以根据当事人之申请而启动，或依职权主动发动调查程序，对于特定进口贸易业务，举行听证会，以调查是否有因为涉及侵害美国产业之专利、造成美国产业之损害，构成不公平之进口贸易。

因此，只要美国国际贸易委员会调查后，认定特定进口商品侵害美国国内产业之美国专利时，该等侵权产品进口到美国销售、或于进口后再销售之行为，皆属于违反《美国关税法》第 337 条之不公平的贸易行为，美国国际贸易委员会即可以建议美国总统禁止进口该商品到美国、或于进口到美国后再销售。

【何谓国内产业?】

若欲申请美国国际贸易委员会调查专利侵权事实，作出救济，则须证明受系争专利保护之产品，属于美国之"国内产业"（domestic industry）；所谓之"国内产业"，需具备以下条件：
☐ 对位于美国之工厂及设备有一定（significant）投资
☐ 在美国雇用一定劳工或投入一定之资金

第六讲
选择救济机关

☐ 在美国对开发利用该专利有大量(substantial)的投资,包括工程、研发或专利之许可使用

【观念厘清】

▲ 由于在国际贸易委员会所进行之调查属于行政救济程序,故当事人分别称作申请人(complainant)与相对人(respondent)。

▲ 由于在联邦地方法院所进行之诉讼属于司法救济程序,故当事人分别称作原告(plaintiff)与被告(defendant)。

【注意】

▲ 申请人之母公司即使是中国公司,但只要其属于美国之国内产业,仍然可以在美国向美国国际贸易委员会申请调查竞争对手是否侵害其在美国所拥有之专利,请求美国国际贸易委员会禁止该商品进口到美国、或于进口到美国后再销售。

▲ 相对人即使是美国公司,但只要系在美国以外之地区完成制造包装,再回头进口该商品到美国,则仍然可被列为此处被调查之对象。

【人员编制】

美国国际贸易委员会包括以下几种人员,参与该专利是否

被侵害、构成违反《美国关税法》第337条之调查工作。

　　☐ 委员（Commissioner）：六位，经总统提名，参议院通过，任期9年，组成审理专庭（reviewing tribunal）。

　　☐ 行政法官（administrative law judge，简称 ALJ）：四位，协助该委员会，专门负责办理第337条款之调查程序

　　☐ 律师（investigative attorney）：大约十二位（2 supervising attorneys，10 staff attorneys），配置于不公平进口调查办公室（Office of Unfair Import Investigation，简称 OUII）代表公益，在程序中基于公共利益表示一定之看法。

【进行流程】

　　在不公平进口调查办公室协助下，委员会先从形式上审查该申请状，并经由过半数委员记名方式，在30天内评定该申请是否符合ITC之相关规定，以决定是否展开调查。

　　申请人提出申请状后，美国国际贸易委员会基本上会依照以下之流程进行相关之调查：

【申请状之内容】

　　申请人必须在申请状中，说明并证明竞争对手即相对人以输入侵权商品之方式，构成不公平竞争之行为，或从事其他不公平竞争之方法；申请人也必须证明该不公平竞争已实质地侵害其在美国之国内产业；但若已被认定构成侵害时，原则上申请人并无须证明损害已经发生或损害额度之多寡。

第六讲
选择救济机关

```
┌─────────────────────────────────────────┐
│ 在不公平进口调查办公室协助下，委员会先从形式上审查该声请状， │
│ 并经由过半数委员记名方式，在30天内评定该声请是否符合ITC之相 │
│ 关规定，以决定是否展开调查。                          │
└─────────────────────────────────────────┘
                    ↓
┌─────────────────────────────────────────┐
│ 若经委员会评定该声请状符合ITC之相关规定，委员会将依《美国关 │
│ 税法》第337条，对外发布展开调查程序之通知，并将该案轮分给其 │
│ 中一位行政法官，就实质事项展开调查，决定是否违反《美国关税 │
│ 法》第337条规定。                                  │
└─────────────────────────────────────────┘
                    ↓
┌─────────────────────────────────────────┐
│ 行政法官依据行政程序法（Administrative              │
│ Procedure Act）之相关规定，主持听证会、               │
│ 整理争点等调查程序；相对人应在20天内，                  │
│ 对该申诉进行答复。                                 │
└─────────────────────────────────────────┘
                    ↓
┌─────────────────────────────────────────┐
│ 经过证据调查程序后，行政法官进行听证调查程序。由案件之声请人、 │
│ 相对人与国际贸易委员会代表公益的律师在行政法官主持之听证会中 │
│ 各自提交论点，进行攻防。                              │
└─────────────────────────────────────────┘
                    ↓
┌─────────────────────────────────────────┐
│ 行政法官针对相对人之行为是否违反《美国关税法》第337条的相 │
│ 关争点，作出初步决定（initial determination, ID），并且就经调查所 │
│ 发现之事实与法律结论，向委员会提出建议。                 │
└─────────────────────────────────────────┘
```

183

```
                    ↓                                    ↓
┌─────────────────────────────┐       ┌─────────────────────────────────┐
│ 若任一方未向委员会提起       │       │ 若任一方向委员会提起复审请      │
│ 复审请求，则行政法官所       │       │ 求，委员会有权审查上述初步裁   │
│ 作成之初步决定将成为         │       │ 决，以决定是否采用或修正，抑   │
│ ITC的最终决定(final          │       │ 或废弃行政法官之初步决定。      │
│ determination, FD)。         │       │                                 │
└─────────────────────────────┘       └─────────────────────────────────┘
                                                       ↓
┌─────────────────────────────────┐   ┌─────────────────────────────┐
│ 若委员会不予审查，行政法官之裁决即成│   │ 若委员会予以审查将          │
│ 为国际贸易委员会之最终决定。       │   │ 作成最终决定。              │
└─────────────────────────────────┘   └─────────────────────────────┘
                    ↓                                    ↓
              ┌─────────────────────────────────────────────┐
              │         国际贸易委员会之最终决定：          │
              └─────────────────────────────────────────────┘
                    ↓                                    ↓
┌─────────────────────────────┐       ┌─────────────────────────────┐
│ 若认定相对人违反《美国关    │       │ 若认定相对人并未违反《美    │
│ 税法》第337条之规定，则会   │       │ 国关税法》第337条之规定，   │
│ 将其最终决定刊登在联邦公    │       │ 而当事人对于国际贸易委员    │
│ 报上，并将其决定呈交美国    │       │ 会之决定不服，则需在最终    │
│ 总统，总统得依政策之考虑，  │       │ 决定60日内向美国联邦巡回    │
│ 在60天的期限内，否决委员    │       │ 上诉法院提起上诉。          │
│ 会的裁定。若总统未在60天    │       │                             │
│ 的期间内以政策上之理由否    │       └─────────────────────────────┘
│ 决该决定，则在该期间届满    │
│ 的翌日，委员会的最终决定    │
│ 即告确定。                  │
│                             │
│ 若当事人对于国际贸易委员    │
│ 会之决定不服，需要等待总    │
│ 统60日之否决期间届满的翌    │
│ 日，始得向美国联邦巡回上    │
│ 诉法院提起上诉。            │
└─────────────────────────────┘
```

【相对人答复重点】

除不可提出反诉外,基本上如同诉讼中被告之答辩,详请参阅第九讲相关说明。

【美国总统需考虑是否要否决委员会最终决定的因素】

美国之公共卫生与福利

美国经济竞争优势

美国之外交政策

美国消费者之利益

美国之国家经济利益

【注意】

基本上,行政法官或委员会在进行听证或调查程序中,其步调相当快速,调查案之当事人必须在非常短的期间内对许多复杂问题进行攻击防御;例如关于申请人是否属于美国国内产业、是否实施该专利、专利是否有效、专利权利要求范围之解释(claim construction)、是否对系争专利构成侵权等诸多议题。

所以,双方当事人与其律师必须及时掌握各阶段中最重要的信息、清楚地陈述主张或抗辩,避免让行政法官或委员会接收到模糊不清的讯息,而被认定为举证不足或抗辩无效,导致不利的调查决定。

【美国国际贸易委员会之基本流程】

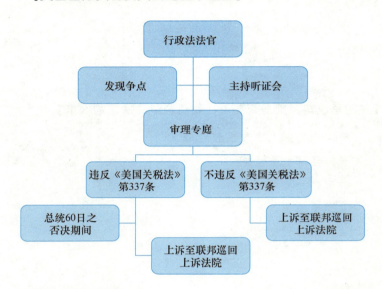

【救济型态】

经由上述之调查程序，若美国国际贸易委员认定相对人违反《美国关税法》第 337 条规定之情事，则美国国际贸易委员会可能作出以下禁制令形式（injunctive-type）之决定：

排除令

停止令

扣押或没收

第六讲
选择救济机关

> 【损害赔偿？】
> 由于美国国际贸易委员会仅能作出禁制令形式之救济；故当事人无从在美国国际贸易委员会得到任何有关金钱之损害赔偿。

■ 排除令（exclusion order）

排除令又分为一般排除令（general exclusion order，GEO）与限定排除令（limited exclusion order，LEO），前者乃无论是否为相对人所生产，而要求美国海关全面禁止该侵权物品之进口；后者则仅要求美国海关禁止相对人所生产之侵权物品之进口到美国。

除非经过专利权人之许可，否则美国海关会在专利的有效期间内，执行排除令。

■ 停止令（cease and desist order）

停止令系命令在美国库存该进口侵权产品之企业，停止该侵权产品在美国境内的一切商业活动，诸如销售、散布或推广等。

■ 扣押或没收（seizure or forfeiture）

倘若美国国际贸易委员会决定相对人被控的商品侵害美国专利，违反《美国关税法》第337条而下达排除令，进口商仍试图将该商品进口美国，而遭海关禁止进口时，委员会可以命令扣押或没收该等商品。

【美国总统奥巴马否决美国国际贸易委员会之禁制令】

　　2013年6月5日,美国国际贸易委员会针对Samsung v. Apple案[337-TA-794]作出最终决定,认定Apple侵害Samsung一项有关CDMA移动通信技术的标准专利US7706348,因而发出限定排除令(Limited Exclusion Order)及停止令(Cease and Desist Order),禁止Apple公司在美国进口及贩卖侵权之iPhone及iPad等多款产品。

　　孰料,美国总统奥巴马竟然于2013年8月3日,否决了美国国际贸易委员会上述该项针对苹果公司产品所发布之禁止进口及销售之命令。

　　美国总统否决美国国际贸易委员会之最终决定的理由,系认为系争专利属于"标准必要专利"(Standard-Essential Patent,即SEP),因此Samsung必须遵守公平、合理、无差别性(即FRAND)的原则,许可Apple使用该专利,因此否决美国国际贸易委员会之最终决定,以免损害美国消费者之利益及美国的经济竞争力。

美国联邦地方法院

　　由于美国的司法制度分为联邦法院及州法院两套系统,所以原告在对被告发动专利侵权诉讼前,必须先了解应到何种法院请求救济,以及到哪一个法院提起诉讼。

第六讲
选择救济机关

应向哪一种法院提起专利诉讼
应向哪一个法院提起专利诉讼
联邦地方法院专利诉讼之进行流程

【应向哪一种法院提起专利诉讼】

根据 28 U.S.C. §1338(a) 的规定,美国联邦地方法院(U.S. District Courts)对于依据美国国会所制定之专利法,所提起之民事诉讼,有专属的第一级法院管辖权①,换言之,不论诉讼所涉及请求金额之多寡,诉讼当事人是否属于同一州之居民,专利诉讼均属于联邦事项(federal question),而归由联邦地方法院行使第一审的事务管辖权(Subject Matter Jurisdiction)。

【实务常识】

全美一共有 94 个联邦地方法院(United States district courts),基本上每一州至少有一个联邦地方法院,人口愈多之州,联邦地方法院愈多,例如纽约州便有四个联邦地方法院。

各个联邦地方法院在审理专利诉讼上,亦有不同之风格,例如弗吉尼亚州东区联邦地方法院,由于审理专利侵权案件非常迅速,在过去,往往一个案件由起诉、调查证据、言词辩论,到审理终结,平均只花费 6—8 个月的时间,因此美国专利诉讼

---

① 联邦地方法院对于涉及联邦事项、案件之当事人为不同州之居民、诉讼目标之金额高于美金 7.5 万元之案件均有管辖权。根据联邦法规定,联邦地方法院对于涉及专利权、植物新品种保护等诉讼有专属管辖权。

实务界，对于该法院有"火箭庭期表"（rocket dockets）之昵称。

观念厘清

原告在美国提起诉讼时，可能系与《美国专利法》有关之抗辩、可能系基于专利法所赋予之请求权、亦可能附带一并提起其他有关之请求，究竟哪些型态的主张，属于所谓之专利诉讼，应归由美国联邦法院管辖，可以依照以下的原则，进行初步之判断：

（1）倘若原告系以《美国专利法》所赋予之请求权基础（cause of action）为依据，提起相关诉讼；或原告主要请求法院解决之争议，与《美国专利法》的实体规定有关时，依据完整诉请法则（well-pleaded complaint rule），即属于所谓之专利诉讼，应归由美国联邦法院管辖。

例如，原告主要系依据《美国专利法》的规定，请求法院禁止被告继续制造、贩卖侵权产品，并请求被告赔偿其所受之损害；或请求法院依据《美国专利法》之规定，确认系争专利应属无效。

（2）若原告提起上述专利诉讼，亦附带提起其他有关之请求，例如请求法院确认当事人间之违约责任、产品瑕疵时；美国联邦法院基于先前对该专利诉讼所产生之管辖权，对于该等原告一并提起之其他有关之请求，亦有补充管辖权（supplemental jurisdiction)。①②

例如,原告除依据《美国专利法》的规定,请求法院禁止被告继续制造、贩卖侵权产品外;亦一并请求法院确认被告违反双方之间先前之和解契约,被告应负违约赔偿责任。

(3)若原告并非以《美国专利法》所赋予之请求权基础为依据,提起相关诉讼;或所欲解决之争议,与《美国专利法》的实体规定无关。而仅系在其诉状当中,附带提及与《美国专利法》有关之抗辩理由时,该理由本身并不属于依据《美国专利法》所提起之民事诉讼,故不适用 28 U.S.C. §1338(a)的规定。③

例如,原告主要系依州之契约法提起诉讼,请求法院确认双方间先前之授权契约无效,而其主张授权契约无效的理由之一,系因被告未继续缴纳专利年费,导致授权的目标即该专利,因而失去效力。

【应归由美国联邦法院管辖的诉讼型态】

诉讼型态	应否由联邦法院管辖
以《美国专利法》所规定之请求权基础提起之诉讼,或所欲解决之争议,与《美国专利法》的实体规定有关。	应由联邦法院管辖

---

① 28 U.S.C. §1367.

② Kunkel v. Topmaster Int'l, Inc., 906 F. 2d 693, 695 (Fed. Cir. 1990); Ortman v. Stanray Corp., 371 F. 2d 154, 158 (7th Cir. 1967).

③ Christianson v. Colt Industries Operating Corp., 486 U.S. 800, 808-09 (1988).

(续表)

诉讼型态	应否由联邦法院管辖
以《美国专利法》所规定之请求权基础提起之诉讼,或所欲解决之争议,与《美国专利法》的实体规定有关;并附带提起其他有关之请求。	应由联邦法院管辖
并非以《美国专利法》所赋予之请求权基础为依据,提起相关诉讼;或所欲解决之争议,与《美国专利法》的实体规定无关。而仅系在其诉状当中,附带提及与《美国专利法》有关之抗辩理由。	不必由联邦法院管辖

【应向哪一个法院提起专利诉讼】

虽然知道应向美国联邦地方法院提起专利诉讼,但是,全美国94个联邦地方法院当中,哪些法院对于具体案件享有对人管辖权(Personal Jurisdiction),以及又应如何在一群享有对人管辖权的法院当中,选择一个最适当之法院(venue),是以下所要介绍的重点。

对人管辖权

适当之法院

■ 对人管辖权(personal jurisdiction)

依据美国联邦巡回上诉法院之见解,联邦地方法院应考虑以下三个因素,以决定对于特定之专利诉讼案件,是否有对人管辖权:

★ 被告是否在该法院之辖区内持续从事规律性之相关

行为。

★ 被告是否在该法院之辖区内有意从事属于诉讼之请求权基础的行为。

★ 若由该法院行使管辖权,是否符合宪法关于公平及正义的精神。

> **【一般管辖权及特别管辖权】**
>
> 在美国诉讼实务上,对人管辖权当中,可再区分为"一般管辖权"(general jurisdiction)及"特别管辖权"(specific jurisdiction):
>
> 所谓之"一般管辖权",系指法院因被告在该法院之辖区内,持续从事规律性之相关行为,所取得之管辖权。
>
> 至于所谓之"特别管辖权",系指因被告系有意在该法院之辖区内从事上述相关行为,而本诉讼之请求权基础,系基于被告从事该行为时法院所取得之管辖权。

因此,若原告在某联邦地方法院辖区内,发现从事侵权行为被告之住所或营业所或被告系在该地制造或贩卖相关侵害专利之产品时,在不违背宪法精神的情形下,原告即可于该联邦地方法院,以该侵权行为为依据,对被告提起专利侵权诉讼。

若被告之住所或营业所在美国境外

若被告之住所或营业所在美国境外,且被告于国外以前述诱导或促成之方式,侵害美国之专利权时,虽然被告并未直接在美国境内从事直接侵权行为,且被告公司亦未设在美国境内;但是,原告可以根据总计接触理论(aggregate contact theory),主张在某联邦地方法院辖区内,发现被告的接触行为,累积到一定数量时(例如贩卖关键零件之次数,或提供相关组件之数量),原告可以主张该联邦地方法院,对于该身处国外之被告,享有对人管辖权。①

【《美国发明法》(AIA)之管辖法院】

根据新公布的《美国发明法》(AIA)之规定,根据《美国专利法》第22条、第145条、第146条所提起之诉讼,管辖法院从美国哥伦比亚特区联邦地方法院,改由弗吉尼亚州东区联邦地方法院管辖。

【确认诉讼之管辖法院】

原告可根据以下三种方式,决定在何联邦地方法院,提起确认诉讼:
1) 原告之住所或营业所所在地之联邦地方法院。
2) 被告之住所或营业所所在地之联邦地方法院。
3) 被告在该联邦地方法院的接触行为,积累到一定数量时。

---

① Applied Biosystems, Inc. v. Cruachem, Ltd., 772 F. Supp. 1458, 1462 (D. Del. 1991); Cryomedics, Inc. v. Spembly, Ltd., 397 F. Supp. 287, 292 (D. Conn. 1975).

> 因此,身处美国境外被控侵权之人,可以至专利权人所在地、或专利权人有一定营业行为之地的联邦地方法院,提起确认诉讼。

■ 适当之法院(proper venue)

原告如何在有管辖权的法院当中,选择一个适当之联邦地方法院(proper venue),以提起并进行专利诉讼,根据28 U.S.C. §1391及§1400(b)的规定,有以下之标准可供参考:

★ 该法院所在之管辖区域,与本案相关事实之间,关连性程度之高低。

★ 当事人自行合意选择。

★ 被告之住所或营业所所在地。

★ 当所有被告之营业所或住所位于同一州时,任一被告所在地区之联邦地方法院。

★ 被告所为侵权行为之任一部分所在地。

★ 被告住居地、并有通常性商业行为所在地

【管辖权与适当之法院】

适当之法院,以有管辖权为前提;管辖权的设计,系美国国会为了处理各个不同法院,是否有权力审理具体个案所作之相关规定;适当法院之确立,则系用以促进当事人之便利与法院之效率。因此,当事人可自行合意选择何为适当之法院,却不能自由决定何法院具有管辖权。

【诉状实例：原告起诉状中关于法院有管辖权且适当之记载】

由于 F. R. C. P. 并未规定原告必须于起诉状当中，说明为何本案系属法院为适当之法院①，所以，原告可以在起诉状仅为如下之记载，说明为何本案系属法院具有对人管辖权即可：

JURISDICTION AND VRNUE

This Court has exclusive jurisdiction of this action pursuant to 28 U.S.C. § 1338(a), and venue is properly laid in this District pursuant to 28 U.S.C. § 1400(b).

This Court has personal jurisdiction over Defendant. Defendant is doing business in this district. Upon information and belief, Defendant has imported, offered for sale, and selled products to be used in accordance with the claims of the patent in suit.

【诉状实例：被告于答辩状中关于系属法院不适当之记载】

<u>被告公司简称</u> denies that Venue is proper in this jurisdiction.

【联邦地方法院专利诉讼之进行流程】

在美国联邦地方法院进行专利诉讼之基本流程（相关介绍请分别参阅各讲内容）以及所花费之时间，大致如下表之说明：

---

① FED. R. CIV. P. 8.

第六讲
选择救济机关

阶段	编号	基本作业	大约时间
第一阶段：提起诉讼	1-1	提出起诉状（complaint）	1—2个月
	1-2	送达起诉状与传票（service of complaint and summons）	
第二阶段：答辩与反诉	2-1	选任美国专利诉讼团队	1—2个月
	2-2	以欠缺管辖权为由申请法院不受理本件诉讼（motion to dismiss for lack of subject matter jurisdiction）	
	2-3	请求展延答辩期限（extension of answer）	
	2-4	提出答辩（answer）	
	2-5	提出反诉（counter-claim）	
	2-6	申请移转管辖法院（motion to transfer venue）	
	2-7	以其他事由申请法院不受理本件诉讼（motion to dismiss for other reasons）	
第三阶段：案件管理会议与搜证前程序	3-1	案件管理会议（case management conference）	2—3个月
	3-2	初始披露（initial disclosure）	
	3-3	整理律师与客户特权（attorney-client privilege）	
	3-4	准备秘密保护命令（protective order）	
	3-5	准备与本件相关之文件	
	3-6	追加其他当事人	
	3-8	进行替代纷争解决机制（alternative dispute resolution）	

（续表）

阶　段	编号	基本作业	大约时间
第四阶段：搜证程序及马克曼听证	4-1	要求自认 (requests for admission)	5—24个月
	4-2	要求文件 (requests for document)	
	4-3	书面质问对方 (interrogatory request)	
	4-4	对当事人进行口头诘问 (depositions of parties)	
	4-5	对非当事人进行口头诘问 (depositions of non-parties)	
	4-6	申请强制披露 (motions to compel discovery)	
	4-7	申请秘密保护命令 (motions for protective order)	
	4-8	交换专利关于请求项之意见	
	4-9	交换专利关于请求项解释之外部证据	
	4-10	完成关于专利请求项解释之搜证程序	
	4-11	提出关于专利请求项解释之主张 (claim construction briefs)	
第四阶段：搜证程序及马克曼听证	4-12	进行马克曼听证 (Markman hearing)	5—24个月
	4-13	法院于马克曼听证后做出专利请求项范围解释之裁定	
	4-14	专家证人之搜证程序 (expert discovery)	
	4-15	专家证人出具专家报告 (expert reports)	
	4-16	针对专家证人进口头诘问 (expert depositions)	

(续表)

阶段	编号	基本作业	大约时间
第四阶段：搜证程序及马克曼听证	4-17	专家证人出具专家反驳报告（expert rebuttal reports）	5—24个月
	4-18	针对专家证人之反驳进口头诘问（expert depostions concerning rebuttals）	
第五阶段：迳行裁判	5-1	申请进行迳行裁判程序（summary judgment motion）	2—4个月
	5-2	反对进行迳行裁判程序（summary judgment opposition）	
	5-3	进行迳行裁判程序之听证（summary judgment hearing）	
第六阶段：审判程序	6-1	审前会议（pre-trial conference）	2—4个月
	6-2	申请传唤专家证人	
	6-3	交换证人名单	
	6-4	交换拟提出之证据清单	
	6-5	最后审前会议（final pre-trial conference）	
	6-6	提出辩论意旨书（filing of trial briefs）	
	6-7	进行审判程序（trial）	

【美国联邦地方法院之基本流程】

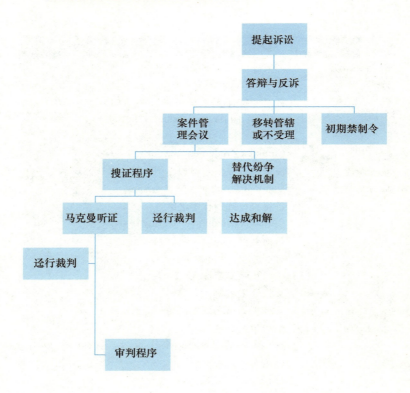

美国国际贸易委员会与美国联邦地方法院之比较

当事人若欲至美国进行跨国专利诉讼,最主要者有美国国际贸易委员会与联邦地方法院可以提供相关之救济;因此以下将比较这两种程序之特色,以供读者参考并选择:

第六讲
选择救济机关

程序属性

基本要件

管辖权

律师费用

适用程序

耗费时间

决定权力

救济方式

主要目的

不服方式

【程序属性】

□ 美国国际贸易委员会：属于行政救济程序；当事人为申请人、相对人及不公平进口调查办公室。

□ 联邦地方法院：属于司法救济程序；当事人为原告及被告。

【基本要件】

□ 美国国际贸易委员会：除相对人之行为有侵害原告之专利外，尚必须美国的国内产业受到侵害、系争侵害专利之产品，必须是经由进口之方式进入美国市场。

□ 联邦地方法院：被告之行为有侵害原告之专利。

【管辖权】

□ 美国国际贸易委员会：对物管辖权（In rem jurisdiction），重点在于系争侵害专利之产品，必须是经由进口之方式进入美国市场。

□ 联邦地方法院：对人管辖权（personal jurisdiction），亦即受理法院必须对被告有管辖权；至于系争侵害专利之产品，是否系经由进口之方式进入美国市场，在所不问。

【律师费用】

□ 美国国际贸易委员会：虽然进行之时间较短，但因程序进行快速，故若律师系以按时方式收费，短期间内高额费用。

□ 联邦地方法院：由于进行时间较长，所以若律师系以按时方式收费，较长期间高额费用。

【适用程序】

□ 美国国际贸易委员会：主要系依据美国国际贸易委员会程序法（ITC Rules of Practice and Procedure）以及行政法官基本规则（ALJ's Ground Rules）之相关规定；相对人若提反诉，则立即移转至联邦地方法院；行政法官所作成之决定仅系初步决定、且调查过程中不会有陪审团。

□ 联邦地方法院：主要依据联邦民事诉讼规则（Federal Rules of Civil Procedure）及各地法院的规则（Local Rules）之相

关规定;被告可以提起反诉,而承审法官所做成之决定系该审级之终局判决、且审理过程中只要有一方当事人提出申请,便会有陪审团。

【耗费时间】

□ 美国国际贸易委员会:为期大约 15—18 个月左右。

□ 联邦地方法院:除部分法院进行速度较快以及适用加速之程序(如迳行裁判程序)外,一般通常耗时 2—3 年。

【决定权力】

□ 美国国际贸易委员会:行政法官作出初步决定(initial determination,ID)、委员会作出最终决定(final determination,FD)。

□ 联邦地方法院:陪审团认定事实、法官适用法律。

【救济方式】

□ 美国国际贸易委员会:仅有禁制令型态之排除令(exclusion order)及停止令(cease and desist order)。

□ 联邦地方法院:禁制令型态(injunction)之救济与金钱之损害赔偿(damages)。

【主要目的】

□ 美国国际贸易委员会:快速争夺市场。

□ 联邦地方法院：争夺市场及金钱赔偿。

【不服方式】

□ 美国国际贸易委员会：向美国联邦巡回上诉法院提出。
□ 联邦地方法院：向美国联邦巡回上诉法院提出。

【美国国际贸易委员会与美国联邦地方法院之比较】

比较基准	美国国际贸易委员会	美国联邦地方法院
程序属性	行政救济程序	司法救济程序
当事人	申请人（complainant） 相对人（respondent） 不公平进口调查办公室（OUII）	原告（plaintiff） 被告（defendant）
基本要件	侵害原告之专利＋美国的国内产业被侵害＋系争侵害专利之产品经由进口进入美国市场	侵害原告之专利
管辖权	对物（侵权产品）管辖权	对人（侵权人）管辖权
律师费用	短期间内高额费用	较长期间高额费用
适用程序	美国国际贸易委员会程序法	联邦民事诉讼规则
反诉	不可	可以
陪审团	无	有
耗费时间	约 15—18 个月	经常是 2—3 年
决定权力	行政法官作出初步决定 委员会作出最终决定	陪审团认定事实 法官适用法律
救济方式	禁制令型态	禁制令型态之救济及金钱之损害赔偿
主要目的	快速争夺市场	争夺市场及金钱赔偿
不服方式	向美国联邦巡回上诉法院提出	向美国联邦巡回上诉法院提出

第六讲 选择救济机关

【美国专利争讼救济机关之上诉关系】

在美国,若是对美国联邦地方法院、美国国际贸易委员会或是美国专利商标局所做与专利有关的决定不服,皆可向美国联邦巡回上诉法院寻求救济。

第七讲

提起专利争讼

你去打仗,要凭智谋;谋士众多,人便得胜。
Surely you need guidance to wage war,
and victory is won through many advisers.

Story

德国 M 公司发现 F 公司竟未经其允许,擅自制造并向美国进口侵害 M 公司所拥有美国发明专利的电动机具,迅速侵蚀 M 公司在美国之市场后;M 公司决定对 F 公司及其他相关公司向美国联邦地方法院提起专利诉讼,并请求 F 公司赔偿其因而所遭受之损害。

Why Do You Learn This Chapter?

在专利权人初步掌握相关具体证据、经过完整评估作业后,认为时机成熟,可以在美国联邦地方法院或国际贸易委员会提起跨国专利侵权争讼时,专利权人可逐一参考以下重点,在美国发起对侵害专利之人的攻击行动。

▶▶▶ 本讲重点

★ 何人可以在美国提起专利侵权诉讼
★ 在美国可以将何人列为专利侵权诉讼之被告
★ 原告如何在美国专利侵权诉状中主张相关事实
★ 在美国如何送达书状及法院传票

何人可以在美国提起专利侵权诉讼

一般而言,最常见的便是由专利权人本人提起专利侵权诉讼,除了该专利权必须是形式上确定有效,并未逾期、专利权人也如期缴交年费外,基本上并没有太大的问题。

需要注意的是如果根据专利说明书,系争专利之专利权人不止一个的时候,则必须以全体专利权人之名义,对侵害专利之人提起专利侵权诉讼;换言之,在专利侵权诉讼中,若有部分专利权人并未被列为原告,承审法院可以驳回原告之诉。[①]

让与(assignment)

许可(license)

【让与(assignment)】

若原专利权人已将系争专利让与受让人(assignee),则受让人得提起专利诉讼。[②]

【许可(license)】

若专利权人将系争专利,许可被许可人(licensee)在一定的

---

① Ethicon, inc. v. U. S. Surgical Corp., 135 F. 3d 1456, 1467—68 (Fed. Cir. 1998).

② Waterman v. Mackenzie, 138 U. S. 252, 256 (1891)与 35 U.S.C. §261.

第七讲
提起专利争讼

时间与地域内,可以实施系争专利;若有第三人于该地域及时间内,侵害系争专利,以至于被许可人的销售额大受影响时,则应区分该被许可人之属性为何,以决定该被许可人可否对侵权人提起专利侵权诉讼:

非排他或独占被许可人

专利权人虽然许可给被许可人,但是在非排他或独占许可合同(non-exclusive license)中,并未限制专利权人在相同的时间与地域内,不得许可第三人的权利时,该非排他或独占被许可人不得单独对侵权人提起专利侵权诉讼。

排他或独占被许可人

专利权人许可给被许可人的许可合同中,倘若限制专利权人不得在相同的时间与地域内,许可第三人,或有明确记载排他或独占许可(exclusive license)时,该排他或独占被许可人可对侵权人提起专利侵权诉讼。① 但在此时,应一并将专利权人列为非自愿之原告(involuntary plaintiff);亦即排他或独占被许可人对侵害专利之人提起诉讼时,必须于诉讼中追加专利权人为原告。②

---

① Rite-Hite Corp. v. Kelley Co., Inc., 56 F. 3d 1538, 1552 (Fed. Cir. 1995).

② Abbott Lab. v. Diamedix Corp., 47 F. 3d 1128, 1133 (Fed. Cir. 1995).

> 【建议】
>
> 　　被告收到原告之专利侵权诉状时,不必急于进行实体抗辩,可以先审查原告是否有资格提起本件诉讼;例如原告虽然是专利权人,但该专利权已否逾期?除原告以外,是否尚有其他专利权人未被列为原告?或发现原告并非原始之专利权人时,则应详查其是否为专利之受让人或为专利之排他或独占被许可人。

在美国可以将何人列为专利侵权诉讼之被告

　　在决定应由何人担任侵权诉讼之原告后,原告可依据前述《美国专利法》第271条之相关规定,将下列应负直接或间接侵权责任之人,列为专利侵权诉讼之被告:

直接侵害专利权之人
诱导侵害专利权之人
促成侵害专利权之人
国际分工侵害专利权之人
合并提告之限制

【直接侵害专利权之人】

　　原告可依据《美国专利法》第271条(a)款之规定,将未经专

第七讲
提起专利争讼

利权人许可,却在美国境内制造侵权物品、或使用专利之方法、或针对该已构成侵权之物品,对第三人为贩卖之要约、贩卖、或自国外进口至美国境内之**直接侵害专利权之人**,列为专利侵权诉讼之被告。

【可否将侵权公司之负责人一并列为被告】

在美国专利诉讼中,倘若侵权者为公司,原则上仅得列该公司为被告;但是,倘若原告掌握证据,显示该公司之负责人明显主导该侵害专利行为之进行,甚至有意假公司之形式,遂个人侵权之实时,在实务上,可以考虑利用所谓**揭开公司面纱**(pierce the corporate veil)的理论,或依据后述诱导侵害、促成侵害之规定,将该公司的负责人一并列为专利侵权诉讼之被告。①

例如,C 公司未经专利权人 A 公司的同意,直接将侵害系争专利的切割机进口至美国,并在美国贩卖给第三人时,A 公司可将直接侵害专利之 C 公司,列为专利侵权诉讼之被告。

---

① 其中公司主管直接侵权可参见 Orthokinetics, Inc. v. Safety Travel Chairs, Inc., 806 F. 2d 1565, 1578—79 (Fed. Cir. 1986) 与 A. Stucki Co. v. Worthington Industries, Inc., 849 F. 2d 593, 596 (Fed. Cir. 1988);公司主管辅助侵权或教唆侵权可参见 35 U.S.C. §271(b) 及 Power Lift v. Lang Tools, 774 F. 2d 478, 481 (Fed. Cir. 1985); Orthokinetics, Inc. v. Safety Travel Chairs, Inc., 806 F. 2d 1565, 1578—79 (Fed. Cir. 1986); Fromson v. Citiplate, Inc., 886 F. 2d 1300, 1303—04 (Fed. Cir. 1989)。

【诱导侵害专利权之人】

依据《美国专利法》第 271 条(b)款之规定,原告可将任何未经专利权人许可,却将关于专利发明未完成组装的全部、或重要之组件,提供给第三人,并积极诱导第三人在美国境内以直接侵害专利的方式,将该等组件予以组装完成之**诱导侵害专利权之人**,列为专利侵权诉讼之被告。

例如,C 公司未经专利权人 A 公司的同意,大量制造可侵害系争专利的切割机之全部零组件,却未完成最后之组装;而系将该等零组件卖给在美国境内之 B 公司,并提供 B 公司详细之组装手册,B 公司遂完成组装,制造出侵害系争专利的切割机时,A 公司除可将直接侵害专利之 B 公司列为被告外,亦可将诱导侵害专利权之 C 公司,列为专利侵权诉讼之被告。

【促成侵害专利权之人】

依据《美国专利法》第 271 条(c)款之规定,原告可将任何未经专利权人许可,却在明知第三人于美国境内,将可以组装相关组件,直接侵害专利的情形下,仍将专门用以实施他人专利、没有其他实质上不侵权用途、并非市场上的单一商品、且未完成组装的组件,提供给第三人之**促成侵害专利权之人**,列为专利侵权诉讼之被告。

第七讲
提起专利争讼

> **【若赘列不符资格之人为被告时】**
>
> 若原告误将形式上即不符上述资格之人,不慎列为其专利诉状中之共同被告时,依照美国联邦民事诉讼规则(Federal Rules of Civil Procedure,F. R. C. P.)第 21 条之规定,法院得依职权直接删除该等不符资格之被告;因此,形式上有资格成为被告之人,无法仅根据原告赘列不符资格之人为被告的理由,请求法院将该专利诉讼裁定驳回。

例如,C 公司未经专利权人 A 公司的同意,大量制造专门用以侵害系争专利、且无其他实质不侵权用途的切割机之关键零组件,一并卖给在美国境内之 B 公司,B 公司遂完成组装,制造出侵害系争专利的切割机时,A 公司除可将直接侵害专利之 B 公司列为被告外,亦可将促成侵害专利权之 C 公司,列为专利侵权诉讼之被告。

【国际分工侵害专利权之人】

原告可将任何未经专利权人许可,却有下述两种行为之**国际分工侵害专利权之人**,依据《美国专利法》第 271 条(f)款之规定,列为专利侵权诉讼之被告:

1. 从美国境内,将他人关于专利发明未完成组装的全部、或重要之组件,提供给第三人,并积极诱导第三人在美国境外以直接侵害专利的方式,将该等组件予以组装完成。

2. 在明知第三人于美国境外,将可以组装相关组件,直接侵害专利的情形下，仍从美国境内将专门用以实施他人专利、没有其他实质上不侵权用途、并非市场上的单一商品、且未完成组装的组件，提供给第三人。

例如，C 公司未经专利权人 A 公司的同意，在美国境内大量制造可侵害系争专利的切割机之全部零组件，却未完成最后之组装；而系将该等零组件，连同详细之组装手册，一并卖给在墨西哥之 B 公司，B 公司遂完成组装，制造出侵害系争专利的切割机时，A 公司可将国际分工侵害专利权之 C 公司，列为专利侵权诉讼之被告。

【合并提告之限制】

虽然在一个诉讼中同时解决与多位被告间之纷争，看似符合诉讼经济之考虑，但由于在过去部分专利权人，尤其是 NPE（即一般俗称之专利蟑螂）在提起专利诉讼时，经常将一群不相关产品之制造厂或经销商一并提告，以减少诉讼成本，却增加许多制造厂或经销商的困扰，以致被认为有滥用专利诉讼之虞。

因此，在 2011 年 9 月 8 日，美国参议院决议通过众议院先前通过的《美国发明法》（AIA）之《专利改革法案》；其后于 2011 年 9 月 16 日，由美国总统奥巴马签署颁布，增加共同被告与管辖权的限制，亦即日后在美国提起之专利侵权诉讼中，原告只能针对源于共同交易，即制造、使用及销售相关产品，并且基于共同事实之厂商，合并于一个诉讼中提告；亦即新法生效后，专利权人于一个诉讼中，仅可将符合上述条件之厂商，合并在一个诉讼中进行提告，不可对一群不相关产品之制造厂或经销商一并提告，如此将会大幅增加提告者之诉讼成本，减少滥用专利诉讼的机会。①

【35 U. S. C. 299(Leahy-Smith America Invents Act)】

(a) JOINDER OF ACCUSED INFRINGERS. —With respect to any civil action arising under any Act of Congress relating to patents, other than an action or trial in which an act of infringement under section 271(e)(2) has been pled, parties that are accused infringers may be joined in one action as defendants or counterclaim defendants, or have their actions consolidated for trial, or counterclaim defendants only if—

(1) any right to relief is asserted against the parties jointly, severally, or in the alternative **with respect to or arising <u>out of the same transaction</u>, occurrence, or series of transactions or occurrences relating to the making, using, importing into the United States, offering for sale, or selling of the same accused product or process**; and

(2) **<u>questions of fact common to all</u> defendants or counterclaim defendants** will arise in the action.

---

① http://www. uspto. gov/aia_implementation/20110916-pub-l112-29. pdf, 最后访问日期：2018年3月7日。

(b) ALLEGATIONS INSUFFICIENT FOR JOINDER.—For purposes of this subsection, accused infringers may not be joined in one action as defendants or counterclaim defendants, or have their actions consolidated for trial, based solely on allegations that they each have infringed the patent or patents in suit.

(c) WAIVER.—A party that is an accused infringer may waive the limitations set forth in this section with respect to that party.

【诉状实例:书状中关于当事人及诉讼属性之记载】

IN THE UNITED STATES DISTRICT COURT
EASTERN DISTRICT OF TEXAS

ALPHA MACHINE, INC.,)
〈原告公司名称〉)
(a Delaware corporation))
)
Plaintiff,)
v.)
Case No. ○○ ○○○○○○
)

CHACHA Co., Ltd.,	)
〈被告公司名称〉	)
(a corporation of China)	)
	)
Defendants.	)

COMPLAINT

Plaintiff,原告公司名称,by its attorneys, for its complaint against Defendant,被告公司名称, hereby demands a jury trial and alleges as follows:

NATURE OF THE ACTION

1. This is an action for patent nfringement arising under 35 U.S.C. § 81 et. seq.

PARTIES INVOLVED

2. Plaintiff,原告公司名称, is a corporation organized and existing under the laws of the State of Delaware, having its principal place of business at 原告公司地址.

3. Defendant,被告公司名称, is a corporation organized and existing under the laws of China, having a regular and established place of business within this district at 被告公司地址.

跨国专利诉讼手册
Handbook of the Transnational Patent Litigation

原告如何在美国专利侵权诉状中主张相关事实

原告于美国专利侵权诉讼之起诉状中,应具体表明以下之事实与基本资料:

被侵害之专利的基本数据

原告与系争专利之关系

侵害系争专利之方式及侵权产品之名称

已尽标示专利号义务

对被告为适当之通知

原告因此所遭受之损害

【实务做法】

在审阅或准备美国相关民事诉状时,关于请求救济的主张内容(claims for relief),应注意必须简短(short)、清楚(plain)、单纯(simple)、扼要(concise)及直接(direct),不应有模糊的空间,并应省略其他不相关或不必要之细节,以期法院与对方迅速清晰掌握相关事实之重点,增进诉讼效率。

【被侵害之专利的基本数据】

专利权人除应于起诉状中,表明被侵害之专利的核发日、专利编号、专利名称为何外,并依 F. R. C. P. RULE 10(c),提出由美国专利商标局所印行之专利说明书(specification)复印件为附件,以确定被侵害之客体为何。

> 【诉状实例:关于专利基本数据之记载】
>
> On 授予专利日 United States Letters Patent No. 专利编号 (hereinafter "the . 专利编号末三码 patent") was duly and legally issued to 专利权人 for a 专利名称. A copy of the 专利编号末三码 patent is attached hereto as Exhibit A.

【原告与系争专利之关系】

原告应说明其系基于何种身份提起本件专利侵权诉讼,亦即其系专利权人、还是专属被许可人。若原告仅主张其为专利被许可人,则尚需专利权人加入成为共同原告。

> 【诉状实例:关于原告为专利权人之记载】
>
> Plaintiff is the owner of all right, title, and interest in the 专利编号末三码 patent.

【侵害系争专利之方式及侵权产品之名称】

原告应主张被告系以何方式,于过去已经侵害及目前正持续侵害其基于系争专利,所享有之排他权;例如系以使用、进口、贩卖之要约、或是贩卖之型态,侵害系争专利。

此外，亦应载明被告该侵权产品之名称或型号，以确定专利侵权诉讼中，原告持以主张侵害专利之客体为何。

> 【诉状实例：关于被告侵害专利之方式及侵权产品型号之记载】
>
> Upon information and belief, Defendant has been, and is still, infringing the 专利编号末三码 patent by using, importing, offering for sale, or selling, within this District and elsewhere, levels embody the patented invention, namely Defendant's Model 侵权产品型号 and possibly others, and will continue to do so unless enjoined by this Court.

【已尽标示专利号义务】

由于依据《美国专利法》，专利权人应于其产品或包装上，标示专利号，否则不得对侵害专利之人主张损害赔偿请求权。因此，原告应于起诉状中，说明其于获得专利后，已于其所有产品上，尽了标示专利号之义务。

【对被告为适当之通知】

此外，由于是否有恶意侵权（willful infringement），与外界对被告之心理状态（condition of mind）的影响有极大关系，因此，应于起诉状当中，叙述原告已于特定期日、以特定方式，通知并使被告知悉系争专利，以建立被告有恶意侵权之基础。

【诉状实例：关于已标示专利号并通知被告之记载】

　　Upon information and belief，Defedant's infringement infringement of the 专利编号末三码 patent has been willful and deliberate，notice of Plaintiff's patent number having been duly placed on all of Plaintiff's devices since the issuance of the 601 patent，and the Deffendant having been made aware of the 专利编号末三码 patent by a letter sent March 12，2007 via U. S. Mail.

【原告因此所遭受之损害】

　　最后，原告应记载因被告上述之侵权行为，原告所遭受之损害，例如原告本可获得却因而所减损之利益，以及若法院不禁止被告之侵权行为，将导致原告所受损害持续增加。

【诉状实例：原告因被告侵权行为所受损害之记载】

　　The infringement by Deffendant of the 专利编号末三码 patent has deprived Plaintiff of sales of levels which it otherwise would have made，and has in other respects injured Plaintiff and will cause Plaintiff added injury and loss of profits unless enjoined by this Court.

在美国如何送达书状及法院传票

当原告完成上述起诉状,正式向法院起诉后,相关的起诉状(complaint)及传票(summons),应由何人负责送达(service)给被告?有无一定之时间限制?被告应于收到后多久的期限内进行答辩?

何人负责制作并送达起诉状及传票?
起诉后多久应完成送达?
被告收到后应于多少时间内完成答辩?

【何人负责制作并送达起诉状及传票】

在一些国家,可能是先由原告撰拟起诉状,按照被告人数,连同足额之起诉状缮本,一并递进法院后,由法院制作传票,再由法院负责寄发传票及起诉状缮本给被告。

但是,在美国进行专利诉讼,并非由法院负责制作传票,或递交当事人之起诉状及传票,而是由原告自行制作,并负责送达给被告。

换言之,根据 F. R. C. P. RULE 4(a)及(b)之规定,原告在向法院提出起诉状时或提出起诉状后,可一并将其已自行制作完毕,符合适当格式之传票,提供给法院职员签名,并盖上法院之印信后,法院会再发还给原告,由原告送达给所有被告。

第七讲
提起专利争讼

在实务运作上,通常系由原告之代理人,例如专门提供送达服务之代理机构,完成相关起诉状及传票之送达任务;完成送达手续,相关后续之法律效果才开始启动。

> 【注意】
>
> 由于跨国诉讼之送达程序,有时会发生瑕疵,导致日后诉讼程序上之问题;故发动送达者必须注意送达内容是否正确,收受送达之一方也要注意若送达内容不正确,日后在诉讼中可抗辩送达程序不合法。

【美国专利诉讼双方之送达方式】

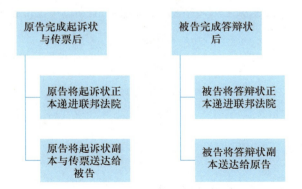

> 【注意】
>
> 虽然为跨国专利诉讼,但是若送达的对象在美国境内,则送达程序与一般美国国内诉讼无异;若送达的对象完全在美国境外,例如中国,则送达程序相对会比较复杂且耗费时日。

【送达证书】

> **PROOF OF SERVICE**
> **STATE OF CALIFORNIA, COUNTY OF LOS ANGELES**
>
> I am employed in the County of Los Angeles, State of California, by ▉▉▉▉
> I am over the age of 18 and not a party to the within action
>
> On June 26, 2006, I served the foregoing document described as **PROPOSED] ORDER GRANTING DEFENDANT'S MOTION FOR LEAVE TO FILE AN AMENDED ANSWER NAMING** ▉▉▉ **AS A CROSS-DEFENDANT AND ADDING CROSS CLAIMS AGAINST** ▉▉▉ on all interested parties, by placing a true copy thereof in the United States mail with sufficient postage thereon, addressed as follows:
>
> **SEE ATTACHED SERVICE LIST**
>
> **METHOD OF SERVICE**
>
> ✓ **(BY MAIL)** I caused such envelope(s) with postage thereon fully prepaid to be placed in the United States Mail at Los Angeles, California.
>
> ✓ **(BY FACSIMILE)** I caused such document to be transmitted by facsimile to the address listed above.
>
> __ **(BY PERSONAL SERVICE)** I caused such documents to be delivered by hand to the person(s) listed above.
>
> **JURISDICTION**
>
> ✓ **(FEDERAL)** I declare that this document was delivered at the request of a member of the bar of this court, at whose direction the service was made.
>
> Executed on June 26, 2006, at Los Angeles, California.

【起诉后多久应完成送达？】

原告完成上述起诉状，正式向法院起诉后，必须在 F. R. C. P. RULE 4(m) 所规定之相关期限内，将起诉状及传票送达给被告。否则，法院得于告知原告后，依职权裁定驳回诉讼；而日后即使被告收到诉状及传票，亦可申请法院裁定驳回原告之诉。

> 【原告来不及完成送达时该怎么办？】
>
> 倘若原告未能于期限内完成送达工作，建议原告可实行以下之措施：
>
> □ 依 F.R.C.P. RULE 4(m) 之规定，先尽速提出相关证据资料，主张系因特殊之事由，例如自然灾难或人为事故，以致无法于期限内完成送达，而请求法院准予展延一段适当之时间，方便原告完成送达。①
>
> □ 依 F.R.C.P. RULE 4(d)(3) 之规定，请求被告放弃（waive）原告应正式送达书状之权利，此时，原告即得以非正式的管道，立即提供被告起诉状及传票。

【被告收到后应于多少时间内完成答辩？】

在一般情形下，被告应该于原告合法送达后20—30天左右的时间内，完成答辩，否则法院即会依据原告起诉状中之片面之词，作出极可能不利于被告之缺席判决。

因此，在没有任何心理准备的情形下，自收到原告的专利侵权诉讼起诉状起，原则上被告只有20—30天左右的时间，便必须要完成诉讼争议事实之基本分析、寻找外部律师、进行相关评估、搜集并准备相关资料以及撰拟答辩书状等艰巨之任务；对一

---

① FED. R. CIV. P. 4(m).

般没有美国专利诉讼经验之被告而言,其困难度与压迫感,实可想而知。

【被告来不及完成答辩时该怎么办?】

倘若被告无法于收到起诉状后的期限内,提供答辩状给法院,为避免法院作出缺席判决,建议被告实行以下之措施:

☐ 尽速与原告协商,经其同意,达成展延答辩期间之合意(extension stimulation),一般通常可延长一至两个月。

☐ 应原告要求,放弃原告应正式送达书状之权利;此时,答辩期间改为自原告对被告寄出送达弃权要求之日起之60天。

☐ 若被告之收件地址,位于任一美国联邦地方法院管辖权以外之区域时,答辩期间则延长为90天。

【诉状实例：展延合意（extension stimulation）】

```
                                    CENTRAL DISTRICT OF CALIFORNIA
                                    BY
                                         DEPUTY
 8
 9        SEP 30 2005
10                     UNITED STATES DISTRICT COURT
          CLERK, U.S. DISTRICT COURT
11        CENTRAL DISTRICT OF CALIFORNIA
          WESTERN DIVISION   FOR THE CENTRAL DISTRICT OF CALIFORNIA

12
                                         Civil Action
13        a California corporation,      No.

14                     Plaintiff,        STIPULATION FOR
                                         EXTENSION OF TIME FOR
15               vs.                     DEFENDANT TO ANSWER
                                         THE COMPLAINT
16                                       AND ORDER
17
18                     Defendants.
19
20
21   Defendant                   ("Defendant"), through their respective counsel,
22   hereby stipulate that the Defendant shall have an extension of time of twenty
23   (20) days to answer the Complaint. The Defendant was served on
24   September 7, 2005 and therefore, the answer ordinarily would be due on
25   September 27, 2005. Through this extension, the Defendant shall have up to
26   and including October 17, 2005 to answer the Complaint.
27   ///
28   ///                                  DOCKETED ON CM
                                          OCT 3 2005
                              -1-
          STIPULATION FOR EXTENSION OF TIME TO ANSWER COMPLAINT   026

1.
2         The purpose of this extension is to enable the Defendant to obtain local
3    counsel in Los Angeles, California. Therefore, this request for extension of
4    time is not made for the purposes of delay and favorable ruling on this
     extension of time is respectfully solicited.
5
6                              Respectfully submitted,
```

第八讲

原告如何主张

一句话说得合宜，就如金苹果在银网子里。
Like apples of gold in settings of silver is a ruling rightly given.

> **Story**
>
> 德国 M 公司发现 F 公司竟未经其允许,擅自制造并向美国进口侵害 M 公司所拥有美国发明专利的电动机具,迅速侵蚀 M 公司在美国之市场后;M 公司决定对 F 公司向美国联邦地方法院提起专利诉讼,除请求法院禁止 F 公司继续进口并销售侵权产品到美国、并请求 F 公司赔偿其因而所遭受之损害、利息、诉讼费用及律师费及法院认为恰当之其他救济。

Why Do You Learn This Chapter?

原告于起诉状中完成前讲关于诉讼基本事实之说明后,应依 F.R.C.P. 第 8(a)(3) 条之规定,向法院提出具体要求(demand for judgment),请求法院作出有利于己之裁判;而在专利侵权诉讼中,原告可向法院提出如下之具体要求,以寻求救济。

> ▶▶▶ **本讲重点**
>
> ★ 申请禁制令
> ★ 估算损害赔偿额
> ★ 利息、诉讼费用及律师费
> ★ 法院认为恰当之其他救济
> ★ 请求陪审团审理

申请禁制令

原告在美国若欲行使专利权之排他效力,禁止被告继续以任何型态,侵害系争专利,将被告排除于市场之外时,最直接的方式,便是于起诉状中,一并向法院申请核发初期及永久禁制令(injunction)。以命令侵权人停止特定之侵权行为。①

初期禁制令与永久禁制令
四部检试法

【初期禁制令与永久禁制令】

禁制令可区分成初期禁制令(preliminary injunction)与永久禁制令(permanent injunction)两种;二者最主要之区别在于:

□ 核发之时间:

永久禁制令乃是在经过完整之审理程序后,法院于判决原告胜诉时所核发;然而初期禁制令则是在正式之审理程序进行中,先经过法官初步审理后即予以核发。法院会命申请核发初期禁制令之原告缴交担保金,以供将来若初期禁制令被撤销时,用以作为赔偿被告因该禁制令所遭受损害之担保。

---

① F. R. C. P. RULE 65.

第八讲
原告如何主张

> 【担保金】
>
> 若法院准许原告关于初期禁制令之申请时,法院会依据职权,斟酌被告因禁制令所可能造成之损失,酌定担保金额,命原告缴交,以确保日后若证明原告之申请有误时,作为原告对被告赔偿责任之担保。

☐ 效力之存续:

经过完整之审理程序后,法院于判决原告胜诉时所核发之永久禁制令,于系争专利有效期间持续有效;而审理程序进行中,经过法官初步审理后即予以核发之初期禁制令,其效力则仅维系至本案诉讼终结时为止。

【四部检试法】

目前美国大部分之法院在审核是否核发初期禁制令时,会以下列之"四部检试法"(four-part test)为标准以决定是否核发初期禁制令:

(1) **本案实体部分之请求有胜诉之可能**(a showing of probability of success on the merits)。

(2) **如果不予核发该禁制令将导致申请人立即且无法弥补之损害**(a showing that the movant will suffer immediate irreparable harm if the injunction is not granted)。

(3) **经比较后,不核发禁制令所可能对申请人造成之损害将大于核发禁制令所可能对被告造成之损害**(that such injury

outweighs any harm which granting injunctive relief would inflict on the defendant)。

（4）核发禁制令将不会对公共利益产生负面之影响（that the public interest will not be adversely affected by the granting of the injunction)。①

美国法院在决定是否应予核发初期禁制令时，会就以上四项考虑因素逐一审核情节之轻重，以及申请人所请求核发初期禁制令所及之范围，法院于审理当中，经利益衡量，基于裁量权作出最终的决定。②

【注意】

　　申请人即原告必须具备以上四项条件，法院始得核发初期禁制令；相对人即被告只要推翻以上四项条件其中之一，法院即可拒绝核发初期禁制令。

【专利案件之特殊考虑】

　　由于专利法只赋予专利权一定的独占期间，不似著作权有效期间般长达数十年、也不像商标权可以借由不断申请展延而无限期延伸有效期间；此外，部分涉及专利技术之商品，因相关

---

① Smith Int'l, Inc. v. Hughes Tool Co., 718 F. 2d 1578, 219 U. S. P. Q. (BNA) 690—91 (Fed. Cir. 1983).

② Hybritech Inc. v. Abbott Laboratories, 849 F. 2d 1446, 1451, 7 U. S. P. Q. 2d (BNA) 1191, 1195 (Fed. Cir. 1988).

第八讲
原告如何主张

之技术日新月异，其产品在市场中之生命周期，也相对十分短暂。因此在侵害专利权的案件中，若不尽快借由向法院申请核发初期禁制令，命令涉嫌侵害专利权之人马上停止涉嫌侵权之行为，而待实体诉讼审理终结后，始取得法院之永久禁制令时，专利权人恐已丧失甚多原本专利法所赋予之专利法独占期间的利益，该损失也将因市场尽失、产品完全被淘汰替换，无法以日后之金钱赔偿，得以完全获得填补。所以，美国联邦巡回上诉法院过去曾允许各联邦地方法院只要专利侵权案件申请人清楚地表示（clearly shows）其专利权是有效且遭到侵害时（validity and infringement），意即若申请人能有效释明在实体的本案诉讼中有胜诉可能时，法院通常即可推定如果不予核发该禁制令将导致该等权利之所有人"无法弥补的损害"。[①]

【诉状实例：原告请求法院核发禁制令之记载】

Plaintiff prays that this Court issue preliminary and permanent injunctions against continued infringement, inducement of infringement, and contributory infringement by Defendant.

---

① Smith Int'l, Inc. v. Hughes Tool Co., 718 F. 2d 1573, 1581 (Fed. Cir. 1983); H. H. Robertson Co. v. United Steel Deck, Inc., 820 F. 2d 384, 390(Fed. Cir. 1987).

估算损害赔偿额度

原告提起专利侵权诉讼之两大目的,一个是排除被告继续侵害系争专利,另一个主要目的,则是请求法院认定其所受损害(damages),并主张被告为恶意侵权,请求法院提高赔偿金,至原告所受损害额度之三倍。

请求权基础
损害计算方式
惩罚性损害赔偿

【请求权基础】

原告提起专利侵权诉讼,请求法院命被告赔偿其受损害之根据如下:

■《美国专利法》第 284 条[①]:
□ 于认定原告所请求之损害赔偿额度时,法院应判给原告对因侵害所受损害之充足之赔偿:

因此,权利人对行为人求偿之额度,原则上限于权利人所受损害之充足之赔偿而已,并不包括与行为人侵害专利权之行为无关之损害。

---

① 35 U.S.C. § 284.

□ 该充足之赔偿不得少于侵害人因实施该发明所应支付之合理权利许可使用费,以及其利息与经法院调整后之费用:

为了避免法院在认定损害额度多寡过程中,因为没有下限,造成裁量失当的情形,遂规定该所谓充足之赔偿,不得少于侵害人因实施该发明所应支付之合理权利许可使用费,以及其利息与经法院调整后之费用。

□ 当损害赔偿额度非交由陪审团认定时,法院应决定损害赔偿之额度;在损害赔偿额度由法院或陪审团认定时,法院均得将赔偿额度提高至其所认定之损害额度之三倍:

为了能有效遏制恶意侵权行为的发生,同条中段规定不论系由法院或陪审团认定损害赔偿之额度,法院最后均有权将赔偿额度提高至其所认定之损害额度之三倍,使行为人就其侵害专利权所造成之损害需另外负惩罚性之损害赔偿责任。

□ 当法院在认定损害赔偿额度或在该情况下权利许可使用费应为多少始为合理时,法院得采纳专家之证词以为协助:

因为专利权被侵害时,权利人所受之损害的计算方式因涉及成本估算、市场损益、占有率增减等诸多因素之考虑,以至于在实务运作上,就赔偿金额多寡之决定而言,产生相当多的困难。因此,本条规定法院在认定损害赔偿额度或在该情况下权利许可使用费应为多少始为合理时,得采纳专家之证词以为协助。

■《美国专利法》第 285 条[1]：

由于有效处理专利权被侵害之损害赔偿诉讼所涉及之专业知识与困难度，要高出其他一般损害赔偿诉讼甚多，因此所需支出之律师费亦因而要高出许多；为期能彻底保护权利人及被告，使不致因专利侵权诉讼的过程中，因支出过于庞大之律师费用而有被二次侵害之虞，因此《美国专利法》第 285 条复规定，法院在例外之案件中得判给胜诉的一方合理之律师费用。

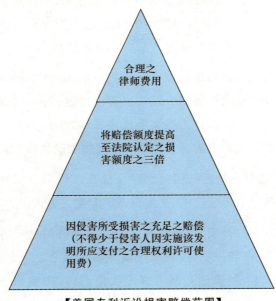

【美国专利诉讼损害赔偿范围】

---

[1] 35 U.S.C. § 285.

第八讲
原告如何主张

【损害计算方式】

　　实务上美国法院在认定专利权人因侵害人之侵害专利权的行为所造成之损害时,通常多系以专利权人因该行为所减损之利益为计算损害额度之方式,然而,专利权人于侵害专利权的损害赔偿诉讼中,不得仅空言主张推测其因侵害人之行为所减损之利益为何,而必须能提出充分且有效之优势证据方法以证明其主张之合理。①

　　因此,专利权人于该诉讼中必须要能证明侵害行为系导致专利权人本可得之利益减损的合理可能性(reasonable probability),以及该本可得之利益因而所减损的数额。换言之,专利权人应能证明若非由于侵害人之侵权行为,本可因实施该专利权而应获取却未得到之收益,例如:销售量之减损、价格之下滑等;所谓销售量之减损,包括专利权人因侵害行为所减少之销售量,与若非由于侵害人之侵害行为本所可从侵害人销售量中获得之部分。②

　　倘若专利权人无法证明因侵害人之行为所受之损害为何,则仅得以侵害人因实施该发明所应支付之合理权利许可使用

---

　　① Hebert v. Lisle Corp., 99F. 3d 1109, 40 USPQ2d (BNA)1611(Fed. Cir. 1996).
　　② Christopher S. Marchese, *Patent Infringement and Future Lost Profits Damages*, 26 ARIZ. ST. L. J. 747, 747—48 (1994).

费,以及其利息与经法院调整后之费用为依据[①]:

■ 所受损害

美国实务关于计算侵害专利权的行为所受损害之方式,经归纳整理后如下表所示:

1 主观面	被告对于该等因侵害专利权所发生的损害有可预见性		
2 客观面	2.1 相关市场上仅有二提供者	将侵权人之销售额,认定为专利权人于没有被侵权行为时所本应有之销售额	
	2.2 相关市场中有三提供者以上（The Panduit Test）	2.2.1 对于该专利权产品之需求	
		2.2.2 没有可被接受之非侵权代替品	
		2.2.3 专利权人具备可满足需求之制造及营销之能力	
		2.2.4 专利权人本所可取得之利润	2.2.4.1 侵权人之利润法
			2.2.4.2 所增加之收入法
			2.2.4.3 总体市场价值法

【关于计算侵害专利权的行为所造成损害之方式】

1 主观面

专利权人于侵害专利权的损害赔偿诉讼中,为要能有效主张该侵害行为系导致专利权人本可得之利益因而有所减损而请求侵权人赔偿,美国联邦巡回上诉法院于 1995 年在 Rite-Hite

---

① Terence P. Ross, Intellectual Property Law: Damages and Remedy 3.02 (2000).

Corp. v. Kelly Co., Inc.①一案中,表示专利权人即原告除需就后述客观层面之要件尽举证责任外,尚需证明被告对于该等因侵害专利权所发生的损害有可预见性(foreseeability),换言之,原告须提出证据以证明被告于侵害其专利权时,可合理地预见其行为将导致原告即专利权人本应可得之利益将因而有所减损。

特拉华州之州地方法院于 Ajinomoto Co., Inc. v. Archer-Daniels Midland Co.②一案中,即以被告无法预见其侵害原告一种培植病毒之方法专利之行为,将导致受侵害公司股票持有者会损失一定之利益为由,判决驳回原告此部分损害赔偿之请求。

2 客观面

兹以市场上包括专利权人本人在内,提供该专利权物品或以该专利制程所制造出的产品者之数量为区分标准,分成下述两种情形探讨美国法院目前实务上,如何认定侵害行为系导致专利权人本可得之利益减损,以及该本可得之利益因而所减损的数额:

2.1 仅有二提供者

意即于该专利权有效范围内,除了身为原告之专利权人以外,仅有被控侵权之被告提供该专利权物品或以该专利制程所

---

① Rite-Hite Corp. v. Kelly Co., Inc., 56 F. 3d 1538, 35 U. S. P. Q. 2d 1065, 1071 (Fed. Cir. 1995).
② Ajinomoto Co., Inc. v. Archer-Daniels Midland Co., 1996 WL 146288 (D. Del. 1996).

制造出的产品之情形。

由于专利权人拥有专利权之商品与侵权人所提供之侵权商品之质量一样,且该市场上除专利权人以外,仅有被控侵权之被告提供该专利权物品或以该专利制程所制造出的产品,无其他任何第三人亦提供与该涉嫌侵害专利权物品相同之商品时,可以推论若非由于侵害人侵害专利权人之行为,专利权人即有前述所谓合理的可能性之机会获得被告、即侵权人因实施该侵害专利权行为后所得之销售量。

因此,美国联邦巡回上诉法院于 Del Mar Avionics, Inc. v. Quinton Instrument Co. [1] 一案中认为,直接将侵权人之销售额认定为专利权人于没有被侵权行为时所本应有之销售额的推论是合理的。

2.2 有三提供者以上

美国联邦巡回上诉法院在审理一般侵害专利权之损害赔偿诉讼时,时常用美国第六巡回上诉法院于 1978 年 Panduit Corp. v. Stahlin Brothers Fibre Works, Inc. [2] 一案中所创设之四项标准,以检测该被控侵害专利权之行为是否系导致专利权人本可得之利益减损以及该本可得之利益因而所减损的数额,该检测法日后即被简称为"The Panduit Test"。

---

[1] Del Mar Avionics, Inc. v. Quinton Instrument Co, 836 F. 2d 1320, 1326, 5 U. S. P. Q. 2d 1255, 1260 (Fed. Cir. 1987).

[2] Panduit Corp. v. Stahlin Brothers Fibre Works, Inc., 575 F. 2d 1152, 1156 (6th Cir. 1978).

第八讲
原告如何主张

2.2.1 对于该专利权产品之需求①

在美国专利侵权诉讼中,可用以证明该专利产品涉及之市场对于该专利权产品,或以该专利制程所制造出产品需求依据的证据方法,包括专利产品与侵权商品销售量间之相关比较、对消费者所进行之市场意愿调查等;专利权人可借由证明专利产品之市场占有率、专利权被侵害期间,该专利产品的实际销售量等事实,以彰显该专利产品涉及之市场对于该专利权产品的需求量。②

倘若专利权人与侵害专利权之人所贩卖之商品相同时,美国联邦巡回上诉法院在审理 BIC Leisure Products, Inc. v. Windsurfing Intern, Inc.③一案时,即表示倘若专利权人与侵害专利权之人所贩卖之商品相同,专利权人即原告即得以侵权人即被告所贩卖侵害专利权商品之总销售量,作为认定该专利权市场对于该专利权产品需求之依据。

又美国联邦巡回上诉法院于 Bio-Rad Laboratories v. Nicolet Instrument Corp.④一案判决中,亦表示侵权人(贩卖侵害专利权物品)之实质销售量,为(该专利权市场)对于该专利权产品需求之有力证据。

---

① Demand for the patented product.
② J. Skenyon, et al, Patent Damages Law & Practice, §2.29, at 2-47 (1999).
③ BIC Leisure Products, Inc. v. Windsurfing Intern, Inc., 1. F. 3d 1214, 1218 (Fed. Cir. 1993).
④ Bio-Rad Laboratories v. Nicolet Instrument Corp., 739 F. 2d 604, (Fed. Cir. 1984).

换言之,倘若专利权人与侵害专利权之人所贩卖之商品并非相似,以至于未能认为二者之市场重叠时,即不得以侵权人即被告所贩卖侵害专利权商品之总销售量,作为认定该专利权市场对于该专利权产品需求之依据。

2.2.2 没有可被接受之非侵权代替品[1]

由于同一市场上往往不只有专利权之商品与被控侵权之商品,还有可能尚有其他商品,因此专利权人若欲有效在专利权侵权诉讼中,主张其原本应有之利益系因被告不法之侵权商品而有所减损,必须要能证明在被告为该侵权行为时,市场上没有其他可被接受之非侵权代替品存在,才能将其原本因其专利权商品所应有之利益所减损之部分,完全归责于被告不法之侵权商品。[2]

至于何谓可被接受之非侵权代替品?美国联邦巡回上诉法院在 TMN Manufacturing Co. v. Dura Corp.[3] 一案中表示,若某仅系与有专利权之商品有竞争关系存在之商品的确存在,然并未具备专利商品之特殊性或其他优点时,则不当然表示该市场上有专利权之商品有可被接受之非侵权代替品;唯有该其他商品具备专利商品之特殊性质或其他优点,始足以被认定为市

---

    [1] Absence of acceptable noninfringing substitutes.

    [2] 本观念于 The Panduit Test 出现之前,已见于 United States Frumentum Co. v. Lauhoff 一案中,参见 United States Frumentum Co. v. Lauhoff, 216 F. 610 (6th Cir. 1914).

    [3] TMN Manufacturing Co. v. Dura Corp. 789 F. 2d 895, 901, (Fed. Cir. 1986).

第八讲
原告如何主张

场上尚有可被接受之非侵权代替品。

易言之,即使市场上有某种商品与有专利权之商品有竞争关系存在,却不具备一般客户之所以会购买该有专利权商品之某特殊性质或其他优点、亦即该专利商品技术上之某种特殊长处时,则难径认定该商品为该有专利权商品之可被接受非侵权代替品。

举证责任之安排,系先由原告负责证明市场上没有其他可被接受之非侵权代替品存在,一旦已证明没有其他可被接受之非侵权代替品存在时,举证责任即转换至被告,被告即必须证明符合前述所谓之可被接受非侵权代替品存在。在实务之运作上,通常原告系说明市场上该专利权产品之一般代替品并未充分具备该专利权产品之特性或优点[1];被告则系尽可能地尽量出示许多市场上已有之其他可被接受之非侵权代替品。

2.2.3 专利权人具备可满足需求之制造及营销之能力[2]

本要件系要求专利权人证明在被侵害之期间,其确有一定之能力可以制造并营销其所失利润以满足市场需求之能力,但不需要证明其所制造并营销之专利产品之竞争力优于侵权之产品。[3]

---

[1] R. L. Parr, Intellectual Property Infringement Damages—A Litigation Support Handbook 62 (1999).

[2] The pantentee has the manufacturing and marketing capacity to satisfy the demand.

[3] Ristvedt-Johnson, Inc. v. Brandt, Inc., 805 F. Supp 557, 562 (N.D. Ill. 1992).

本要件与前述之第一个要件一样,在实务上较少被挑战。如果专利权人即原告被侵权人被被告质疑是否具备本要件之可满足需求之制造及营销专利产品之能力,实务上通常会以下列几点因素以分析专利权人是否确有该能力:

☐ 专利权人被侵权后之销售相关单位数量,与专利权人过去营销量之比较。

☐ 专利权人贩卖与营销其专利产品之规模与能力。

☐ 专利权人在所要求之期间内,建立其生产线之财务与技术能力。

☐ 专利权人所从事者,若系一些需要特别经过政府认可或许可始可进行生产之产业(例如欲生产药品者,需经过美国之食品药物管理局之许可),是否有取得其所需要政府认可或许可的能力。

☐ 专利权人取得制造专利产品之原料所需之成本及可能性。

至于是否可以满足市场需求,美国实务上并不限于专利权人本身必须拥有该等制造或营销之能力[①],如果专利权人可以借由将合同外包以达成满足市场需求的要件,亦不能说专利权人无该等制造或营销之能力;例如专利权人为了节省维持基本设备所需之成本开销、拓展企业之关系等原因。

---

① Yarway Corp. v. Eur-Control USA Inc., 775 F. 2d 268, 276—277 (Fed. Cir. 1985).

第八讲
原告如何主张

但需要注意的是,如果专利权人系将其原本所可生产营销的专利产品转包给他人完成,此时期所应得之利润将低于其原本由自己制造营销时所可取得之利润。①

2.2.4 专利权人本所可取得之利润②

用以计算专利权人本所可取得之利润,实际却减少利润最基本的计算方法有如下三种方式:

2.2.4.1 侵权人之利润法

在两个供给者(专利权人与侵权人)的市场当中,欲证明专利权人所失利益总额是多少最常见的方式,是先认定侵权人所贩卖侵权产品之销售量之后,乘上专利权人每销售一件被侵权之专利产品所可获得之利润。③

2.2.4.2 所增加之收入法

"所增加之收入法"乃认为基本之经济法则系如果第一批之产品已涵盖所谓之固定成本时,接下来所生产之产品其所需花费之成本,将不像生产第一批产品时一般高。因此若固定成本不会随着产品之增加而有所改变时(例如每一单项产品所附加之税出),于计算所失利益时应将该项固定成本予以排除在外。④

---

① Gyromat Corp. v. Champion Spark Plug Co., 735 F. 2d 549, 554 (Fed. Cir. 1984).
② The profits that the patent owner would have made.
③ Lam, Inc. v. Johns-Manville Corp., 718 F. 2d 1056, 1062 (Fed. Cir. 1983).
④ Paper Converting Machine Co. v. Magna-Graphics Corp., 745 F. 2d 11, 22 (Fed. Cir. 1984).

2.2.4.3 总体市场价值法

"总体市场价值法"系认为即使整个设备当中,仅有专利权的一部分为被侵害之对象,在计算损害赔偿时,仍应以整个设备之价值为计算标准;美国联邦巡回上诉法院则将本观念限缩于唯有该设备中有专利权之部分与无专利权之部分之功能合并运作时始可发挥所预期功效者为限。①

除上述之计算方法外,在美国专利诉讼实务上,欲计算专利权人本所可取得却减损之利润的标准还包括:专利权产品所减少之销售量②、价格之下滑③、对于专利权人声誉所造成之伤害④等。

■ 合理权利许可使用费

(1) 意义

《美国专利法》第 284 条规定于认定原告所请求之损害赔偿额度时,法院应判给原告对因侵害所受损害之充足之赔偿,不得少于侵害人因实施该发明所应支付之合理权利许可使用费(reasonable royalty),若已存在有一定之权利许可使用费标准,

---

① Rite-Hite Corp. v. Kelly Co., Inc., 56 F. 3d 1538, 1549 35 U. S. P. Q. 2d 1065, 1071 (Fed. Cir. 1995).

② Lam, Inc. v. Johns-Manville Corp., 718 F. 2d 1056, 1060—1062 (Fed. Cir. 1983).

③ Minnesota Mining and Manufacturing v. Johnson & Johnson Orthopaedics, Inc., 976 F. 2d 1559, 1578—1579 (Fed. Cir. 1992).

④ Reebok International Ltd. v. J. Baker, Inc., 32 F. 3d 1552, 1558 (Fed. Cir. 1994).

第八讲
原告如何主张

则法院较容易订定最低之损害赔偿额。①

因此,美国法院于审酌前述专利权人因专利权被侵害所导致因利益减损之损害赔偿数额时,必须以所谓"合理之权利许可使用费"为标准作为下限。所谓合理权利许可使用费,系指假设专利权系有效之情形下,于侵害专利权行为开始时在有意愿之专利权人与有意愿之被许可方之间,因一拟制之协商所约定之权利许可使用费费率。

(2) 决定标准

所谓合理之权利许可使用费究竟应为多少,美国法院于专利侵权之诉讼实务中虽不要求专利权人必须证明其数额刚好是多少,但也不可以仅凭猜想或臆测;即使其数额是一大致估计之数字,只要能证明该数额系正当且系经合理之推论过程亦可②;至于合理之推论过程为何,综合美国法院之实务见解,有如下之认定标准可供读者参考:

□ 专利权人对于该系争之专利权所确实曾经许可他人实施所取得之权利许可使用费。

□ 侵权人对于与该系争专利权相类似之其他专利权所曾付出之权利许可使用费。

□ 依据所侵害专利权行为型态,比照该系争专利权排他或

---

① Arthur R. Miller & Michael H. Davis, Intellectual Property: Patents, Trademarks, and Copyright, 148 (2000).

② Story Parchment Co. v. Paterson Parchment Paper Co., 282 U.S. 555, 563, 51 S. Ct. 248, 75 L. Ed. 544 (1931).

非排他许可、有无地域限制之权利许可使用费。

☐ 考虑专利权人为维持其市场独占地位而不许可他人实施,或仅在一定特殊之情形下许可他人实施专利权之政策。

☐ 考虑专利权人与侵权人间之关系为何,例如系同区域内之竞争者、或系制造商与经销商之关系。

☐ 专利权之有效其间与许可期间。

☐ 基于该专利权所生产商品之实际商业利益,例如,市场占有率、目前流行之程度。

☐ 系争专利商品相对于旧的商品所产生之实用性与优点之多寡。

☐ 系争专利商品之性质,其商业化后具体所可产生之实际商业利益。

☐ 侵权人使用该系争专利权之程度与型态,以及使用后所产生之价值。

☐ 在去除掉与该专利无关之部分(例如侵权人自行所改良而增加之价值、商业上之风险),实际系因该专利权所可获得之利益部分。

☐ 专利权人与侵权人于侵权行为发生时若达成协议所可能约定之权利许可使用费金额。[1]

---

[1] Maxwell v. J. Baker, Inc., 86 F. 3d 1098, 1109 (Fed. Cir. 1996); Rite-Hite Corp. v. Kelly Co., 56 F. 3d 1538, 1555 (Fed. Cir. 1995); Georgia-Pacific Corp. v. United States Plywood Corp., 318 F. Supp. 1116, 1120, 166 U. S. P. Q. 235, 238 (S. D. N. Y. 1970).

第八讲
原告如何主张

【惩罚性损害赔偿】

当专利权人因侵害人侵害专利权的行为所造成之损害经确定后,依据《美国专利法》第284条的规定,法院可以增加该经认定之损害额度最高至三倍。① 虽然法律并未规定法院应将什么基础作为认定将损害额度提高至三倍的依据,美国法院实务上目前之见解认为必须以侵权人系明知或恶意为前提②,换言之,其性质系对于明知或有恶意之侵权人所增加的非难之处罚。其额度之高低则为法院裁量权所得行使之范围。

过去美国联邦巡回上诉法院认为,侵权人在为其侵权行为前,本即有义务应查询其行为是否有侵害他人有效之专利权之虞,该责任包括在为其可能之侵权行为前即应取得完整之法律咨询。③ 因此,被告若不能立即提出其法律顾问所出具其行为并未侵害任何有效相关之专利权之书面意见,往往会被法院认定系恶意侵害专利权。④

然而,联邦巡回上诉法院在2007年8月间,于In Re

---

① 35 U.S.C.A. § 284: "the court may increase the damages up to three times the amount found or assessed."

② Beatrice Foods Co. v. New England Printing, 923 F. 2d 1576, 1578, 17 U.S.P.Q. 2d 1553, 1555 (Fed. Cir. 1991). Johnson & Son, Inc. v. Carter-Wallace, Inc., 781 F. 2d 198, 200, 228 U.S.P.Q. 367, 368 (Fed. Cir. 1986).

③ Avia Group Int'l Inc. v. L. A. Gear Cal., Inc., 853 F. 2d 1557, 1566 (Fed. Cir. 1988).

④ Great N. Group. v. Davis Core & Pad Co., Inc., 782 F. 2d 159, 166—67 (Fed. Cir. 1986).

Seagate Technology，LLC 一案中[1]，认为若要证明被控侵害专利之人属于恶意侵权，而应负惩罚性损害赔偿责任，专利权人应以清楚且具说服力之证据（clear and convincing evidence），证明控侵害专利之人的被控侵害专利之行为，在客观上有很高的可能性（objectively high likelihood）会构成对一个有效专利的侵害。[2]

此外，如果专利权人已证明上述之客观可能性，换言之，专利权人若已以清楚且具说服力之证据，证明被控侵害专利之行为，会对一个有效专利，在客观上有很高的可能性构成侵害时，联邦巡回上诉法院认为专利权人还必须进一步证明被控侵害专利之人，在主观上已知或可得而知该客观上有很高的可能性会构成侵害专利行为之风险。[3]

根据 2011 年 9 月 16 日，由美国总统奥巴马签署颁布之《美国发明法》（AIA）第 17 条之规定，于专利诉讼中被控侵害专利之人，倘若未针对系争专利之有效性或是否构成侵害一节，取得专利律师之法律意见（advice of counsel），或未将专利律师之该等法律意见提供给法院，即使日后被控侵权成立，亦不得据此即认为该被控侵害专利之人构成恶意侵权。

---

[1] In Re Seagate Technology，LLC，497 F. 3d (Fed. Cir. 2007).

[2] "a patentee must show by clear and convincing evidence that the infringer acted despite an objectively high likelihood that its actions constituted infringement of a valid patent."

[3] "the patentee must also demonstrate that this objectively-defined risk (determined be the record developed in the infringement proceeding) was either known or so obvious that it should have been known to the accused infringer."

【诉状实例:原告请求被告赔偿损害之记载】

Plaintiff prays that this Court order an accounting for damages caused by Defendant and order that such damages be trebled of the Defendant's willful and deliberate infringement.

利息、诉讼费用及律师费

依据前述之说明,由于在特殊情形下,原告可以请求被告支付律师费(attorney's fees),故此部分成为一种特殊的损害赔偿事由;因此,原告尚可于专利侵权诉讼中,一并请求法院判决被告应赔偿原告相关之利息(interest)、诉讼费用(cost)及律师费。①

损害之利息
律师费用

【损害之利息】

专利权人起诉请求法院命被告应赔偿其所受损害时,依照美国实务之见解,基本上尚可将自侵害发生时起,因损害所生之

---

① FED. R. CIV. P. 9(g).

利息,一并予以计算在内,以使专利权人真正得到充足之赔偿,使专利权人得以完全回复至未受侵害之状态。

【帮助理解】

事实上,此部分请求之性质,即相当于侵害人未经专利权人之许可,擅自实施系争专利,即自侵权时起,应给付却未给付权利许可使用费所生之迟延利息。

至于应以何种利率计算该因损害所生之利息,在美国实务上,系由各个联邦地方法院自行决定;有的是按照各州之法定利率,有的是视个案中之实际情况而定。

【注意】

由于此部分之请求,相当于应给付却未给付权利许可使用费所生之迟延利息,所以即使侵权人属于恶意侵权,法院仍应以专利权人实际所受之损害为基础,计算相关之利息,不得以提高倍数后之惩罚性损害赔偿,作为计算利息之基础。

【律师费用】

在美国,一般之诉讼原则上均系由双方各自负担其自身之诉讼费用,但由于处理专利侵权的诉讼案件所涉及之相关专业与过程较为复杂,因此所需耗费之律师费用往往较为庞大,故依据《美国专利法》第 285 条的规定,法院在例外之情形下得判给

第八讲
原告如何主张

胜诉之一方合理的律师费用。①

> 【注意】
>
> 所谓之律师费用亦不仅仅局限于单纯之律师法律服务费用而已,依据美国法院实务之见解,法院仍可基于衡平法与裁量权,在合理的范围内予以酌定,因此亦可包括其他合法之费用,例如,被侵害人因诉讼所支出之费用,如专家证人之出庭费用。

只要被告之侵权行为被法院认定系出于恶意,或原告的专利权系经由诈骗(fraud)所取得,或原告明知其并未被侵权、其专利并非有效,而仍对被告提起恶意之专利侵权诉讼时,法院即可为此判决;只是美国实务上认为必须系于第一审之地方法院始得为此判决。②

本规定之目的,基本上是为了防止侵权人轻率并明知地侵害有效之专利权,或专利权人恶意提起专利侵权诉讼,并于专利诉讼后回复被侵害之一方至被侵害前之状态。③

---

① 35 U.S.C.A. § 285: the court in exceptional cases may award reasonable attorneys' fees to the prevailing party.

② Beatrice Foods Co. v. New England Printing, 923 F. 2d 1576, 1577, 17 U.S.P.Q. 2d 1553, 1554 (Fed. Cir. 1991).

③ Mathis v. Spears, 857 F. 2d 749, 754, 8 U.S.P.Q. 2d 1029, 1033 (Fed. Cir. 1988).

【诉状实例:原告请求被告赔偿利息、诉讼费用及律师费之记载】

　　Plaintiff prays that this Court order an assessment of interest, costs, and reasonable attorney's fees against the Defendant.

法院认为恰当之其他救济

　　最后,除上述之具体请求外,原告尚可于起诉状中,请求法院依职权,判决其他恰当之救济。

【诉状实例:原告请求法院判决其他恰当之救济】

　　Plaintiff prays that this Court order such other and further relief as the Court may deem just.

【原告可否提出内容矛盾之请求】

　　若原告与被告间原有权利许可使用关系,但原告中途终止合同,被告却仍继续实施系争专利之内容时;原告可否同时一方面主张被告侵害专利,另一方面却又主张若其并未有效终止权利许可使用合同时,被告应给付原告双方先前所约定之权利许可使用费呢?

第八讲
原告如何主张

> 在美国诉讼实务上，有所谓**替代或矛盾之主张**（alternative or inconsistent pleading）。亦即原告可以依先位及备位顺序的方式，同时向法院提出逻辑上存有互相矛盾关系的主张。

请求陪审团审理

原告或被告在美国专利诉讼中，均可在书状中请求本件由陪审团进行审理。

如何请求由陪审团审理
请求由陪审团审理之优缺点

【如何请求由陪审团审理】

根据美国联邦宪法第七修正案之规定，若是属于普通法（common law）之诉讼，且诉讼目标价额超过20美元时，该诉讼之任何当事人即可以要求本案应由陪审团审理（jury trial），本案即会由陪审团进行审理，负责认定事实，由法官负责解释并适用法律；否则，视为当事人放弃申请陪审团审理之权利，直接由法官进行审理（bench trial），由法官全权负责认定事实，解释并适用法律。

【何者可申请陪审团?】

□ 原告请求**禁制令**时(injunction):由于禁制令之性质属于衡平法(equity),故当事人便不具申请陪审团审理权。

□ 原告请求**损害赔偿**时(damages):由于损害赔偿之性质属于普通法(common law),所以当事人便具申请陪审团审理权。

依据 F.R.C.P. RULE 38 之规定,若当事人欲要求陪审团审理时,原告应于起诉状中、而被告应于收到原告之起诉状后10日内,以书面向法院请陪审团审理。

【请求由陪审团审理之优缺点】

请求由陪审团审理之优缺点如下:

□ 事实之认定较易被律师影响
□ 较可能有地方保护主义色彩
□ 律师之准备及进行费用较高

【诉状实例:原告请求陪审团审理之记载】

The Plaintiff requests a trial by jury on all issues so triable.

第九讲

抗辩及反诉

不可离弃智慧,智慧就护卫你;要爱她,她就保守你。
Do not forsake wisdom, and she will protect you;
love her, and she will watch over you.

第九讲
抗辩及反诉

> **Story**
>
> C公司收到日本A公司所寄交其向美国联邦地方法院提出专利诉讼之起诉状及法院传票,指称C公司在美国贩卖之切割机具,侵害A公司所拥有之美国X,XXX,XXX号专利。
>
> 根据传票记载,C公司必须于20日内,针对被诉事项,提出相关之回复意见。

Why Do You Learn This Chapter?

当收到原告在美国所提起的专利侵权诉讼起诉状后,原则上只有极为短暂的时间,被控侵权之一方便必须要完成答辩书状,为期尽速完成相关诉讼上之防御阵线,建议被控侵权人可依序参考本讲以下重点,审慎采取因应措施。

> ▶▶▶ **本讲重点**
>
> ★ 被告如何消极回应原告之主张
>
> ★ 被告如何积极抗辩
>
> ★ 被告如何提起反诉
>
> ★ 被告其他可提出之申请

被告如何消极回应原告之主张

被告在答辩状(answer)中,首先应依据 F. R. C. P. RULE 8(b)之规定,针对原告起诉状中每一个陈述(averment),决定予以承认(admit)或否认(deny),以消极回应原告之主张。

至于应以何方式进行承认或否认,以及若被告对于原告起诉状中之相关陈述,欠缺必要之知识或信息时,被告应如何表示意见,是以下所要介绍之重点:

承认或否认之方式
欠缺足以形成确信之知识或信息

【承认或否认之方式】

首先,在决定要承认或否认原告之陈述时,被告应该基于对系争事实之了解,本于善意、公正之态度,作出理性的回应;不宜一味地全盘否认原告所有之主张。

其次,除非被告真正认为原告所有之主张皆虚假不实,被告始可表示全面否认(general denial);否则,被告仍应逐一针对原告起诉状中的每一项陈述,分别予以承认或否认(specific admission or denial);或对于已明确承认以外所有其他之部分,一概予以否认。

【诉状实例:被告承认原告之陈述】

被告公司简称 **admits** that U. S. Patent No. 系争专利编号 issued on. September 9, 2012.

【诉状实例:被告否认原告之陈述】

被告公司简称 **denies** that Venue is proper in this jurisdiction.

【诉状实例:被告部分承认、部分否认原告之陈述】

被告公司简称 **admits** that this court has subject matter jurisdictions pursuant to Title 28, United States Code §§ 1338(a) and 1367(a). 被告公司简称 **denies** the remainder of the allegations set forth in paragraph 2 of the Complaint.

【欠缺足以形成确信之知识或信息】

初步检阅完毕原告之起诉状后,倘若被告律师对于原告起诉状中之相关陈述,欠缺必要之知识或信息,以致无法产生应该承认或否认之确信,亦即被告无法评估原告所陈述的事项是否真实时,在美国诉讼实务上,允许被告在答辩状中,基于欠缺足以形成确信之知识或信息为由,否认原告起诉状中之相关陈述。

【诉状实例:被告欠缺足以形成确信之知识或信息而否认原告之陈述】

In response to the allegations set forth in paragraph 4 of the Complaint,被告公司简称 is without knowledge or information sufficient to form a belief as to the truth thereof and therefore **denies** the same.

【被告如何消极回应原告之主张】

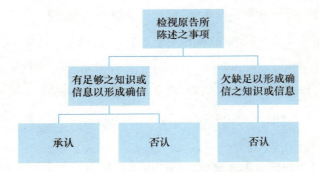

【参考意见】

由于在跨国专利诉讼的初期阶段,许多事实尚属混沌不明,当事人有时无法察觉某些部分之重要性;有些当初误以为不重要的细节,随着搜证程序之进行,日后竟成为影响当事人诉讼输赢的关键。

第九讲
抗辩及反诉

> 例如,原告主张已于其所有产品上,尽了标示专利号数之义务;被告虽未掌握具体证据,却以为此并不重要,因而并未对之加以承认或否认;日后,被告在搜证程序中,却发现原告根本没有在其产品或任何包装、标签上标示专利号数,依据《美国专利法》第287条之规定,原告不得对被告于接获侵权通知前所实施之侵害行为,请求赔偿任何因而所致之损害。
>
> 因此,不论原告所陈述之事项在表面上是否重要或理所当然,建议被告仍应基于充足之信息,逐一仔细推敲,决定应该予以承认或否认原告之陈述;而对于其中没有把握或不清楚的部分,则应该以"欠缺足以形成确信之知识或信息"为由,否认原告起诉状中之相关陈述;不宜轻率地认为无所谓,随意予以承认或否认,以免形成日后的困扰。

被告如何积极抗辩

有别于前述被告针对原告于起诉状中所陈述之事项,仅以承认或否认之方式,消极回应原告之主张;倘若被告另行提出原告所未提及之事由,以攻击原告所据以为起诉之基础时,则称为积极抗辩(affirmative defense)。

依据 F. R. C. P. RULE 8(c)之规定,列举了十几种被告可

资用以作为积极抗辩之事由。① 在美国专利侵权诉讼中,被告比较常以下列之理由,进行积极抗辩②:

专利无效

专利权不能执行

未侵害专利或未造成损害

其他抗辩方式

【专利无效(invalidity defenses)】

即被告可以抗辩原告的专利权因不符合《美国专利法》之相关规定,例如违反《美国专利法》第101条关于实用性、专利适格客体等要求时,该专利权因而无效。

兹简要整理美国专利诉讼实务上,与专利无效抗辩有关之体系表如下。提供读者于实际个案发生时,迅速据以逐一检验系争专利,是否有请求法院宣告专利无效的机会,以及作为积极

---

① FED. R. CIV. P. 8(c)? Affirmative Defenses. "In pleading to a preceding pleading, a party shall set forth affirmatively accord and satisfaction, arbitration and award, assumption of risk, contributory negligence, discharge in bankruptcy, duress, estoppel, failure of consideration, fraud, illegality, injury by fellow servant, laches, license, payment, release, res judicata, statute of frauds, statute of limitations, waiver, and any other matter constituting an avoidance or affirmative defense. When a party has mistakenly designated a defense as a counterclaim or a counterclaim as a defense, the court on terms, if justice so requires, shall treat the pleading as if there had been a proper designation."

② Jerry R. Selinger, *Prelitigation Considerations and Strategies*, in Patent Litigation Strategies Handbook 12—13 (Barry L. Grossman & Gary M. Hoffman ed., 2000).

第九讲
抗辩及反诉

抗辩专利无效之参考(详细内容请参考**第三讲**之说明)。

抗辩态样	法条依据	具体类型
专利无效 (invalidity)	《美国专利法》 第101条	不具实用性(lack of utility)
		非专利适格客体
		双重专利(double patenting)
	《美国专利法》 第102条	在先公开(anticipation)
		已为贩卖或要约(on—sale bar)
		他人已有发明(invention by another)
	《美国专利法》 第103条	显而易知(obviousness)
	《美国专利法》 第112条	不具实施可能性(enablement)
		说明不充分(inadequate description)
		专利申请范围不明确(definiteness)

【诉状实例:积极抗辩专利无效之记载】

U. S. Patent No. ○,○○○,601 (the "'601 patent") is **invalid** under Sections **102,103 and/or 112** of the Patent Statute.

【注意】

为使专利权人有充分之准备期间,在涉及专利侵权或专利无效的诉讼中,倘若当事人欲提出专利无效或不侵权之主张时,依据《美国专利法》第282条之规定,至少应在法院进行审理程序(trial)之30日前,以诉状或其他书面方式,将下述之事项通知对方(通常为专利权人);倘若当事人未能证明已

269

将下述之事项通知对方,日后于审判期日中,除非法院要求,否则有可能不得再临时提出相关之证据资料:

■ 准予任何相关专利之国家、专利号数、日期及专利权人之姓名

■ 所有于系争专利前已公开之相关刊物的标题、日期以及页码

■ 被认为是系争专利之前已有的发明人、已有相关知识之人、已在先使用之人或已将该发明为贩卖之要约之人的姓名及住址

【专利权不能执行(unenforceability defenses)】

即被告可以抗辩专利权人违反衡平法之原则,例如专利权人有不正当行为或懈怠时,该专利权人即不能于本案中据以请求法院执行该专利权之排他效力。

兹简要整理美国专利诉讼实务上,与专利不能执行抗辩有关之体系表如下,以提供读者于实际个案发生时,迅速据以逐一检验专利权人的相关行为,是否可能因而导致系争专利不能执行,使得被告有主张积极抗辩的机会(详细内容请参考**第五讲**之说明)。

第九讲
抗辩及反诉

抗辩态样	具体类型	必要要件
专利权不能执行（unenforceability）	不正当行为（inequitable conduct）	未经披露或虚假陈述的信息之重要性
		申请专利之人隐瞒该信息之意图
	懈怠（laches）	自原告知悉或可得知悉其对被告有请求权时起，迄原告以该请求权为基础对被告提起诉讼之日止，已拖延了一段不合理，且无法解释其理由为何之期间。
		原告迟延提出该诉讼，经法院基于合理的标准依据，认定对于被告造成重大之损失或伤害。
	禁反言（equitable estoppel）	专利权人有误导之行为
		被控涉嫌侵害专利权之被告信赖专利权人上述之行为
		被控涉嫌侵害专利权之被告因信赖而将受到重大之损害
	滥用专利（patent misuse）	视具体个案而决定

【诉状实例：积极抗辩专利不能执行之记载】

On information and belief, the '601 patent is **unenforceable** because〈专利权人〉or its agents failed to bring material prior art to the attention of the Patent Examiner.

【无效抗辩与不能执行抗辩之区别】

基本上，无效抗辩与不能执行抗辩，虽同系被告在专利诉讼中，除消极否认不侵权外，可提出之积极抗辩，但仍有以下之不同：

（1）系争专利权无效与否，系取决于该专利权的各个申请专利范围，换言之，即使其他的申请专利范围符合专利法所规定之要件，但若其中某一申请专利范围不符专利法的规定，该专利权人必须减缩或撤回该申请专利范围，否则整个专利权始可能因而被宣告无效；而系争专利权是否不能执行，则系涉及全部之请求项，亦即整个专利权将因违反衡平法而不能执行。

（2）系争专利权一旦无效，则所有不同案件中的被告均可以之作为抗辩的理由；因此，在某特定之专利诉讼中，被控涉嫌侵权之被告，可以借由该原告据以为请求权基础之专利权，已在其他先前案件中被法院宣告无效之判决，而在本专利诉讼中，提出作为该专利权应为无效的关键证据[1]；相反地，系争专利权是否不能执行，则需视各个案中（case by case）之系争专利，有无违反衡平法上原则的情形，而决定个别被告可否据以提起抗辩，其他不同个案的被告，并非当然可以援引为各个不同个案中之抗辩事由。

【无效抗辩与不能执行抗辩之区别】

	无效抗辩	不能执行之抗辩
对专利权之效力	各个申请专利范围个别决定	整个专利权全部一体适用
对被告之效力	任何被告均得主张	个别被告视个案而定

---

[1] Mendenhall v. Astec Indus., Inc., 513 U.S. 1018 (1994).

第九讲
抗辩及反诉

值得注意的是既判力的问题,倘若专利权一旦不符专利法的规定因而被宣告无效时,其他个案的被告均可以之作为抗辩的理由,亦即此时该专利权无效之裁判具有既判力。①

相反地,若某个案中被告所提出专利权因不符专利法的规定,应被宣告无效的抗辩被法院驳回时,该专利权并非无效之裁判,不具既判力,因此,其他个案的被告,仍可于其他个案中,继续提出该专利权无效之抗辩。②

【未侵害专利或未造成损害(non-infringement defenses)】

即被告可以抗辩其所制造、贩卖、进口之物品的技术特征、或其所实施之制程,并未落入原告专利的字面或等同范围,而不侵害原告之专利权。

在美国专利诉讼实务上,若被告否认侵害专利,或主张并未造成原告之任何损失时,有认为仅在前述消极的回应中,单纯否认原告关于专利被侵害、或被造成损害之主张即可;亦有认为应该在此处,以积极抗辩的形式,主张并未侵害系争专利、或未对原告造成任何损害(详细内容请参考第四讲之说明)。

---

① *Blonder-Tongue Lab., Inc. v. University of Ill. Found.*, 402 U. S. 313 (1971). (The patent owner will be estopped from asserting that the patent is valid if there was a prior judgment of invalidity unless it can show that the owner did not have a full and fair opportunity to litigate the claim in the prior action.)

② *Mendenhall v. Cedarrapids*, 5 F. 3d 1557, 1559 (Fed. Cir. 1993), cert. denied, 511 U. S. 1031 (1994). (However, a prior decision of validity need not be admitted as substantive evidence in a subsequent trial.)

【诉状实例:积极抗辩未侵害系争专利之记载】

To the extent that any claim of the '601 patent is found to be enforceable and not invalid, such claims are **not infringed** by〈被告公司简称〉.

【诉状实例:积极抗辩未造成损害之记载】

〈原告公司简称〉**has not been damaged** by the actions complained of and therefore has no remedy at law.

【其他抗辩方式】

被告除了上述之抗辩方式外,尚可以原告与其之间存有许可合同;或原告所主张被告的侵权行为,发生在其提起诉讼之6年前;或原告并未在其产品或包装上标示专利号数等事项为由,抗辩原告不得请求损害赔偿:

双方间存有许可合同

已超过消灭时效

未标示专利号数

商业先使用

双方间存有许可合同

由于原告即专利权人,已授权被告实施其专利权,亦即对被告放弃其基于专利法所享有之排他效力,被告当然有权在被授

第九讲
抗辩及反诉

权之范围、时间与地域内,实施系争专利之内容,原告自不得主张被告侵害系争专利,而请求被告损害赔偿。

若被告有效提出系争专利之许可合同以资抗辩,则被告实施系争专利之内容,究竟有无超过被授权之范围、时间与地域,属于专利权人负责举证之事项。

已超过消灭时效

依据《美国专利法》第286条第1项之规定,除非法律另有规定,否则诉讼当事人不得以起诉或反诉之方式,主张被告赔偿6年前因被告之侵权行为所造成之损害。① 因此,被告可以依据《美国专利法》第286条第1项之规定,就原告所主张被告应赔偿6年前因被告之侵权行为,所造成之损害之部分,提出抗辩。

例如,被告自原告提起专利侵权诉讼之日起算,8年前即已从事侵害原告系争专利之行为:

▲ 倘若被告一直持续侵害原告系争专利之行为,则原告只可请求赔偿最近6年内,因被告侵权行为所致之损害;但原告不得请求起诉日起6年前,因被告侵权行为所致之损害。

▲ 倘若被告侵害原告系争专利之行为,持续到原告起诉4年前时,原告只可就起诉日起6年前,一直到4年前因被告侵权行为所致之损害,请求被告赔偿;但原告不得请求起诉日起6年前,因被告侵权行为所致之损害。

---

① 35 U.S.C. §286: Except as otherwise provided by law, no recovery shall be had for any infringement committed more than six years prior to the filing of the complaint or counterclaim for infringement in the action.

▲ 倘若被告侵害原告系争专利之行为，在起诉日起 6 年前即已终止，则原告即完全不得请求起诉日起 6 年前，因被告侵权行为所致之损害。

未标示专利号数

根据《美国专利法》第 287 条第 1 项规定，专利权人及为专利权人在美国境内制造、贩卖、为贩卖要约专利物品或将专利物品进口到美国之人，可以在专利物品上标示专利字样（patent 或 pat）以及专利号数，以通知公众该等物品已获得专利。倘若依该物品之性质无法为上述标示时（例如专利物品系极为细小之零件），则可以选择在内含一个或数个专利物品的外包装或标签上，标示上述之字样。

【注意】

因此，若专利权人授权他人在美国实施其专利权时，应于许可合同中载明被授权人应于专利物品上标示专利号数，以免日后影响专利权人之损害赔偿请求权。

若专利权人或为专利权人实施专利之人，并未在专利物品或外包装上，标示专利字样及号数时，专利权人不得在任何侵权诉讼中，请求侵权人赔偿其所受损害。但是，只要专利权人证明已通知侵权人侵害其专利时，其后若侵权人仍持续侵权行为，专利权人即可以就其通知侵权后所遭受之损害，请求侵权人赔偿。依据同法规定，专利权人对侵权人提起诉讼本身，即可视作一种

第九讲
抗辩及反诉

通知。①

> 【立法目的】
> 专利权人之所以于专利物品上标示专利号数后,才可以对侵权人请求损害赔偿,系因为如此才可以使一般接触到该专利物品之社会大众,立即可得知悉其系专利权保护之对象,不得任意擅自实施。

因此,若侵权人提出专利权人并未标示专利号数之抗辩时,依照美国最高法院之意见,除非专利权人可以提出相关证据,证明其已在专利物品上标示专利号数,或先前已通知侵权人其相关行为侵害系争专利②,否则,专利权人只可将从对侵权人提起侵权诉讼时起所受损害之部分,请求侵权人予以赔偿。

---

① 35 U. S. C. §287: Patentees, and persons making, offering for sale, or selling within the United States any patented article for or under them, or importing any patented article into the United States, may give notice to the public that the same is patented, either by fixing thereon the word "patent" or the abbreviation "pat.", together with the number of the patent, or when, from the character of the article, this can not be done, by fixing to it, or to the package wherein one or more of them is contained, a label containing a like notice. In the event of failure so to mark, no damages shall be recovered by the patentee in any action for infringement, except on proof that the infringer was notified of the infringement and continued to infringe thereafter, in which event damages may be recovered only for infringement occurring after such notice. Filing of an action for infringement shall constitute such notice.

② *Dunlap v. Schofield*, 152 U. S. 244, 248, 14S. Ct. 576, 38 L. Ed. 426 (1894).

【何谓通知】

由于《美国专利法》第 287 条第 1 项并未规定本条之通知应拘于一定之形式,因此,依照美国实务见解,只要专利权人曾以书面或口头的方式,告知侵权人其相关产品侵害系争专利时,例如警告信函,即属于本条之通知。

但是,即使侵权人与专利权人属于同行竞争业者,理论上侵权人应该知道相关专利之状态,可是只要专利权人并未于专利物品上标示专利号数,亦无法提出曾通知侵权人之证据时,专利权人即不得请求侵权人赔偿其于起诉前所受之损害。

2011 年 9 月 16 日,由美国总统奥巴马签署颁布之《美国发明法》(AIA)规定,专利权人只要在公众不用付费即可登入的因特网上,提供专利的具体信息,专利权人便可通过披露该网址,完成符合专利法所规定的本项标示义务。①

商业先使用

《美国发明法》(AIA)规定,于专利侵权诉讼中,倘若被控侵权之一方其使用为善意之商业上使用,且其使用早于系争专利申请日前一年,或早于系争专利之发明被公开前一年,构成商业先使用时(prior commercial use),即可于被控侵权时,以之作为抗辩基础。②

---

① http://www.uspto.gov/aia_implementation/20110916-pub-l112-29.pdf,最后访问日期:2018 年 3 月 7 日。
② 同上。

第九讲
抗辩及反诉

被告如何提起反诉

在美国专利诉讼中,被告除了可以消极承认或否认原告所起诉之事项、或是另外提起积极抗辩,以攻击原告所据以为起诉之基础外,还可以利用原告所提起之本诉讼程序,直接以对原告提起反诉(counterclaim)的形式,请求法院判决其所主张之事项。

> 【不慎提出不当之主张或抗辩?】
>
> 依据 F.R.C.P. RULE 8(c)后段之规定,倘若当事人一方将应以积极抗辩的方式提起之事项,误以反诉之形式提起、或将应以反诉的方式提起之事项,误以积极抗辩之形式提出时,如基于公平正义考虑认为有必要时(if justice so requires),法院应视该当事人已以适当之方式提出其主张。

因此,若被告对原告提起反诉,在形式上,等于被告另行对原告起诉,故被告应在书状中,如同原告起诉般,针对管辖权、当事人、背景事实与主要具体要求,逐一完整地向法院提出主张与说明。

至于被告所提起之反诉,则可因其据以提起之理由,与原告提起之诉讼目标是否有直接关系,依 F.R.C.P. RULE 13 之规定,而区分为强制性反诉及任意性反诉:

强制性反诉

任意性反诉

【强制性反诉】

若被告欲对原告提起反诉之主张,系本于原告据以为起诉基础的事物或事件本身时,且该反诉内容,不涉及法院无管辖权之第三人时,依 F. R. C. P. RULE 13(a)之规定,被告应对原告提起**强制性反诉**(**compulsory counterclaim**)。

【注意】

若被告欲对原告主张之内容,系其他已开始进行中诉讼案件之诉讼目标时,依 F. R. C. P. RULE 13(a)但书之规定,被告不必对原告提起反诉。

例如在原告主张被告侵害专利的诉讼中,被告若欲请求法院对于原告据以主张被告侵权之设备,作出并未侵害系争专利之确认判决、或被告若欲请求法院作出原告据以主张被告侵权之系争专利,应属无效或不能执行之确认判决时,被告应提起反诉。

【任意性反诉】

若被告欲对原告提起反诉之主张,并非本于原告据以为起诉基础的事物或事件本身时,依 F. R. C. P. RULE 13(b)之规定,被告得对原告提起**任意性反诉**(permissive counterclaim)。

例如在原告主张被告侵害专利的诉讼中,被告若欲请求法院判决原告侵害被告之其他财产权时,被告得选择是否对原告一并提起反诉。

【美国诉状实例:被告提起反诉之记载】

COUNTERCLAIM

Pursuant to Federal RULE of Civil Procedure 13, Defendant-Counterclaimant 被告简称 counterclaims against Plaintiff-Counterclaim Defendant 原告简称, and, in support thereof, alleges as follows:

Jurisdiction

1. This Court has jurisdiction over this counterclaim, because this counterclaim arises under the patent laws of the United States, 35 U.S.C. § 102, et seq., and is brought to seek a declaration of patent invalidity.

2. This Court has jurisdiction over the state and common law claims herein under 28 U.S.C. § 1338(b) in that such claims are joined with a substantial and related claim under the patent laws of the United States, 35 U.S.C. § 102 et. seq.

3. Jurisdiction over the claims asserted in this counterclaim arises under 28 U.S.C. §§ 1331, 1338, and 2201.

4. Venue is proper under 28 U.S.C. § 1391(b)(2).

The Parties

5. Plaintiff-Counterclaim Defendant，原告简称，on information and belief，is a corporation organized and existing under the laws of the 原告国籍或州籍.

6. Defendant，被告简称 is a corporation incorporated under the laws of 被告国籍或州籍 with a place of business at 被告地址.

Background Facts

7. On information and belief，原告简称 manufactures and sells 原告产品.

8. 原告简称 brought a Complaint against 被告简称, alleging *inter alia* that the sales of a 被告产品 infringed its '601 Patent. The products are manufactured by 被告简称.

9. 被告简称 has been in the business of developing, manufacturing and marketing 被告产品 since 1990. It has marketed and sold its 被告产品 throughout the world including in the United States.

10. In the early 2000s，and at least as early as 2001，被告简称 developed and sold a 被告产品. These products were sold with product manuals.

11. The 被告产品 and its accompanying product manuals is prior art to the '601 Patent. This prior art is material

and was not cited to the examiner during the prosecution of the '601 Patent.

12. 被告简称 did it admit that the '601 Patent was valid.

COUNT

Declaration of Patent Invalidity of the '601 Patent

13. Paragraphs 1—12 of this Counterclaim are incorporated as if stated herein.

14. The '601 Patent is invalid, and erroneously issued by the U. S. Patent and Trademark Office because it fails to comply with 35 U. S. C. § § 102.

Wherefore, 被告简称 respectfully requests that the Court enter an Order and Judgment:

1. That the Complaint be dismissed with prejudice, with costs awarded to Defendant 被告简称;

2. That the Court hold that U. S. Patent 2,○03,601 is not valid;

3. That the Court hold that Plaintiff has not been damaged by 被告简称;

4. That Plaintiff take nothing from 被告简称;

5. That the Court award 被告简称 such other further relief that is deemed just and proper.

> **【积极抗辩与反诉之比较】**
>
> 倘若被告系以积极抗辩之方式,提出一定主张时,不论法院针对其抗辩表示何种看法,不服之当事人均不得单独对于法院对该抗辩所表示之看法,向联邦巡回上诉法院提起上诉。
>
> 反之,若被告系以反诉之方式,提出一定主张时,由于反诉本身即属于诉讼,故法院针对其反诉作出判决时,不服之当事人均得单独对于法院针对该反诉所作出之判决,向联邦巡回上诉法院提起上诉。

被告其他可提出之申请

被告针对原告在美国所提起之专利侵权诉讼,除了可以上述的方式,进行防御或反击外,被告还可以考虑先向法院提出下述申请(motion),请求法院拒绝受理本案或移转至其他法院管辖:

请求法院拒绝受理本案
请求移转至其他法院管辖

【请求法院拒绝受理本案】

依据 F.R.C.P. RULE 12(b)之规定,被告可以先根据以下之事由,请求法院拒绝受理本案(motion to dismiss):

法院缺乏事物管辖权

第九讲
抗辩及反诉

法院缺乏对人管辖权

不适法院

程序不合法

送达不合法

未就可救济事项提出请求

缺少 Rule 19 之必要共同诉讼当事人

【注意】

若被告未于答辩状中,针对下述事项提出申请,则依 F.R.C.P. RULE 12(h)(1)之规定,视同放弃(waiver)其请求法院拒绝受理本案之权利:

法院缺乏对人管辖权

不适法院

程序不合法

送达不合法

■ 法院缺乏事物管辖权(lack of jurisdiction over the subject matter)

被告可以依据 F.R.C.P. RULE 12(b)(1)之规定,主张系属之法院缺乏事物管辖权,而请求法院拒绝受理本案。

由于联邦地方法院对于专利诉讼,具有专属之事物管辖权,所以若原告误向州地方法院对被告提起专利侵权诉讼,被告可以根据本条款之规定,主张系属之法院缺乏事物管辖权,请求法院拒绝受理本案。

【实务运作】

在实际之专利诉讼上,一般的原告均知道应向美国联邦地方法院提起专利诉讼,故被告较少有向法院主张本事由之机会。

■ 法院缺乏对人管辖权(lack of jurisdiction over the person)

依据 F.R.C.P. RULE 12(b)(2)之规定,被告可以主张系属之法院缺乏对人管辖权,而请求法院拒绝受理本案。

因此,倘若未发现被告在该法院之辖区内,持续从事规律性之相关行为之证据,且无其他证据,显示被告在该法院之辖区内,有意从事属于诉讼之请求权基础的行为时,被告可以请求法院拒绝受理本案。

■ 不适法院(improper venue)

虽然法院具备事物管辖权及对人管辖权,但是,被告仍然可以依据 F.R.C.P. RULE 12(b)(3)之规定,主张系属之法院并不恰当,例如被告并非美国企业,且在美国并无任何分支机构;或原告主张之侵权行为地或被告企业通常之商业行为,并非在该法院之辖区内时,被告可请求法院拒绝受理本案。

若被告认为本案系属之法院并不为适当,则得于首次之答辩状中,或是在申请法院移转管辖前,否认系属法院之适当性。但若被告不表示任何关于法院适当性之意见,则视同放弃其对适当法院表示异议之权利。

第九讲
抗辩及反诉

■ 程序不合法(insufficiency of process)

被告于收到原告之起诉状后,可以检视该起诉状及传票,在形式上是否符合 F. R. C. P. 或其他之相关规定;倘若不符合时,被告可依据 F. R. C. P. RULE 12(b)(4)之规定,主张程序不合法,而请求法院拒绝受理本案。

【实务做法】

在美国诉讼实务上,倘若并无实质重大的瑕疵,法院一般不会单纯因为程序上之瑕疵,而拒绝受理相关案件。[①]

例如,被告收到传票后,发现其上并未并盖有法院之印信(the seal of the court),因为不符合 F. R. C. P. RULE 4(a)之规定,所以可根据本条款之规定,主张程序不合法,而请求法院拒绝受理本案。

■ 送达不合法(insufficiency of service of process)

在原告送达美国起诉状及传票的过程中,若被告发现不符合 F. R. C. P. 或其他之相关规定时,被告可依据 F. R. C. P. RULE 12(b)(5)之规定,主张送达不合法,而请求法院拒绝受理本案。

例如,原告若未在向法院起诉后 120 天内,将起诉状及传票(summon)送达给被告时,依 F. R. C. P. RULE 4(m)之规定,被告可请求法院拒绝受理本案。

---

① UFCW, Locals 197 & 373 v. Alpha Beta Co., 736 F. 2d 1371, 1382 (9th Cir. 1984).

【实务做法】

若被告主张送达不合法,而请求法院拒绝受理本案时,原告应先负举证责任;换言之,在一般情形下,原告可提出前述由其送达代理人所出具之送达证书(proof of service),作为证明其已善尽合法送达义务之表面证据(prima facie)。①

■ 未就可救济事项提出请求(failure to state a claim upon which relief can be granted):

倘若根据原告在专利诉讼之起诉状中,所请求法院裁判之事项,即使其所主张之事实属实,法院仍无法给予其所请求之救济时,被告得根据 F. R. C. P. RULE 12(b)(6)之规定,请求法院拒绝受理本案。

【观念厘清】

由于只要原告在起诉状中所为之声明,在形式上法院可能提供相关救济时,法院即可受理本案;所以一般而言,被告根据本条款,请求法院拒绝受理本案成功的几率并不高;至于在最后法院是否相信原告之主张,则属于日后经过审理,法院是否认为原告的请求有理由之范畴。

---

① Norlock v. Garland, 768 F. 2d 654, 656 (5th Cir. 1985); Croy v. Skinner, 410 F. Supp. 117, 131 n.9 (N. D. Ga. 1976).

第九讲
抗辩及反诉

■ 缺少 Rule 19 之必要共同诉讼当事人（failure to join a party under Rule 19）：

若原告在美国未根据 F. R. C. P. RULE 19 规定，将应列为必要共同诉讼当事人之人列为当事人时，被告可根据 F. R. C. P. RULE 12(b)(7)之规定，请求法院拒绝受理本案。

【立法目的】

F. R. C. P. RULE 19 之立法目的，主要系基于某些案件，在可确定之一群人之间，有合一确定的必要性、或一次解决所有相关纷争之考虑，故规定应将该相关人，均列为诉讼当事人。

所谓 Rule 19 之必要共同诉讼当事人，系指其若参与诉讼，并不会使法院对诉讼争议事项缺乏管辖权，且本案若缺少该当事人，法院无法对于本案，完整有效审理并作出判决。

例如，若被侵害之专利权系由数人共有时，美国法院必须对所有共有人均列为原告之专利诉讼案件，始能作出完整之判决；但目前却系由其中一个共有人，提起专利侵权诉讼，并未将所有之专利共有人均列为原告时，被告可以根据 F. R. C. P. RULE 12(b)(7)之规定，主张本案缺少 RULE 19 之诉讼当事人，而请求法院拒绝受理本案。

【实务参考】

在美国诉讼实务上,关于 F. R. C. P. RULE 12(b)(7)之适用,主要系因被告主张本案缺少必要的共同诉讼当事人时,法院拒绝受理相关案件。

倘若被告主张所缺少的诉讼当事人,法院认为在本案中并非必要时,法院可能会驳回其申请,或视该申请为要求该人参加诉讼,成为共同原告。[①]

例如,若系由专利权人提起专利侵权诉讼,被告主张本案缺少其他独占被许可人为诉讼当事人,而请求法院拒绝受理本案;法院认为在本案中其他独占被许可人并非不可或缺时,可能会视为申请其他独占被许可人参与,以期能一次解决所有与系争专利相关之纷争。

【请求移转至其他法院管辖】

若被告认为目前在美国本案系属之法院并不恰当时,可以依据先前 F. R. C. P. RULE 12(b)(3)关于**不适法院(improper venue)** 之规定,请求法院拒绝受理本案。但是,若被告认为原告仍将另行起诉,无法规避本案之实质争议时,被告亦可基于当事人及证人之便利、与正义之利益等考虑,根据 28

[①] Shermoen v. United States, 982 F. 2d 1312, 1317 (9th Cir. 1992); Cunningham v. Metropolitan Seattle, 751 F. Supp. 885, 896—97 (W. D. Wash. 1990).

U. S. C. §1404(a)之规定,请求目前系属之法院,将本案移转至其他地方法院管辖(motion for transfer of venue),以彻底解决双方之纠纷。

例如,原告虽系向有管辖权之德州东区联邦地方法院提起专利侵权诉讼,但被告却主张系属法院的距离,对于均位于加州之本案当事人及相关证人,在往返上造成极大之不便利时,可以尝试根据 28 U. S. C. §1404(a)之规定,请求目前系属之法院,将本案移转至亦有管辖权之加州中区联邦地方法院管辖,以符合正义之利益。

【实务做法】

由于美国法院对于是否移转管辖具有裁量权,且联邦最高法院曾认为,仅在极少数之情况下,移转管辖的决定才属于恰当。[1] 因此,在专利诉讼实务上,一旦原告提起专利侵权诉讼,被告要成功申请法院移转管辖的可能性非常微乎其微。

但是,若被告认为目前本案系属之法院并不恰当,依据 F. R. C. P. RULE 12(b)(3)关于不适法院之规定,请求法院拒绝受理本案时,若系属法院认为其虽非最适法院而拒绝受理本案,但基于诉讼正义之利益,其仍得根据 28 U. S. C. §1406(a)之规定,依职权移转管辖,而不裁定驳回诉讼。

---

[1] Gulf Oil Corp. v. Gilbert, 330 U. S. 501 (1947).

第十讲

主动提供证据

得智慧胜似得金子；选聪明强如选银子。
How much better to get wisdom than gold,
to get insight rather than silver!

第十讲
主动提供证据

Story

德国 M 公司向美国联邦地方法院对 F 公司提起专利诉讼，指称 F 公司未经其允许，擅自制造并向美国进口侵害 M 公司所拥有美国发明专利的电动机具；F 公司亦随即提出抗辩，表示其并未侵害 M 公司所拥有之美国发明专利。

随后，双方当事人及其律师召开会议，讨论本案当中相关主张或抗辩之性质及依据、短期内和解的可能性或本案可能之解决方案，并决定各自应提出何种信息、何种信息应保留不予以披露，以及双方关于正式搜证程序之看法。

Why Do You Learn This Chapter?

在美国专利诉讼中，原告与被告在初始披露（initial disclosure）阶段，即应于一定期限内，自行提供对方某些相关信息；在某些特殊之诉讼或程序中，则不必主动提供相关之信息给对方参考。

▶▶▶ **本讲重点**

★ 当事人应主动提供之信息
★ 当事人不必主动提供信息之诉讼或程序
★ 当事人应主动提出相关信息之期限

当事人应主动提供之信息

依据于 2006 年生效的新修正之美国 F.R.C.P. RULE 26 (a)(1) 的规定，原则上诉讼当事人不等对方于搜证程序中所为之请求，即必须先提供以下四种信息，给对方参考、检视或重制：

证人联系信息
证物重制本或清册
损害赔偿之计算依据
责任保险合同

【证人联系信息】

依据 F.R.C.P. RULE 26(a)(1)(A) 之规定，若当事人欲在搜证程序中借由某些信息证明其主张或抗辩时，当事人应提供任何可能掌握该信息之人的姓名，以及已得知的住址及电话号码等信息给对方。但若该信息仅系用以弹劾证人的可信度时，则不必提供拥有该信息之人的相关信息。

例如，若被告欲借由其专利工程师之证词，以证明其实际完成研发之日，在原告开发系争专利之前时，被告应提供该专利工程师之姓名，以及已得知的住址及电话号码，给原告参考。

第十讲
主动提供证据

> 【注意】
>
> 　　双方当事人需向对方提供以下日后将在审判程序中出庭提供专家意见之专家证人的相关信息：
> - 该专家证人签署包含意见与理由之书面报告与相关附件
> - 该专家证人之资历、著作及作为该案专家证人之报酬
> - 该专家证人曾担任过专家证人之其他案件

【证物重制本或清册】

依据 F.R.C.P. RULE 26(a)(1)(B) 之规定，若当事人欲在搜证程序中借由某些信息证明其主张或抗辩时，当事人应提供由其所持有、保管或控制记载该等信息的文件、电子记录、以及实体之重制本，或按照相关类别及所在处所而为之整理数据给对方。但若该信息仅系用以弹劾证人的可信度时，则不必提供该等相关信息。

例如，若原告欲借由其自行完成之侵害分析报告，以主张被告之产品侵害系争专利时，原告此时即应提供其持有之该侵害分析报告之重制本给被告参考。

【损害赔偿之计算依据】

依据 F.R.C.P. RULE 26(a)(1)(C) 之规定，若当事人欲基于某些文件或证据信息，以证明其关于任何种类的赔偿之计算，以及所受损害的性质与程度时；若该等数据不受律师与当事

人间应保密事项所保护，当事人应提供该等信息，使对方得以依RULE 34 之规定，予以检视及重制。

例如，原告若欲借由某些不受律师与当事人间应保密事项所保护之销售数据，以作为请求被告赔偿其因专利被侵害所受损害之计算基础时，原告应提供该等销售信息，使被告得以检视及重制。

【责任保险合同】

依据 F.R.C.P. RULE 26(a)(1)(D) 之规定，若有任何保险合同，使从事保险业务之人，应部分或全额负担本诉讼所判赔之责任，或应补偿或给付款项给当事人时，当事人应提供该等保险合同，使对方得以依 RULE 34 之规定，予以检视及重制。

例如，被告曾针对其生产之产品投保专利侵权责任险，约定保险公司应就其被诉侵害专利，被法院判赔之金额负给付保险金之责任时，被告应提供该等保险合同，使原告得以检视及重制。

【注意】

依据 F.R.C.P. RULE 26(a)(1) 后段之规定，当事人不得主张以下之事由，而拒绝履行应主动提出该条前段相关信息之义务：

- 自己尚未完成对于本案之调查工作
- 质疑对方未完全提供相关信息
- 对方尚未提供相关信息

当事人不必主动提供信息之诉讼或程序

依据 F.R.C.P. RULE 26(a)(1)之规定,若除非当事人另有约定、或法院另有裁定,否则,只有在 RULE 26(a)(1)(E)所列举的以下八种诉讼或程序中,当事人始不必主动提供上述四种信息:

▲ 为检视行政记录(administrative record)所进行之诉讼

▲ 请求人身保护令(habeas corpus)或其他抗辩刑事定罪或科刑(criminal conviction or sentence)之程序

▲ 被拘禁于美国且无律师之人所提起之诉讼

▲ 为执行或撤销行政传票(administrative summons or subpoena)所进行之诉讼

▲ 由美国政府所提起回复利益报偿(recover benefit payments)之诉讼

▲ 由美国政府提起,请求给付由美国政府担保的学生贷款(student loan)之诉讼

▲ 从属于(ancillary to)其他法院程序之程序

▲ 执行仲裁判断(arbitration award)之诉讼

当事人应主动提出相关信息之期限

在专利诉讼中,依据 F.R.C.P. RULE 26(a)(1)后段之规

定，当事人应在以下两种不同之期限内，主动提出该条前段之相关信息：

搜证程序计划会议前已成为当事人，并已收到对方相关书状

搜证程序计划会议后始第一次收到对方相关书状，或加入成为当事人

【何谓搜证程序计划会议？】

依据2006年新修正F.R.C.P. RULE 26(f)之规定，除非属于RULE 26(a)(1)(E)所列举的八种诉讼或程序、或法院允许的情况外，在搜证程序正式开始前，法官为确定日后搜证程序的时间表，将在案件程序管控会议至少21日前，召集双方律师尽速召开搜证程序计划会议，讨论系争案件相关主张或抗辩之性质及依据、短期内和解的可能性、或本案可能之解决方案、决定关于RULE 26(a)(1)应提出之何种信息、何种信息应保留不予以披露、以及双方关于搜证程序之看法。

【搜证程序计划会议前已成为当事人，并已收到对方相关书状】

除非双方当事人另有约定或法院另有裁定或者在搜证程序计划会议中，一方当事人已表示异议外；原则上，当事人双方应在搜证程序计划会议中或结束之后14天内，主动向对方提出上述RULE 26(a)(1)前段之相关信息。

第十讲
主动提供证据

【如何处理异议?】

倘若一方当事人在搜证程序计划会议中,对于是否要主动提出相关信息表示异议时,美国法院会裁定该当事人应于何时提供何种信息。

【搜证程序计划会议后始第一次收到对方相关书状,或加入成为当事人】

除非在时间方面当事人另有约定或法院另有裁定,当事人应在第一次收到对方相关书状,或加入成为当事人的 30 天内,主动提出 RULE 26(a)(1)前段之相关信息。

【何时要提出日后于审判程序中将提出之证人或证物?】

当事人应该在审判程序开始日 30 天前,主动提出未来将在法院审判程序中提供证词之证人的姓名与联系方式、哪些证人之宣誓证词将在审判程序中予以宣读以及何种证物将在审判程序中予以引用。

第十一讲

挖掘对方证据

聪明人的心得知识；智慧人的耳求知识。
The heart of the discerning acquires knowledge,
for the ears of the wise seek it out.

第十一讲
挖掘对方证据

> **Story**
>
> 　　德国 M 公司向美国联邦地方法院对 F 公司提起专利诉讼,F 公司亦随即提出抗辩后,双方当事人及其律师虽已召开会议,讨论短期内和解的可能性,但却迄未达成任何共识。
>
> 　　因此,M 公司及 F 公司遂正式展开美国专利诉讼中第一个最耗费当事人时间、精力与成本的阶段,即一般传统所谓之搜证程序。

Why Do You Learn This Chapter?

　　美国专利诉讼程序开始后,倘若双方当事人无法于短期内完成和解,除在前述初始搜证阶段中,应各自主动提供对方某些相关信息外,全案将进入第一个最耗费当事人时间、精力与成本的阶段,即一般传统所谓之搜证程序;当事人于本阶段中,可以后述 F. R. C. P. 所提供效力较为强大之四种手段,取得对方未主动提供、却可能与本案更为相关之其他重要信息。

　　双方当事人经由本阶段所取得之相关证据,也将作为日后其他诉讼程序、尤其是审判程序中,用以攻击对方、捍卫己方、说服陪审团、提供法院参考之重要依据;也正因为如此,本程序结束后,当事人双方之胜负态势,已经逐渐浮现台面。

> ▶▶▶ **本讲重点**
>
> ★ 如何整理争点
> ★ 如何要求检视证物
> ★ 如何以书面质问对方
> ★ 如何口头诘问对方及证人

如何整理争点：要求自认

由于在专利诉讼中，往往涉及许多不同层次的问题，倘若不能在诉讼开始之际，有效整理双方之争点，势必将法院及当事人的时间与精力浪费在当事人间实质上并无歧见的事项上。

因此，在提起诉讼后，当事人可依据 F. R. C. P. RULE 36 之规定，借由要求对方诉讼当事人，是否对其所询问之特定事项予以自认（requests for admission）之方式，有效将双方之间的争点，集中在被询问方拒绝承认之部分：

如何询问

如何答复

有何效果

【如何询问】

专利诉讼之当事人，可以在后述 F. R. C. P. RULE 26（b）

(1) 关于搜证程序限制之范围内,依 F. R. C. P. RULE 36(a)之规定,借由书面询问以下之问题,逐一分别地要求任何其他当事人是否予以自认之方式,以厘清双方有争议及无争议的部分:

【比较】

仅限于对其他之诉讼当事人进行争点整理;对其他非当事人之证人,则可直接进行口头诘问。

- ☐ 关于相关事实是否属实
- ☐ 关于相关法律之适用
- ☐ 关于相关文件是否真正

【注意】

除非询问方当事人已将欲询问是否真正之文件,提供给被询问人参考,或使被询问人随时可得检阅或复制,否则,依 F. R. C. P. RULE 36(a)之规定,询问方当事人应于提出该询问时,一并将欲询问是否真正之文件,提供给被询问人参考。

【如何答复】

被询问是否承认相关事项之人,于检视相关询问事项后,应注意以下 F. R. C. P. RULE 36(a)之相关规定,答复对方之询问:

- ☐ 应于收到相关询问后之 30 日内,或于法院另有裁定,或当事人间另有书面约定之期限内,作出异议、否认或自认之回复。

☐ 若认为询问事项不恰当时,可于叙明理由后提出异议。

☐ 若认为询问内容不属实时,可于叙明理由后明确予以否认。

☐ 若认为询问内容属实时,应对该部分明确予以自认。

☐ 若认为欠缺相关信息,以决定相关询问内容是否属实时,应于已合理地查询后,相关信息是否充足为据,再予以自认或否认;不得立即以欠缺相关信息为由,拒绝承认或予以否认。

☐ 相关之书面回复,应由当事人或其律师签署。

【注意】

倘若回复方当事人认为某些询问事项,属于应受裁判之事项时,则应该予以否认,或叙明拒绝承认或否认之理由;不可单独以之为由,对该项询问加以异议。

【有何效果】

专利诉讼之当事人,对其他当事人要求是否予以自认之书面询问后,依 F. R. C. P. RULE 36 之规定,将视被询问人之不同响应,有以下不同之效果:

☐ 若被询问人未于收到相关询问后之期限内,作出异议、否认或自认之回复,则法院得依当事人之申请,裁定视被询问人已自认相关书面询问事项。

□ 若被询问人于收到相关询问后之期限内,作出异议、否认或自认之回复,则法院得决定该异议是否成立。并依当事人之申请,决定其他无异议或异议不成立之部分,相关之回复是否充分;倘若不充分,法院得裁定视被询问人已自认相关书面询问事项,或命被询问人修正其回复之内容,或在审前会议或指定审判程序前之某时,作出最终处置之决定。

□ 若被询问人于收到相关询问后,自认相关书面询问事项,除非法院同意被询问人之申请,允许其撤回或修改该回复内容,否则,该经自认之部分,在本诉讼当中,将因而终局性地予以确定(conclusively established)。

【何谓终局性地确定】

在整理争点之程序中,倘若被询问方自认被询问事项属实,除非法院同意其撤回或修改之申请,否则会产生终局性确定之效力;换言之,该询问事项在本诉讼中即确定成为双方不争议的部分,日后均不得再就之提出任何主张或抗辩,更不得以其他反证予以推翻。

因此,诉讼当事人必须针对其他当事人此种询问,谨慎回复是否自认,以免因一时之疏忽,导致日后无法挽回之错误。

【相关搜证程序之比较】

相关搜证程序在提出之时间点、作用及效力上,有以下不同之处:

▲ 首先,当事人可以在专利诉讼开始之际,连同起诉状及传票,一并将书面质问与要求自认之书状送达给对方;但是,当事人原则上必须在依 F. R. C. P. RULE 26(f)之规定,进行会面与协商后,才可以对其他人为口头诘问或要求提出证物。

▲ 其次,于进行要求自认之过程中,被询问人必须直接针对相关问题承认或否认,倘若刻意回避问题或不予回答时,询问人得请求法院裁定视被询问人已承认所询问之事项、或命被询问人修正其回复之内容。但是,在口头诘问与书面质问的过程中,当事人可以有技巧地回避问题,或刻意模糊问题焦点。

▲ 最后,倘若在要求自认之过程中,被询问方一旦自认相关所询问之事项,该相关事实、法律之适用或文件之真实性,原则上即因而确定下来,日后即视为双方不争议之事项。但若系透过口头诘问或书面质问所取得之回复意见,双方日后还可提出其他证据方法,就此加以争议。

如何要求检视证物:要求文件

在专利诉讼中,倘若当事人希望取得对方所持有之物证,或进入对方实力支配下之土地,检视相关证物时,可以依据

F. R. C. P. RULE 34 之相关规定，要求对方提供文件（requests for document），电子存盘数据及物品，或进入对方土地进行检查。

如何提出请求
何时可提出本项请求
可请求提供何种之配合
不可请求提供之物品

【如何提出请求】

依据 F. R. C. P. RULE 34(b) 前段之规定，当事人若欲请求对方提供相关物品，或进入对方土地进行检视，应将所欲检视之对象，分别逐项记载清楚，以及欲进行检视之时间、地点及方式。

依据 F. R. C. P. RULE 34(b) 后段之规定，当事人若欲检视电子存盘数据时，可以在请求状中具体要求应以何型态提供该电子存盘数据。

【何时可提出本项请求】

依据 F. R. C. P. RULE 34(b) 及 26(d) 之规定，除非法院另有裁定，或当事人另有约定，否则，当事人不得在 RULE 26(f) 之搜证程序计划会议前，提出本项请求。

> 【实务参考】
>
> 在专利诉讼实务上,诉讼当事人最好在 RULE 26(f)之搜证程序计划会议后,尽早向对方提出本请求,以期在相关证物尚未灭失前,取得较为完整或未经筛选之原始证据。

此外,在美国专利诉讼中,法院会依据 F. R. C. P. RULE 16(b)之规定,针对整个诉讼程序之进度,作出时序裁定(scheduling order);其中包括搜证程序完成之时点。因此,当事人最迟亦应在该终结时点之前,提出相关之请求,否则对方即无予以配合之义务。

【可请求提供何种之配合】

当事人可以根据 F. R. C. P. RULE 34(a)之规定,请求其他当事人配合以下之具体事项:

提供物品

进入土地

■ **提供物品**

依据 F. R. C. P. RULE 34(a)(1)之规定,任何当事人可以请求任何其他当事人,提供其所指定之文件、电子存盘数据,包含文字、绘图、图形、图表、照片、录音、影像及其他信息或以任何形式之媒介所储存之编辑数据,或在有必要时,由回复人所解译可堪使用之型态;及允许请求方当事人或代表请求方当事人行为之人，得就该等信息予以检视、复制、测试或取样，或对任何构成或包含于 F. R. C. P. RULE 26(b)规定范围内之事项，并为其所指定由回复方当事人所持有、保管或控制之有体物，进行检视、复制、测试或取样。

【注意】

由于 2006 年修正之美国 F. R. C. P. RULE 34(a)(1)，在文件及有体物之外，新增电子存盘数据（electronically stored information）；所以，举凡一切储存在计算机硬盘、光盘或随身碟中之一切数据，诸如电子邮件，或公司内部讨论站中之信息，更明确地得为对方可请求提供之数据；因此，建议当事人千万不要疏忽，将重要之信息透过因特网（internet）或公司之内部网络（intranet）任意予以传输，以免造成日后诉讼中重大之漏洞。

■ 进入土地

依据 F. R. C. P. RULE 34(a)(2)之规定，任何当事人可以在一定范围内，基于对其他当事人之财产予以检视、测量、调查、照相、测试或取样等目的，请求任何其他当事人允许其进入其土地，或其他为回复方当事人所持有或控制之财产中。

在涉及侵害方法专利之专利诉讼中，原告通常会要求进入被告的工厂，以确定被告工厂的制造方法，是否侵害原告之方法专利。

> 但是,在部分特殊情况下,基于整体策略考虑,建议在提出本请求之际,例如,要求进入对方之制造工厂的同时,可以要求对方安排熟悉相关制程之人,在制造现场接受口头诘问,如此不但可以防止对方预做准备,亦可于当场印证并实际掌握对方之相关说辞。①

【不可请求提供之物品】

虽然依据2006年修正之F.R.C.P. RULE 34(a)(1)之规定,任何当事人可以请求任何其他当事人,提供非常多样化之文件、电子存盘信息及物品;但是,根据F.R.C.P. RULE 34(a)之规定,本条之相关请求,必须在F.R.C.P. RULE 26(b)的范围内进行。换言之,若有相关特殊情形时,当事人不得请求其他当事人提供相关之配合。

【口头诘问、书面质问与本项请求间之关系】

在美国进行专利诉讼,基于以下之原因,原则上,建议先向对方提出本请求,要求对方提供文件、电子存盘信息及物品,再进行书面质问及口头诘问:

---

① Gary M. Hoffman & Eric Oliver, *Formulating a Discovery Plan*, in Patent Litigation Strategies Handbook 113 (Barry L. Grossman & Gary M. Hoffman ed., 2000).

> ▲ 先向对方要求提供相关文件后,可掌握部分重要信息,不必再以书面质问对方,如此可以在有次数限制之书面质问中,有效书面质问其他重要问题。
>
> ▲ 先向对方要求提供相关文件后,可于事先研究相关证据资料,日后进行书面质问或口头诘问时,可以有效设计相关问题。

如何以书面质问对方

在搜证程序中,依据 F. R. C. P. RULE 33 之规定,专利诉讼中之任何当事人,可以书面之方式质问(interrogatory request)其他当事人有关本案之事项。被质问之当事人对于没有提出异议的部分,应该在一定期间内,将被质问事项有关之讯息,提供给质问之当事人。

提出书面质问者应注意事项
被书面质问者应注意事项

【提出书面质问者应注意事项】

对欲提出书面质问的一方而言,必须要注意关于书面质问的数目、方式为何,以及若被质问人不愿意配合时,质问人的因应之道。

书面质问数目之限制

书面质问之方式

被质问人不配合时应如何因应

■ 书面质问数目之限制

由于在过去有些诉讼当事人,会借由提出大量书面质问的方式,困扰被质问的当事人,所以,美国便于 1993 年修改 F. R. C. P. RULE 33(a)之规定,限制任何当事人提出之书面质问原则上不可以超过 25 个;若在实际个案中,的确有提出超过 25 个书面质问的必要时,当事人可以在请求法院允许、或取得当事人间之书面协议后,提出超过 25 个的书面质问。

法院在考虑是否要允许当事人提出超过 25 个书面质问时,必须要遵循 F. R. C. P. RULE 26(b)(2),即关于搜证程序限制之规定,例如:当事人是否不合理地提出重复性或累加性的书面质问;当事人实际上是否可借由其他成本较低之方式,取得与书面质问一样的信息;当事人在搜证程序中,是否已有充分的机会,可获得一样的信息;或对方因书面质问,为提供信息所付出之代价,是否大于书面质问人因此所可能获得之利益。

【注意】

若当事人欲将原本数个书面质问的问题,整合成一个母问题下之数个子问题的方式,规避关于限制书面质问数目的规定时,美国 F. R. C. P. RULE 33(a)特别规定,原则上所谓 25 个书面质问,是包括所有显然有所差别之子问题(discrete

> subparts);换言之,即使当事人故意将显不相干的数个问题,装在一个篮子里时,在计算书面质问的数目时,仍应分别予以计算。
>
> 至于何种问题可以认为彼此有关连,可以放在一个母问题架构下,列成数个子问题时,依据 1993 年修改 F. R. C. P. RULE 33(a)之立法理由,认为若系质问当事人进行某次联系之时间、地点、出席人士及相关内容时,可以认为仍属于一个书面质问,不必分开计算。

■ 书面质问之方式

在撰拟书面质问时,应注意以下四项基本原则[1]:

☐ 注意书面质问中之相关问题设计,使被质问人因而提供有利我方之信息。

☐ 书面质问的内容应该明确清楚,避免模糊不清。

☐ 由于 F. R. C. P. RULE 33(d)之规定,所以应以具体指明需何种商业记录的方式,提出书面质问。

☐ 考虑日后依 F. R. C. P. RULE 37(a)之规定,申请法院强制搜证(motion to compel disclosure)时,可就欲强制搜证之范围,进行书面质问。

---

[1] Ronald J. Schutz & Darren B. Schwiebert, *Interrogatories*, in Patent Litigation Strategies Handbook 139—41 (Barry L. Grossman & Gary M. Hoffman ed., 2000).

■ 被质问人不配合时应如何因应

若被质问人对于书面质问提出异议；或既未针对书面质问提出异议、也不愿意于期限内提出相关响应时，书面质问人可以依据 F. R. C. P. RULE 33(b)(5)之规定，申请法院进行 F. R. C. P. RULE 37(a)之强制搜证。

【口头诘问与书面质问之比较】

虽然当事人不必如后述口头诘问程序般，以庞大之开销，将一群人集合在一起进行口头诘问，可以相对较少之花费，利用书面质问的方式，搜集相关证据。

但是，由于进行口头诘问时，被诘问人需亲自针对相关诘问事项，当场立即表示其意见或看法，被诘问人之律师除异议外，没有介入的机会，更不可能进而指导被诘问人应如何回答相关问题；然而，在书面质问中，通常系由被质问人之律师，再与被质问人充分讨论后，经过深思熟虑，始撰拟相关回复意见，因此较不易取得如未受专业训练、缺乏诘问经验的当事人般，自然直接且清晰明确的意见。

其次，由于在口头诘问过程中，诘问律师可以视被诘问人的现场反应或回答内容，适当调整后续之诘问内容；但是，由于质问人系一次提出所有的书面质问，所以质问人不但无法机动性地改变质问内容，且因为已将所有书面质问之事项，全部摊在被质问人及其律师面前，所以被较易透过检视该书面质问状的方式，找出质问人的诉讼策略与重点，提供被质问人避重就轻、或寻求破解之机会。

因此，建议当事人以书面质问的方式，进行搜寻较为一般性及概括性之信息。而将较为细节性、关键性之重要信息，留在以口头诘问程序中，直接自被诘问人口中取得。

【被书面质问者应注意事项】

对被书面质问的一方而言，必须要注意应如何回复书面质问事项、如何对书面质问事项异议以及在何期限内应予回复或异议。

如何回复

如何异议

回复书面质问或提出异议之期限

■ 如何回复

首先，根据 F. R. C. P. RULE 33(b)(1)之规定，被质问人必须在宣誓下逐一针对每一个未经异议的书面质问，分别且完整地以书面予以回复。

【修法】

根据 2006 年修正之 F. R. C. P. RULE 33(d)，若可经由被质问方的商业记录（包括电子存盘数据），取得或确认对方当事人书面质问的答案时，被质问方只要具体指明相关数据，例如，检附关于被质问方公司之财务报表，并提供质问方当事人得以检视并复制之合理机会，便可被视为完成答复之义务。

至于回复之内容，除了应根据被质问人本身已掌握之信息外，由于依据 F. R. C. P. RULE 33(a)之规定，还包括被质问人可能取得(available)之信息；因此，被质问人在有必要时，还必须因而调查其他相关可得而之的信息。

■ 如何异议

若被质问人觉得书面质问之问题不恰当时，例如问题过于广泛(overbroad)、负担过于沉重(unduly burdensome)或与本诉讼无关(not relevantto this action)时，被质问人之律师可以根据 F. R. C. P. RULE 33(b)(1)之规定，附具理由提出异议；但是，被质问人仍应针对其他未异议事项，于期限内作出回复。

【实务参考】

　　在书面质问中，倘若被质问方认为大部分之质问显属不当时，建议可以考虑依 RULE 26(c)规定，直接向法院申请保护命令(protective order，详后述)，不必逐一提出异议；但是，被质问方需就与保护命令有关之要件，尽举证责任。

依照 F. R. C. P. RULE 33(b)(4)之规定，应于期限内附具特定之理由，始得有效异议；倘若只有异议却未附具理由时，除非法院接受其相关之辩解，否则视同被质问人放弃异议之权利。

■ 回复书面质问或提出异议之期限

被质问人或其律师，根据 F. R. C. P. RULE 33(b)(3)之规定，应该于收到书面质问状后的 30 日内，回复书面质问事项、或对书面质问事项提出异议。

但是，倘若法院另有裁定，或当事人之间另依 F. R. C. P. RULE 29 之规定有约定时，则得延长或缩短该回复或异议之期限。

> **【注意】**
>
> 倘若被质问方于回复相关书面质问后，发现先前所提供之信息不完整或不正确时，根据 F. R. C. P. RULE 26(e)(2) 规定，应及时地(seasonably)提出补充或修正。
>
> 若被质问方发现未提出之信息，明显对其有利时，更应该根据本规定立即对质问方补正相关回复，以免无法于日后审判中予以援引。

如何口头诘问对方当事人及证人

为取得对方当事人及证人对于相关事项之口头证词，在美国专利诉讼实务上，当事人可以依据 F. R. C. P. RULE 30 之相关规定，在一定的时间、于法院以外之特定场所，以口头诘问(oral examination)的方式，要求对方当事人及证人当场回答相关问题，而将相关之记录即证言(deposition)，作为本案之证据。

可列何人为口头诘问之对象

口头诘问前应否取得法院之同意

如何开始口头诘问程序

如何进行口头诘问程序

口头诘问结束后之程序

【可列何人为口头诘问之对象】

专利诉讼之当事人除可依据 F. R. C. P. RULE 30(b)(1) 之规定，将一般自然人列为欲取得证言之对象外，当事人尚得根据 F. R. C. P. RULE 30(b)(6) 之规定，于通知及传票中，将下列组织列为欲取得证言之对象：

- ▲ 公有或私有公司（public or private corporation）
- ▲ 合伙（partnership）
- ▲ 协会（association）
- ▲ 政府机构（governmental agency）

【实务参考】

下述之人可能会在美国专利诉讼中，被列为口头诘问之对象：

- ☐ 知悉研发系争技术过程之人
- ☐ 了解或制造相关产品之人
- ☐ 负责相关涉嫌侵权产品销售业务之人
- ☐ 承办前案搜寻暨申请专利业务之人
- ☐ 其他掌握与本案相关重要信息之人

若上述之组织被列为取证对象时，该组织应指派其高级干部、董事、经理人或其他人，代表该组织进行作证。该被指派之人，则应对于其已知悉或应知悉之事项，进行答复，提供证言。

第十一讲
挖掘对方证据

【口头诘问前应否取得法院之同意】

当事人若欲于法庭以外之场所，以口头询问方式，取得对方及证人之证言，根据 F. R. C. P. RULE 30(a)(1)之规定，原则上不必特别经过法院之同意；只有在以下的特殊情形，根据 F. R. C. P. RULE 30(a)(2)之规定，当事人始必须先取得法院之同意，才可以于法庭以外之场所，以口头诘问方式，取得对方及证人之证言：

▲ 若该被诘问之人目前被监禁中

▲ 若该被诘问之人有以下情况，且无书面约定时：

(A) 该被诘问之人依相关当事人所提议之书面或口头取证计划，将被诘问超过十次以上。

(B) 该被诘问之人已于本案中被诘问过。

(C) 该被诘问之人将在所规定之时间前被诘问。

【注意】

倘若当事人可以说明被诘问之人即将离开美国，且若不及时诘问，将无法于美国诘问该证人时，当事人可以在 RULE 26(d) 所规定之时间前进行诘问，不必经过法院之同意、或当事人书面之约定。

【注意】

倘若被列为取证对象者之证人(witness)不愿意依照规定,配合出席提供相关证言时,当事人根据 F. R. C. P. RULE 30(a)(1)后段之规定,得借由请求法院传唤(subpoena)之方式,强制其出席。

【如何开始口头诘问程序】

若当事人已决定要对何人或何组织进行口头诘问,亦即欲将何人列为欲取得证言之对象时,根据 F. R. C. P. RULE 30(b)(1)之规定,当事人应对该诉讼之所有当事人,以书面方式寄发通知。

根据同条项(1)、(2)、(5)及(6)之规定,该通知之内容应包含:

▲ 进行口头诘问之时间及场所

▲ 被诘问人之姓名及住址或可得确定该被诘问人身份或所属团体之描述

▲ 要求被诘问人于被传唤时应一并提供之数据

▲ 该证词被记录之方式(如速记、录音或录像)

▲ 要求被诘问人于被诘问时应一并提供之文件及有体物

▲ 合理列举将进行诘问之事项

第十一讲
挖掘对方证据

【注意】

　　若安排该次口头诘问程序之当事人自己反而并未出席，或因为其并未将通知书送交给被诘问人，以致被诘问人未能出席时；法院可能会依据 F.R.C.P. RULE 30(g) 之规定，裁定安排该次口头诘问程序之当事人，应负担仍然亲自出席该次口头诘问程序之其他当事人合理的费用，以及彼等因而支出的合理之律师费用。

【如何进行口头诘问程序】

在口头诘问程序进行中，有以下之重点值得注意：

何人以何方式进行

进行口头诘问之时间限制

记录证词之方法

如何口头诘问

如何因应口头诘问

如何对口头诘问异议

被诘问人应如何回答问题

口头诘问过程中不当行为之效果

■ 何人以何方式进行

　　根据 F.R.C.P. RULE 30(b)(4) 之规定，若要进行口头诘问程序，除非当事人间另有约定，否则，基本上应该在美国联邦民事诉讼规则所规定之人员①面前进行。

> 【实务参考】
>
> 　　在一般美国专利诉讼实务上,除采取面对面的方式外,亦可以依据 F.R.C.P. RULE 30(b)(7)之规定,以电话或远距电子设备,如电话会议、视频会议的方式,进行口头诘问程序。

　　首先,在展开口头诘问程序之前,该负责人员应陈述并记录其自身之姓名、进行口头诘问程序日期、时间及处所、被诘问人之姓名、被诘问人将在宣誓或确认下陈述相关意见以及所有在场人士为何人。

　　其次,该负责人员应使证人宣誓或确认其证词内容,并应亲自或指示他人,于被诘问人面前记录诘问所有之过程。

> 【注意】
>
> 　　另外,倘若系以速记以外的方式,例如录像或录音,记录整个口头诘问程序时,该负责人员尚应于每一个单元开始前,均再陈述一次其自身之姓名、进行口头诘问程序日期、时间及处所以及被诘问人之姓名。

　　最后,若完成该次之口头诘问程序,该负责人员应陈述已完成该次之口头诘问程序,并将双方律师应如何保管相关文件或记录所达成之协议予以整理。

---

① FED. R. CIV. P. 28.

【口头诘问程序在场人员】

于口头诘问进行中,通常有以下人员会在现场,分别扮演不同的角色:

▲ 当事人本人或公司之代表
仅可旁观,现场不可发言

▲ 诘问方律师
口头诘问被诘问人

▲ 被诘问人
回答诘问人之问题

▲ 被诘问方之律师
对诘问人之问题异议,并可反诘问被诘问人

▲ 负责口头诘问程序进行之人员
记录诘问所有之过程

▲ 翻译人员
将双方律师及被诘问人之发言内容予以翻译之人

▲ 检核翻译人员
确认翻译人员翻译内容是否属实之人

▲ 其他共同原告或被告
仅可旁观,现场不可发言

▲ 摄影或录音人员
仅可于更换记录物,如光盘、录像带、录音带时,表示应暂停诘问程序。

■ 进行口头诘问之时间限制

基本上，根据 F.R.C.P. RULE 30(d)(2)之规定，每天当中进行口头诘问之时间，不得超过 7 个小时。

若诘问方当事人觉得时间不够时，可以在取得与被诘问人间的协议后，增加诘问之时间；或根据 RULE 26(b)(2)之规定，主张被诘问人或其他人阻滞相关诘问程序之进行，而要求法院允许其一天当中诘问之时间超过 7 个小时。

■ 记录证词之方法

根据 F.R.C.P. RULE 30(b)(2)(3)及(c)之规定，诘问方当事人可以采取以下之方式，以记录整个口头诘问程序之过程：

▲ 录制声音
▲ 录制声音及影像
▲ 速记

另外，任何之当事人亦可抄写上述之记录内容，或于通知被诘问人及其他当事人后，以诘问方当事人所指定以外之方式，记录整个口头诘问程序之过程。

【相关费用应由何人负担】

记录口头诘问程序过程所需之费用，原则上应由诘问方负担；但是，由其他当事人另行记录所需之费用，除非法院另有裁定，否则应由该当事人自行负担。

■ 如何口头诘问

虽然口头诘问程序，系于法院外场所进行，但是，根据

F. R. C. P. RULE 30(c)之规定,当事人双方原则上仍可如同在审判程序中,直接以口头的方式,对在座之被诘问人进行诘问与反诘问。

若当事人因故无法亲自出席,当面诘问被诘问人时,可以将其欲诘问之问题,封缄于信封中,交给进行诘问之人,该进行诘问之人再将之交给该负责人员,由其提供给被诘问人,并将被诘问人所回答之内容予以记录。

■ 如何因应口头诘问

在口头诘问过程中,被诘问人应注意以下事项,以因应诘问律师之攻势:

☐ 整齐、冷色系之穿着,以增加专业性与可信度。

☐ 秉持自信、冷静,避免紧张、不安的神情。

☐ 表现出愿意配合诘问律师的基本态度,避免日后被认定为刻意阻挠、延滞诘问之进行。

☐ 放慢节奏,仔细针对每一个问题,清楚予以回答。

☐ 勿匆忙回答,让我方律师有机会针对不恰当问题,提出异议。

☐ 保持耐心,但若觉得身体不适时,可要求暂时休息。

☐ 若认为翻译不清楚或不当时,要求重述至确认无讹为止。

☐ 若系以远距视频会议方式进行,则面对摄影镜头答复问题;若非以远距视频会议方式进行,则面对诘问律师答复问题,不要理会现场进行录像之摄影机。

【实务参考】

在美国专利诉讼中,由于顾及日后承审法官与陪审员使用的语言,所以基本上均是以英语进行口头诘问;但若英语并非被诘问人之母语时,被诘问人可于口译人员翻译完毕诘问事项后,选择以其习惯之语言,回答相关问题,除可增加精确性,避免表达错误外,亦可有较充分之思考时间,有效减缓诘问律师密集之节奏及所加诸之压力。

■ 如何对口头诘问异议

倘若一方当事人,在口头诘问程序进行中,认为有任何瑕疵,例如该负责记录人员之资格、他方所提出的问题不恰当时,均可依据 F.R.C.P. RULE 30(c)之规定,立即提出异议。

【诘问中之律师异议事由】

在口头诘问过程中,律师会以诘问内容有下列情形,提出异议:

- ☐ 诱导(leading)
- ☐ 含糊笼统(vague)
- ☐ 结合式问题(compound)
- ☐ 模棱两可(ambiguous)
- ☐ 个人推测(speculation)
- ☐ 工作成果豁免权(work product)
- ☐ 拒绝证言权(attorney client privilege)

在一方当事人提出异议后,该负责记录人员应于相关记录中加以注记。

【注意】

根据 F.R.C.P. RULE 30(d)之规定,当事人须以扼要(concisely)、非争议性(non-argumentative)及非暗示性(non-suggestive)之方式,提出异议,异议内容不应过度冗长,或借机暗示被诘问人应如何回答该问题。

■ 被诘问人应如何回答问题

对于初次被口头诘问的人而言,在已有丰富经验、深思熟虑的诘问律师面前,往往不知如何自处,以至于在摄影机前,时常显得神情慌张、语无伦次;对于证人的可信度以及待证事实的厘清,不但没有帮助,反而可能会有负面影响。

因此,建议在被口头诘问的过程中,掌握以下之重要原则,以期有较好之表现,避免或减少不必要之误会:

☐ 仔细聆听相关问题,若有语意不清或重点不明时,不要羞于启齿,务必要求诘问人或翻译人员厘清相关部分,直至完全了解为止。

☐ 若诘问人提供书面资料,要求被诘问人就之表示意见时,被诘问人应耐心地逐页仔细阅读,切忌自以为是地直接作答。

☐ 若未经诘问人要求针对特定文件表示意见时,应直接就记忆所及部分表示意见,不得参考文件。

□ 若认为诘问人问题不当,甚至有恶意或挑衅时,留给己方律师异议或加以处理,千万不要因而被激怒,或直接与诘问人发生争议。

□ 针对问题重点回答,必要时应扼要解释可能被断章取义的部分;例如:"是的,但是因为……"但不必主动提供其他未问及之相关信息。

□ 只就因自己所主管业务而知悉之事项作答;不宜擅代他人表示任何意见,或就其未经手之业务,作出任何臆测。

□ 勿猜测问题之性质及回答之利弊,只要就事论事,诚实回答相关事实;至于应如何评价相关客观事实,留给律师处理。

□ 只就自己所确切知悉之事项作答;若没有把握时,直接答称不知情,不宜妄加揣测。

□ 若发现回答内容有口误,或已误导他人时,要立即更正或解释清楚。

【被诘问人何时可拒绝回答】

在口头诘问之过程中,依据 F. R. C. P. RULE 30(d)(1)后段之规定,只有在以下之情形且有必要时,被诘问人才可以拒绝回答相关之问题(详细说明请参考后述):

▲ 有拒绝证言权之适用

▲ 法院裁定应予限制

▲ 依据 RULE30(d)(4)之规定提出申请

第十一讲
挖掘对方证据

■ 口头诘问过程中不当行为之效果

在进行口头诘问的过程中,当事人若有任何不当之行为,以阻挠或延滞诘问程序时,根据 F.R.C.P. RULE 30(d)(3)之规定,法院可制裁该应负责之行为人,例如裁定命该不当行为人,负担对方因为该不当之行为,所增加之合理开销及律师费用。

此外,如被诘问人觉得诘问方系以恶意的方式进行诘问,或故意以挑衅的言语,刺激被诘问人、或使其觉得不堪时,当事人或被诘问人,可以根据 F.R.C.P. RULE 30(d)(4)之规定,向该案件所系属之法院,或进行该口头诘问所在地之法院,提出申请,请求法院裁定命前述负责口头诘问程序进行之人员,停止进行口头诘问程序或限制口头诘问之范围;直到法院裁定可以再进行口头诘问时为止。

【口头诘问结束后之程序】

口头诘问程序结束后,有以下之重点值得注意:

被诘问人可否要求检视并修改相关记录

如何取得相关诘问记录

■ 被诘问人可否要求检视并修改相关记录

若被诘问人或当事人欲确认相关之记录是否正确,可以依据 F.R.C.P. RULE 30(e)之规定,在完成口头诘问程序时,请求负责口头诘问程序进行之人员通知其检视相关记录。

> 【实务参考】
>
> 为避免错误的记录日后产生不利的后果,建议被诘问人或当事人,应仔细检视口头诘问中之相关记录,修正错误部分,经确认无误后再签名。

当被通知可得检视时,被诘问人自即日起可以有 30 日的期间,检视相关口头诘问中之记录,若该记录的形式或实质有所变更时,被诘问人应签署一份记载修正部分与修正理由之声明。

■ 如何取得相关诘问记录

口头诘问结束后,除非法院另有裁定,或当事人另有约定,否则负责口头诘问程序进行之人员,应保管该次诘问之相关记录。

在确认被诘问人已完成宣誓,并且相关记录的确系被诘问人所陈述之内容后,应该根据 F.R.C.P. RULE 30(f)之规定,连同诘问之记录,出具一份书面的确认证书。

除非法院另有裁定,否则负责口头诘问程序进行之人员,应将该次诘问之相关记录确实封缄于信封或包裹中,并于其上注明本案之名称以及被诘问人之姓名,立即将之送交给安排此次诘问的律师。

至于其他之当事人、或被诘问人若欲检视该次口头诘问之记录,可以依据 F.R.C.P. RULE 30(f)(2)后段之规定,于支付合理的费用后,请求负责口头诘问程序进行之人员,提供该次口头诘问记录之副本。

【实务参考】

被诘问之人在诘问过程中,若曾提出任何文件或物品,任一方当事人可以依据 F. R. C. P. RULE 30(f)(1)之规定,要求将之加以标示,并附在诘问记录中作为附件;任一方当事人可以检视或复制该份数据。

若被诘问人希望仍可保有该份资料时,依据 F. R. C. P. RULE 30(f)(1)之规定,虽然可仅提供该份数据之副本作为诘问记录之附件;但是任一方当事人仍然可以申请法院,裁定命被诘问人应提供数据之原本,连同诘问记录一并送交本案系属之法院。

【搜证程序之限制】

根据 F. R. C. P. RULE 26 之规定,搜证程序之对象受有以下之限制:

▲ 需有关联性(relevant):当事人所请求提出之对象,必须与诉讼中之请求或抗辩有关

▲ 不可为拒绝证言权(attorney-client privilege)或工作成果豁免权(work product)效力所及之目标(详见第十二讲)

▲ 非受保护命令(productive order)所覆盖之商业机密(详见第十二讲)

▲ 法院裁定应予限制之时间或次数

第十二讲

保护我方信息

谋略必护卫你；聪明必保守你。
Discretion will protect you,
and understanding will guard you.

第十二讲
保护我方信息

Story

德国 M 公司与 F 公司正式展开美国专利诉讼中之搜证程序后,一方面,双方皆欲探知对方之商业机密,以搜集有利己方之证据资料;另一方面,双方又皆欲保护己方之重要信息,以防止对方得知己方之商业机密、与律师研商之过程以及律师所制作相关文件之内容。

Why Do You Learn This Chapter?

在美国专利诉讼过程中,时常涉及当事人不欲为对方当事人尤其通常是竞争对手的对方所急欲知悉之商业机密、与律师研商之过程以及律师所制作相关文件之内容;然而,为有效进行诉讼上之主张或抗辩,又面临不得不将该等机密信息摊在台面上,供法院及对方逐一审视之困境。因此,如何在激烈的美国专利诉讼攻防过程中,尤其是搜证程序中,有效地根据相关之规定,撑起保护伞,而主张不必披露我方欲保护之相关信息,遂成为本讲中之重点。

▶▶▶ **本讲重点**

★ 保护命令
★ 律师与客户特权
★ 工作成果豁免权

保护命令

美国专利诉讼中,当事人面对法院或对方在调查证据的过程中,若被要求应披露其商业机密时,可以向法院申请法院核发保护命令(protective order)[①],以避免商业机密外泄。

> 【诉讼中如何保护商业机密】
>
> 在美国进行诉讼的过程中,如果涉及当事人的商业机密,可以向法院提出以下主张,以保护其商业机密:
> ▲ 请求法院驳回该涉及当事人商业机密之请求
> ▲ 请求法院限制诉讼中被披露之商业机密之用途
> ▲ 请求法院以不公开法庭的方式调查该证据
> ▲ 请求法院核发保护命令

例如美国法院就曾经在诉讼程序进行中,核发保护命令以确保关于骨骼移植之设备及技术的秘密[②]、可口可乐配方之秘密[③]以及关于市场决策之秘密[④]。

保护命令之要件

---

① Federal Rules of Civil Procedure 26(c).
② American Standard Inc. v. Pfizer Inc., 828 F. 2d 734 (Fed. Cir. 1987).
③ Coca-Cola Bottling Co. v. Coca-Cola Co., 107 F. R. D. (D. Del. 1985).
④ Spartanics Ltd. v. Dynetics Eng'g Corp., 54 F. R. D. 524, 172 U. S. P. Q. 458 (N. D. Ill. 1972).

第十二讲
保护我方信息

保护命令之核发标准

保护命令之内容

【保护命令之要件】

所谓保护命令,根据《美国联邦民事诉讼规则》第 26 条(c)项前段之规定,要件如下①:

☐ 诉讼当事人或其他于搜证程序中应提供证据之人,可申请保护命令

☐ 应向本诉讼之法院、或进行询问证人程序所在地之法院申请保护命令

☐ 申请人需证明已有善意或努力与其他当事人协调以解决争议

【保护命令之核发标准】

美国法院通常会考虑下列标准,以决定是否核发保护命令:

☐ 该领域之一般人士知悉该商业机密的多寡及程度。

---

① F. R. C. P. RULE 26(c): Upon motion by a party or by the person from whom discovery is sought, accompanied by a certification that the movant has in good faith conferred or attempted to confer with other affected parties in an effort to resolve the dispute without court action, and for good cause shown, the court in which the action is pending or alternatively, on matters relating to a deposition, the court in the district where the deposition is to be taken may make any order which justice requires to protect a party or person from annoyance, embarrassment, oppression, or undue burden or expense……

☐ 商业机密所有人之员工知悉该商业机密的多寡及程度。

☐ 商业机密所有人用以保护该商业机密的方式及程度。

☐ 研发该商业机密所投注之努力及金钱的多寡及程度。

☐ 第三人以合法之手段以取得该商业机密之难易程度。[1]

☐ 调查该商业机密所可得之效果是否大于调查后对于商业机密所有人所造成之危害。[2]

【实务参考】

商业机密所有人为能取得保护商业机密之命令,通常会向法院检附相关资料、详细说明一旦披露其商业机密,将会对其产生重大之危害[3],且唯有核发保护命令,始足以保护其商业机密之必要性。

【保护命令之内容】

美国法院考虑上述标准而决定核发保护命令时,可不受申请人申请内容之拘束,依职权核发下列之保护命令[4]:

☐ 不对之进行披露或搜证程序。

---

[1] Restatement of Torts s757(1982);Playskool,Inc. v. Famus Corp.,212 U. S. P. Q. 8,16 (S. D. N. Y. 1981).

[2] Centurion Indus.,Inc. v. Warren Steurer and Assocs.,665 F. 2d 323,325 (10th Cir. 1981).

[3] Playskool,Inc. v. Famus Corp.,212 U. S. P. Q. 8 (S. D. N. Y. 1981).

[4] F. R. C. P. RULE 26(c).

第十二讲
保护我方信息

□ 仅在特定之期间及条件(包含指定时间及场所)下,始得进行证据之披露或搜证程序。

□ 仅得依一定之方法进行搜证程序。

□ 不得询问特定事项,或将证据之披露或搜证程序的范围,限定在特定之事项上。

□ 除法院所指定之人,其他任何人不得参与搜证程序。

□ 仅得依法院之裁定开启已封缄之证人证词。

□ 该商业机密仅得依指定方式予以披露。

□ 需依法院之指示,始得开启当事人封缄信封中所提出之文件。

【实务做法】

实务上法院核发之保护命令,例如,应保密之信息仅可以对对方之专家或律师予以披露;该被披露应秘密之信息仅可以用于与诉讼进行相关之目的;任何包含该等应被保护之秘密信息之诉讼文书在提出时均应予以封缄;当诉讼程序终结时,该等记载应被保护之秘密信息之文件均应发还提出之当事人或予以销毁等。

律师与客户特权

在美国之诉讼程序中,尤其是搜证程序,当事人可以主张特定数据属于其与律师之间符合一定条件的往来数据,为律师与客户特权(attorney-client privilege)所涵盖之范围，根据普通法(common law)的惯例①及联邦民事诉讼规则②，可以不必提供给法院或对方。

　　律师与客户特权之理由

　　律师与客户特权之要件

　　律师与客户特权之丧失

【律师与客户特权之理由】

在美国，有学者认为基于以下之四点原因，认为于诉讼程序中律师与客户间充分而坦白之沟通，应以特权加以保护之必要③：

---

① 该惯例可追溯自 16 世纪，是普通法(common law)中最早可得享有调查豁免权之种类。请参阅 John Henry Wigmore, Evidence, Vol. VIII, 2290 (McNaughton rev. 1961)。

② 根据 F. R. C. P. RULE 26(b)(1)之规定，当事人得借由搜证程序，取得未受特权(privilege)效力所及且与任何当事人之请求或抗辩相关之任何事项。因此，若系属于律师与客户特权效力所及之事项，依 F. R. C. P. RULE 26(b)(1)之规定，即非属于搜证程序中可被要求披露之对象。

③ "(1) It is necessary for the effective rendering of legal services that the client communicate every relevant detail to the lawyer... (2) Without the privilege, lawyers would become witnesses in almost every lawsuit, creating intolerable problems in the administration of trials. (3) The adversary system and the professional role of the lawyer/counselor require that a zone of privacy surround the lawyer-client relationship. (4) The privilege promotes justice. In fact, very little evidence is suppressed that cannot be obtained by other means. And the existence of the privilege causes information to come to the attention of the attorney that is useful in counseling the client toward the correct course of counduct." Eric D. Green, Charles R. Nesson & Peter L. Murray, Problems, Cases, and Materials on Evidence 618—619 (3rd 2001).

第十二讲
保护我方信息

- [ ] 帮助于律师有效地为客户提供法律服务。
- [ ] 避免律师在诉讼当中成为证人。
- [ ] 诉讼中需要有一块属于律师与其客户间隐私的空间。
- [ ] 有助于正义的实现。

【律师与客户特权之要件】

当事人必须要向法院检附相关数据并说明以下之各要件，始能主张该部分之证据资料属于律师与客户特权范围内，不应被予以披露①：

- [ ] 享有并得主张该律师与客户特权之人系该律师之客户。
- [ ] 制作该通讯数据的是律师公会之会员，或其下属且系以律师身份为之。
- [ ] 该通讯数据中相关的事实系该律师经当事人通知始得以知悉，且当时并无陌生第三人在场，故可推定当事人与律师间将之视为秘密，而当时当事人提供该应秘密之信息最主要之目

---

① "The privilege applies only if the asserted holder of the privilege is or sought to become a client; the person whom the communication was made is a member of the bar of a court, or his subordinate and in connection with this communication is acting as a lawyer; the communication relates to a fact of which the attorney was informed by his client without the presence of strangers for the purpose of securing primarily either an opinion of law or legal services or assistance in some legal proceeding, and not for the purpose of committing a crime or tort; and the privilege has been claimed and not waived by the client." United States v. United Shoe Machinery Corp., 89 F. Supp. 357, 358—59, 85 U.S.P.Q. (BNA) 5 (D. Mass. 1950).

的系为了向律师寻求相关之法律意见、法律服务以及司法程序进行中之协助;且不可系为了犯罪或为侵权行为之目的。

☐ 该律师与客户特权必须适时地被提出或主张。

☐ 该律师之客户必须尚未声明放弃该律师与客户特权。

【注意】

根据以上要件,可知并非所有律师与其客户间往来之通讯数据均可得以主张律师与客户特权,客户与其律师间单纯地通讯并非当然可以主张律师与客户特权。

【谁可以主张律师与客户特权】

以下各种在美国专利诉讼中,可能会出现的不同身份之专业人士,是否可以主张律师与客户特权?兹整理部分美国法院之见解如下:

▲ 公司内部之法律顾问

有美国法院认为公司内部法律顾问(in-house counsel)为律师时,应如同公司与外部律师间之秘密通信内容般,同样受到保护。其目的乃在于借以鼓励律师与其当事人间之信息得以经常交换,以在法律监督下仍能促进公众利益。[①]

若公司内部法律顾问为律师时,美国法院采从宽解释,认为在符合相关条件下,其与公司内部之经理人、董事或员工间

---

① Upjohn v. United States, 449 U.S. 383, 389, 101 S. Ct. 677, 682, 66 L. Ed. 2d 584 (1981).

之秘密通信内容同样受到保护。

▲ **不具备律师资格之专利代理人**

若专利代理人(patent agent)并不具备律师资格,则此时有美国法院认为当事人与其专利代理人之间的通讯内容不被保护。①

▲ **受律师之指示工作并受律师监督之专利代理人**

若专利代理人系受雇于公司内的专利部门或律师事务所,且系受律师之指示工作并受律师之监督,有美国法院认为可视该专利代理人为律师之辅助人,或等于是律师所雇请之助手等具有律师部属身份之人,其工作仍受到律师指挥,因此客户与此种专利代理人间之沟通,仍符合律师与客户特权之要求,此时当事人与其专利代理人之间的通讯内容即应受到普通法上关于律师与客户特权保护。换言之,当事人与其律师的专利代理人之间秘密的通讯内容同样应被保护而不应被披露。②

【律师与客户特权之丧失】

整理美国法院历年来于具体个案中所曾表示之见解,归纳出以下四种可能会被美国法院认为丧失律师与客户特权之情形:

---

① Hercules, Inc. v. Exxon Corp., 434 F. Supp. 146, 196 U.S.P.Q. 407—408 (D. Del. 1977).

② Id.

因明示之丧失

因疏忽之丧失

因默示之丧失

因犯罪或诈欺之丧失

■ **因明示之丧失**(express waiver)

美国法院在 United States v. United Shoe Machinery Corp.,一案中所表示之见解,律师与客户特权必须适时地被提出或主张,且当事人必须尚未曾声明放弃该律师与客户特权,因此若权利人明白表示放弃该律师与客户特权,则所有关于该议题下与该客户表达过意见之律师均不得再主张律师与客户特权,换言之,在明白表示免除律师与客户特权之前所有律师与其当事人间之所有信息均不得再行主张得拒绝证言[1];但是该明示免除律师与客户特权之意思表示对于未来并不生影响,亦即于将来律师与其当事人间所继续发生之信息仍得主张律师与客户特权。[2]

在美国一些法院认为若要主张律师与客户特权已经因当事人明示放弃而免除时,必须能证明权利人主观上已有特定的放弃之意图;亦有一些法院认为权利人在客观上已不再将其与律师间之信息视为秘密;更有一些法院认为二者必须兼具始可,但

---

[1] Abbott Lab. v. Baxter Travenol Lab., 676F. Supp. 831, 6 U.S.P.Q. 2d (BNA) 1398 (N.D. Ill. 1987).

[2] Fonar Corp. v. Johnson & Johnson, 277 U.S.P.Q. (BNA) 886 (D. Mass. 1985).

第十二讲
保护我方信息

无论如何,一旦明示放弃该律师与客户特权时,则相同律师与相同客户间就相同之事项下所有之信息应一并视为免除律师与客户特权。①

■ **因疏忽之丧失**(inadvertent or accidental waiver)

美国法院认为若律师因疏忽或不小心而将原本应可主张律师与客户特权应属秘密之信息于诉讼过程中向对方披露时,此际应可视为系因疏忽而导致之律师与客户特权之免除。②

有争议的是,此际客户是否需有免除律师与客户特权之意图始可? 有部分法院认为因为律师与客户特权本即系属于为保护客户权益的一种特权,故此际应有客户是否需有免除律师与客户特权之意图始可③;另有部分法院则认为从定义上可知此际既然系属于"疏忽",则当然不必有所谓免除律师与客户特权之意图始可。④ 然而大部分的法院责任为此际应就个案不同的情形分别讨论,考虑的因素包括在披露前法院是否已有妥当之告知以及全面评估双方之利益。⑤

---

① Fonar Corp. v. Johnson & Johnson, 277 U. S. P. Q. (BNA) 886 (D. Mass. 1985).

② Windband Elecs. Corp. v. ITC, 263 F. 3d 1363, 1376, 60 U. S. P. Q. 2d (BNA)1029, 1038(Fed. Cir. 2001).

③ Mendenhall v. Barber-Greene Co., 531 F. Supp. 951, 217 U. S. P. Q. (BNA) 786 (N. D. Ill. 1982).

④ Dyson v. Amway Corp., 17 U. S. P. Q. 2d (BNA) 1965 (W. D. Mich. 1990).

⑤ GTE Directory Services Corp. v. Pacific Bell Directory, 19 U. S. P. Q. 2d (BNA) 1612 (N. D. Cal. 1991).

■ 因默示之丧失（implied waiver）

由于律师与客户特权本即系属于为保护客户权益的一种特权，因此如果一方已将系争本应可主张律师与客户特权应秘密之信息于诉讼过程中置于实体的争议之中时，该信息即可因而视为权利人已默示放弃该律师与客户特权。①

在美国诉讼实务上较常见到的情形，便是被告为证明自己不是恶意侵权，而于其答辩中自行将其与律师间就其行为有无侵权所进行之咨询过程与内容提供给法院参考②；事实上，倘若被告不自行将之披露，美国联邦巡回上诉法院甚而亦会进一步直接认为被告此际有恶意侵权的情形。③

为了避免被控侵权之人面临坚持其律师与客户特权与可能因不愿透露其与律师间就其行为有无侵权所进行之咨询过程与内容而成立恶意侵权的两难，美国已有部分法院认为被告可以先主张其律师与客户特权，直到经法院认定被告被控之侵权行为成立时，被告可于此时再于答辩状中自行将其与律师间就其行为有无侵权所进行之咨询过程与内容提供给法院参考，而以默示的方式放弃其律师与客户特权。④

---

① Avia Group, Int'l v. Nike, Inc., 22 U.S.P.Q. 2d (BNA) 1475, 1477(D. Ore. 1991).

② Id.

③ Fromson v. Western Litho Plate & Supply, 853, F. 2d 1568, 1572—73, 7 U.S.P.Q. 2d (BNA)1606, 1611(Fed. Cir. 1988).

④ Pittway Corp. v. Maple Chase Co., 1992 U.S. Dist. LEXIS 19237 (N.D. Ill. 1992); Lemelson v. Apple Computer, 28 U.S.P.Q. 2d (BNA) 1412, 1421 (D. Nev. 1993).

【当事人以默示的方式放弃其律师与客户特权】

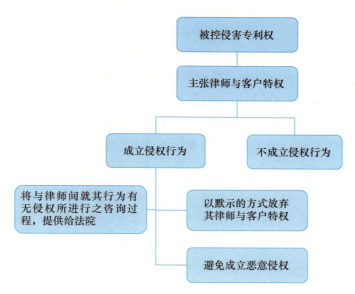

■ 因犯罪或诈欺之丧失(crime/fraud exception)

美国法院在 United States v. United Shoe Machinery Corp.,一案中表示,律师与客户特权中所保护客户与其律师间之通信内容不可以系为了犯罪或侵权之目的;而且为了避免享有律师与客户特权之人借此权利而得以将其准备犯罪或已完成之犯罪相关之信息得以不被公开[①];又律师与客户特权之目的本来就是为了保障当事人为寻求合法之法律咨询,借此制度之设计以鼓励当事人得以尽量在毋庸顾忌咨询内容将来有可能被

---

① Union Carbide Corp. v. Dow Chemical Co., 619 F. Supp. 1036, 1054, 229 U. S. P. Q. (BNA) 401, 413 (D. Del. 1985).

律师提供给法院作为证据[1];因此美国法院认为倘若证词之内容系涉及进一步的犯罪或侵权之目的时,即不可以主张律师与客户特权。[2]

但是美国法院认为此时不可仅仅是所谓之"不正当行为"(inequitable conduct)而已,必须是已达到"不法行为"(unlawful conduct)之程度始足以因而认为此时不可再行主张律师与客户特权[3];而主张对方不得以律师与客户特权为由而抗辩之一方不可仅表示对方之行为有涉嫌不法而已,尚且必须要能提出相当的理由与充足的证据,经法院以秘密检视的方式听审(in camera review)后[4],若法院认为足以证明该不法行为时,对方之律师与客户特权将因而被免除,律师才必须作证。[5] 所需证明的事实不仅包括对方有不法行为,尚且包括该系争欲证明却因律师拒绝证言而无从证明之事实与该不法行为间之关系。[6]

---

[1] Hercules, Inc. v. Exxon Corp., 434 F. Supp. 136, 155, 196 U. S. P. Q. (BNA) 401 (D. Del. 1977).

[2] United States v. Zolin, 491 U. S. 554 (1989).

[3] Research Corp. v. Gourmets' Delight Mushroom Co., 219 U. S. P. Q. (BNA) 1023, 1030 (E. D. Pa. 1983); Union Carbide Corp. v. Dow Chemical Co., 619 F. Supp. 1035, 229 U. S. P. Q. (BNA) 401 (D. Del. 1985).

[4] United States v. Zolin, 491 U. S. 554 (1989).

[5] Union Carbide Corp. v. Dow Chemical Co., 619 F. Supp. 1036, 1054, 229 U. S. P. Q. (BNA) 401, 413 (D. Del. 1985).

[6] Kockums Indus. Ltd. v. Salem Equip. Co., 223 U. S. P. Q. (BNA) 138 (D. Orl. 1983).

第十二讲
保护我方信息

工作成果豁免权

在专利诉讼中,律师可以主张其为该诉讼所准备之各种文件即工作成果(work product),不得于搜证程序中被披露,亦即我方不必提供该类文件给法院或对方。

工作成果豁免权之理由
工作成果豁免权之要件
工作成果豁免权之丧失

【工作成果豁免权之理由】

美国联邦最高法院于1947年在Hickman v. Taylor一案[①]中,作出工作成果豁免权(work product doctrine/ immunity)之判例,其后美国国会将此精神制定为 F.R.C.P. RULE 26(b)(3)。其主要之理由如下:

- ☐ 避免律师受不正当及不必要之干扰。
- ☐ 保障律师于适当隐私下自由地规划其诉讼策略及工作。
- ☐ 避免诉讼程序无效率、不公平,造成士气低落的后果。[②]

---

① Hickman v. Taylor, 329 U.S. 495 (1947).
② Id. at 511.

【工作成果豁免权之要件】

当事人必须要向法院检附相关数据并说明以下之各要件,始能主张该部分之证据数据属于工作成果豁免权范围内,不应被搜证程序予以披露:

☐ 所谓"工作成果"(work product)系指律师预期即将有诉讼或于诉讼进行中的情况下,基于诉讼之目的所准备之材料。

☐ 工作成果豁免权属于律师,和律师与客户特权属于客户有所不同。

【预期即将有诉讼】

律师在预期有诉讼即将发生之情况下所准备之文件,始属于工作成果豁免权范围内,因此若系于平常一般性咨商中所制作之文件,因与诉讼无直接关系,故通常不会被视为得豁免之工作成果。

【律师工作成果】

律师工作成果包括访谈笔记(interviews)、一般陈述(statements)、备忘录(memoranda)、书信(correspondence)、案件摘要(briefs)、心理印象(mental impressions)及个人想法(personal beliefs)等。

【工作成果豁免权之丧失】

因为工作成果豁免权属于律师,所以只有律师之行为可能导致丧失工作成果豁免权。

> 【何时主张律师与客户特权或工作成果豁免权?】
>
> 为避免不慎丧失律师与客户特权或工作成果豁免权或被法院认定违反搜证程序,建议在搜证程序开始之际,及早通知对方所要求提出之证据中,我方拟就何者主张律师与客户特权或工作成果豁免权。

第十三讲

特殊程序

智慧人大有能力；有知识的人力上加力。
The wise prevail through great power,
and those who have knowledge muster their strength.

第十三讲 特殊程序

> **Story**
>
> 德国 M 公司对 F 公司提起美国专利诉讼程序后,F 公司对于系争专利权之专利权利要求看法与 M 公司不一致;而 F 公司又认为由于系争专利因不具备新颖性,系争专利应属无效,所以法院应提前针对系争专利是否有效作出判断。

Why Do You Learn This Chapter?

在展开美国专利诉讼程序后,当事人双方若不能及时达成和解,法院将会正式召开案件管理会议,以确定后续即将进行之相关程序;若双方对专利权之权利要求看法不一致时,将可能在任何一方之要求下,展开马克曼听证程序;为避免全案进入审判程序后,浪费当事人宝贵之时间、精力与费用,当事人可请求法院进入迳行裁判程序。

在该等特殊程序中,法院扮演何种角色?程序如何进行?以及当事人要注意哪些事项?将是本讲介绍之重点。

> ▶▶▶ **本讲重点**
>
> ★ 案件管理会议
> ★ 马克曼听证
> ★ 迳行裁判程序

案件管理会议

在美国专利诉讼程序中,若当事人双方对对方之本诉(或反诉)完成答辩时,法院将会正式召开案件管理会议(case management conference,CMC),以确定后续即将进行之相关程序。

案件管理会议之意义与目的

双方在案件管理会议中应注意之事项

【案件管理会议之意义与目的】

本诉或反诉之被告提出答辩后,法院将会通知双方律师,召开案件管理会议,讨论后续相关程序即将进行之方式,法官经斟酌本案相关案情与双方之情况后,会决定以下事项:

☐ 整理本件诉讼程序上及实体上之争点。

☐ 定出进行本案相关程序之时间表,例如当事人提出相关申请、搜证程序等活动之截止日、审判程序之日期。

☐ 是否要进行相关程序、与进行相关程序之方式。

【双方在案件管理会议中应注意之事项】

法院在案件管理会议中,通常也会讨论本案之基本事实;当事人双方也应在正式进入耗时耗费之诉讼前,把握此次机会,努力达成和解。因此,建议双方在案件管理会议中,注意以下事项：

□ 原告应说明本案诉讼之基本事实与要求，并且准备可能接受之和解方案。

□ 被告应说明本案抗辩之要求与基本理由，并且准备可能接受之和解方案。

马克曼听证

在美国专利诉讼程序中，若当事人双方对专利权之专利权利要求看法不一致时，将可能在任何一方之要求下，展开马克曼听证程序，法官借由该听证程序界定系争专利权利要求之范围及意义。

马克曼听证之背景

马克曼听证之证据

马克曼听证之进行方式

马克曼听证与侵权之认定

【马克曼听证之背景】

1995年美国联邦巡回上诉法院全体法官（en banc）在审理 Markman v. Westview Instruments, Inc. 一案中，为了有效利

用司法资源，缩短冗长的诉讼程序，减少陪审员不必要之等待时间①，决定在由陪审团负责审理之诉讼案件中，法院有权并有义务负责解释应系属于法律范畴的专利权利要求用语之意义（"in a case tried to a jury, the court has the power and obligation to construe as a matter of law the meaning of language used in the patent claim"）②，而非由陪审团决定，换言之，所谓"马克曼听证"（Markman hearing）乃是由法官在陪审团开始审理专利法诉讼案件前，法官借由该听证程序先行界定系争专利权利要求用语之范围及意义。美国最高法院于1996年确认该见解。③

【马克曼听证之证据】

美国联邦巡回上诉法院认为要确定专利权利要求用语之意义，应该取决于"内在证据"（intrinsic evidence）与"外在证据"（extrinsic evidence）：

内在证据

外在证据

■ 内在证据（intrinsic evidence）

所谓"内在证据"，系指专利权利要求、专利说明书及专利权

---

① Elf Atochen N. Am., Inc. v. Libbey-Owens-Ford Co., 894 F. Supp. 844, 857, 37 U.S.P.Q. 2d (BNA) 1065, 0175 (D. Del. 1995).

② Markman v. Westview Instruments, Inc., 52 F.3d 967, 34 U.S.P.Q. 2d (BNA) 1321 (Fed. Cir. 1995).

③ Markman v. Westview Instruments, Inc., U.S. 116 S. Ct. 1384, 38, U.S.P.Q. 2d (BNA)1461 (1996).

申请之过程。① 意即专利权利要求之解释必须以该权利要求本身之意涵、专利说明书之角度以及申请取得该专利过程中所提出之相关资料作为根据。

■ 外在证据(extrinsic evidence)

所谓"外在证据",系指除上述"内在证据"以外,可用以解释专利权利要求用语意义之其他各种证据,例如"专家证言"(expert testimony)、专业辞典、教科书、相关之期刊论文。

为了帮助法院可以正确地在解释专利权利要求用语意义时获致正确之结论,法院可以适当地采取所谓"外在证据";但是"外在证据"只可以用来帮助法院了解该专利权之权利要求的意义,不可以用来改变甚至推翻该专利权利要求固有之意义。②

【马克曼听证之进行方式】

法院有三种方式进行马克曼听证:

☐ 法官直接审视所有与专利权有关之内在证据,透过书面审理以解释专利权利要求用语意义;

☐ 在进行审判程序前,法官单独地召开一调查庭,以解决与该专利权利要求之解释有关之争议;

☐ 进入审判程序后,法官可在将该案件交由陪审团审理前、

---

① Markman v. Westview Instruments, Inc., U. S. 116 S. Ct. 1384, 34 U. S. P. Q. 2d (BNA) at 1329.

② Id., 34 U. S. P. Q. 2d (BNA) at 1331.

先进行本程序以界定系争专利权利要求用语之范围及意义。①

【马克曼听证与侵权之认定】

在"马克曼听证"中,经由律师提出所有依据专利权利要求、专利说明书及专利权申请之过程等内在证据以提出他们关于解释权利要求之主张,及经由专家证人提供其专业之证词以帮助法院了解该专利权之权利要求的意义后,由法官认定该专利权利要求之意义。至于是否构成专利权之侵害,不论是字面侵害或是透过等同原则解释始构成之侵害,则属于事实认定的问题,仍应交由陪审团予以认定。②

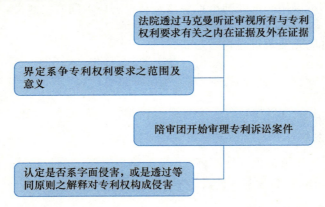

---

① Moll v. Northern Telecom, Inc., 37 U.S.P.Q. 2d (BNA) 1839, 1842 (E.D. Pa. 1995).

② Warner-Fenkinson Co v Hilton Davis Chemical Co, 117 S. Ct. 1040, 1997.

第十三讲
特殊程序

迳行裁判程序

由于在美国进行专利诉讼,于案件进入实体审理之阶段后,花费时常动辄美金上百万元,故为了避免该等案件进入实体审理后的巨额开销,诉讼当事人会以该案件已无实质争议存在为由,申请法院进入迳行裁判程序(summary judgment)。

迳行裁判程序之意义
迳行裁判程序之申请
迳行裁判程序之异议与法院之处理
专利诉讼可否适用迳行裁判程序

【迳行裁判程序之意义】

依据美国联邦民事诉讼规则,在不具实质上事实之争议的案件中,法院可以因任何一方迳行裁判之申请,而仅就法律问题为判断。[①]

因此,法院在迳行裁判程序中最重要的任务,便是要从当事人的申请状及评估相关证据的过程中,决定是否有继续对本案进行实体审理之必要。

---

① Federal Rule of Civil Procedure § 56.

【迳行裁判程序之申请】

在诉讼进行中,原告企图就其起诉部分、或被告就其反诉部分欲获得对其有利之判决时,可在该诉讼行为提起后 20 日提起迳行裁判之申请,申请法院为对其有利之迳行裁判;而本诉或反诉之被告,可以在任何时候申请法院为对其有利之迳行裁判①。

【实务做法】

倘若申请人在本案诉讼中本就不需要就某部分之事实负举证责任时,则在该申请迳行裁判程序中,就该事实亦不必负举证责任。②

法院通常会命申请迳行裁判程序之人负有该案件最初之举证责任,换言之,申请人应负责提出足以清楚地证明该案件缺乏关于诉讼争议事实之实体争议性的相关直接及间接证据,或没有足够的证据足以支持对方之主张。③

【迳行裁判程序之异议与法院之处理】

倘若诉讼当事人不愿本件诉讼进入迳行裁判程序,可以分

---

① Federal Rule of Civil Procedure § 56(a)(b).
② Celotex Corp. v. Catrett, 477 U. S. 317, 323 (1986).
③ Glaverbel Societe Anonyme v. Northlake Mktg. & Supply, Inc., 45 F. 3d 1550, 1560—61, 33 U. S. P. Q. 2d (BNA) 1496, 1503 (Fed. Cir. 1995); Intellicall, Inc. v. Phonometrics, Inc., 952 F. 2d 1384, 1389, 21 U. S. P. Q. 2d (BNA) 1383, 1387—88 (Fed. Cir. 1992).

別或合并利用以下三种方式对于迳行裁判程序提出异议（opposing motions for summary judgment）：

☐ 主张该诉讼并非如对方所言在事实上毫无争议而仅有法律方面之争议。

☐ 主张申请人刻意减少之基本事实关系，实际应是另外一种事实关系。

☐ 主张对方所举证据尚不足以证明本案在事实上已无争议。

【实务做法】

基本上若当事人对于本案之诉讼关系是否应进入迳行裁判程序因以上之异议而有歧见时，因为仍有争议存在，且相关证据仍不齐全，法院通常会驳回迳行裁判之请求。

经过调查后，若法院认为相关之证据已足以证明本案在事实部分并无实质之争议时，法院即进入迳行裁判程序，作出迳行裁判；若法院认为相关之证据尚不已足以证明本案在事实部分并无实质之争议时，则该诉讼将继续进行其他程序。

【专利诉讼可否适用迳行裁判程序】

在过去由于法院普遍认为侵害专利权之诉讼非常复杂，因此即使该案件在本质上已具备进入迳行裁判程序的条件，但仍有很多法院认为不适合进入迳行裁判程序，甚至认为关于此类之诉讼应属迳行裁判程序适用上之排除情形而不可予以适用。①

然而,今天美国联邦巡回上诉法院则持专利侵害诉讼与一般诉讼一样,可以于适当情形下妥适地适用迳行裁判程序的观点,认为虽有很多专利侵权诉讼因涉及不少很复杂之事实关系,而不适宜进入迳行裁判程序,但倘若该专利侵权诉讼案件的确不具实质争议性时,法院仍应尽量避免该案件进入无必要之实体审理程序,而应不区分案件之种类,毫不犹豫地依据《联邦民事诉讼规则》第56条之规定,进入迳行裁判程序。②

而且,美国联邦巡回上诉法院更进一步表示,迳行裁判程序是一种可以节省司法及其他相关资源的重要方法,但却必须谨慎地予以决定应否适用该程序于特定案件之中;因为,倘若法院不当的同意进入迳行裁判程序,有可能会使一方当事人无法提出完整之证据数据而令原本应予审酌的完整之诉讼事实,无法在审理庭中呈现。而若不当地拒绝进入迳行裁判程序之申请,亦将可能迫使一方及法院进入无谓的实体诉讼审理程序而浪费宝贵的司法资源。③

---

① Continuous Curve Contact Lenses, Inc. v. Rynco Scientific Corp., 680 F. 2d 605, 606, 216 U. S. P. Q. (BNA) 597, 598 (9th. Cir. 1982); Pignons S. A. de Mecanique de Percision v. Polaroid Corp., 657 F. 2d 482, 486, 212 U. S. P. Q. (BNA) 246, 249 (1st. Cir. 1981).

② Chore-Time Equip., Inc. v. Cumberland Corp., 713 F. 2d 774, 778—79, 218 U. S. P. Q. (BNA) 673, 675 (Fed. Cir. 1983); Union Carbide Corp. v. American Can Co., 724 F. 2d 1567, 220 U. S. P. Q. (BNA) 584 (Fed. Cir. 1984).

③ D. L. Auld Co. v. Chroma Graphics Corp., 714 F. 2d 1144, 1146—47, 219 U. S. P. Q. (BNA) 13, 15 (Fed. Cir. 1983).

第十三讲
特殊程序

另外,美国联邦巡回上诉法院认为,在专利侵权诉讼案件中,适用迳行裁判程序和在其他种类的诉讼程序中适用迳行裁判程序是一样的恰当。只要在不具实体争议性之案件中,可以仅就法律问题作出判断时,法院即应利用《联邦民事诉讼规则》第 56 条之规定进入迳行裁判程序,以避免当事人不必要之开销,浪费陪审团程序与司法资源。①

【是否进入迳行裁判程序之优缺点比较】

进入迳行裁判程序	优点	节省司法及当事人之其他相关资源
	缺点	完整之诉讼事实无法在审理中呈现
不进入迳行裁判程序	优点	当事人可提出完整之证据资料
	缺点	浪费陪审团程序与司法资源

【案例解说】

本案 M 公司在美国起诉主张 F 公司侵害系争专利,F 公司则提出证据,证明系争专利因不具新颖性而应无效,M 公司却未就此部分提出合理之解释或证明,F 公司遂申请法院就系争专利之无效作出迳行裁判时,承审法院若认为关于专利权有效与否之问题已非常明确,不具实质争议性时,法院即可因 F 公司之申请,就 M 公司之专利无效作出迳行裁判。

---

① Barmag Barmer Maschinenfabrik AG v. Murata Mach., Ltd., 731 F. 2d 831, 835, 221 U. S. P. Q. (BNA) 561, 564 (Fed. Cir. 1984); Continental Can. Co. USA, Inc. v. Monsanto Co., 948 F. 2d 1264, 1265, 20 U. S. P. Q. 2d (BNA) 1746, 1747 (Fed. Cir. 1991).

第十四讲

最后的攻防及上诉

无智谋,民就败落;谋士多,人便安居。
For lack of guidance a nation falls,
but victory is won through many advisers.

第十四讲
最后的攻防及上诉

> **Story**
>
> 德国 M 公司与 F 公司经历耗时耗力的美国专利诉讼搜证程序后,终于进入攻防最激烈的审判程序;陪审团也将在法院的指示下,对本案之被告 F 公司是否侵害系争专利作出认定;由于 F 公司不服法院判决结果,遂于法院判决后提出上诉之申请。

Why Do You Learn This Chapter?

美国专利诉讼中,虽然有大部分的案件,当事人为避免最后的不确定性以及庞大的费用支出,会尽量在进入审判程序前达成和解;但是,倘若双方当事人继续坚持斗争下去,势将进入事实审最后的攻防阶段即审判程序。历经双方诉讼律师在审判程序中激烈的攻防,全案也将随着法院之判决而暂时画下句点;对法院判决不服的当事人,也将面临是否再继续其他诉讼活动的抉择。

> ▶▶▶ **本讲重点**
>
> ★ 最后披露
> ★ 诉讼律师如何进行审判活动
> ★ 法院作出何种判决
> ★ 当事人于判决后可申请之事项
> ★ 上诉:美国联邦巡回上诉法院

最后披露

美国专利诉讼经过搜证程序后,进入审判程序前,双方当事人的律师将会进行最后披露,再于法官及陪审团面前,依序展开后续之审判程序。

最后披露之目的与意义
最后披露之内容

【最后披露之目的与意义】

双方当事人将经过先前搜证程序所取得之证据数据,会过滤筛选出拟在审判程序中,依序逐一呈现在法庭上的证据。

为了让双方均有充分的时间,针对对方所打算在审判程序中所提出的证据数据,进行审阅并预作相关应对及准备,双方当事人必须在审判程序开始日 30 日前(专家证人则必须于审判程序开始日 90 日前予以披露),向对方及法院披露其预备在审判程序中所提出的证据资料。

【最后披露之内容】

在此程序中,双方当事人必须向对方及法院披露其预备在审判程序中所提出之以下证据资料:

- ☐ 拟申请传唤之专家证人及其基本数据
- ☐ 拟申请传唤之专家证人的作证方式

- [ ] 拟申请传唤之证人名单及其基本数据
- [ ] 拟申请传唤之证人的作证方式
- [ ] 拟提出之书面宣誓文件与证物清单

诉讼律师如何进行审判活动

美国专利诉讼进入审判程序后,双方当事人的律师将会在法庭中,于法官及陪审团面前,依序展开以下之审判活动。

开审陈述

诘问证人

终结辩论

【开审陈述】(opening statement)

开始审判程序后,原告律师会先简单地向陪审团陈述其所主张版本之案件事实,被告律师随后向陪审团陈述其所抗辩版本之案件事实。

> **【实务参考】**
>
> 基本上在开庭陈述时,双方律师会仅以较为感性之方式,向陪审团述说其当事人角度的故事,以争取陪审团的认同与良好的印象,不会直接论述本案争点。[①]

---

① JACK S. EMERY ET AL., CIVIL PROCEDURE AND LITIGATION 158—59 (2000).

【诘问证人】（examination of witness）

开审陈述后，双方律师会依照联邦证据规则（Federal Rules of Evidence）规定之方式，依序诘问证人并提出相关之证据；原则上先由原告律师传唤并诘问所有证人，再由被告依序传唤并诘问证人；双方律师针对每位证人之诘问次序如下：

主诘问

反诘问

复主诘问

复反诘问

■ 主诘问（direct examination）

诘问人：申请传唤该证人之律师

诘问范围：其所欲证人证明与本案相关之任何问题

诘问方式之限制：原则上不得使用诱导性问题（leading question）

【诱导性问题（leading question）】

所谓诱导性问题，系指在问题中已提供答案之具体内容，回答者仅需简单答复是或否的答案即可。

在主诘问中，律师不可以诱导性问题诘问其所传唤之证人的原因，乃系此时该证人通常是其友性证人，可能会在该律师的诱导下说出律师所期望、但却并非证人真实经历的内容。

■ 反诘问(cross examination)

诘问人：申请传唤该证人的律师之对方律师

诘问范围：原则上限于主诘问之范围以及与证人可信度有关之事项

诘问方式之限制：无限制，包括诱导性问题亦可

【为何反诘问可以提出诱导性问题】

由于在反诘问中，该证人通常是其敌性证人，不但不会在该律师的诱导下说出律师所期望的内容，反而可能会回避重点，实问虚答；此外，反诘问律师也可借由诱导性问题，直接挑战证人弱点或不实在之处以发现真实。

■ 复主诘问(redirect examination)

诘问人：申请传唤该证人之律师

诘问范围：对方律师向证人进行反诘问之范围

诘问方式之限制：原则上不得使用诱导性问题(leading question)

■ 复反诘问(recross examination)

诘问人：申请传唤该证人的律师之对方律师

诘问范围：原则上限于复主诘问之范围

诘问方式之限制：无限制，包括诱导性问题亦可

【终结辩论】(closing argument)

相对于双方律师一开始仅系一般性地述说故事之开庭陈

述，在经历诘问证人之程序后，原告律师会先进行终结辩论、被告律师再进行终结辩论、最后再由原告律师进行一次终结辩论。

双方律师会将先前阶段针对各争点所分别建构之事实，如同拼图般整合在一起，依序有条理地在终结辩论中呈现在陪审团与法官面前。在终结辩论中，律师可充分地陈述其个人对相关证据所代表之意义，并表达律师对本案个人主观之看法。

法院作出何种判决

双方之律师完成终结辩论后，法官会向陪审团宣读"陪审团指示事项"（jury instruction）以及与本案相关之法律规定，向陪审团说明如何根据先前在审判程序中，陪审团所接收来自双方律师在攻击防御过程里所提供之讯息，作出一般判决、附加询问事项之一般判决或特别判决；陪审团接下来会由法庭退席，讨论本案。

一般判决
附加询问事项之一般判决
特别判决

【一般判决】（general verdict）

所谓"一般判决"，即陪审团只要单纯作出决定何方当事人胜诉。在美国专利诉讼实务上此种判决较为常见。

【附加询问事项之一般判决】(general verdict with interrogatories)

所谓"附加询问事项之一般判决",则除了与一般判决相同部分,陪审团需决定何方当事人胜诉外,法院会要求陪审团针对所附加询问之事项表示意见。

【特别判决】(special verdict)

至于所谓"特别判决",法院会在此时要求陪审团针对特定之事项表示所认定之事实,再由法官根据陪审团所认定之事实,适用相关法律作出判决。

当事人于判决后可申请之事项

在美国专利诉讼中,败诉的当事人在法院作出判决后,向上级审法院提出上诉前,还可向原法院提出三种申请,以资救济:

重审本案
迳为判决
酌减损害赔偿额

【重审本案】(motion for a new trial)

法院作出判决后,根据 Fed. R. Civ. P. RULE 59(a)之规

定,当事人可以于原判决作出后 10 天内申请法院重审本案。①若法院同意重审本案,法院可以重新认定事实、适用法律,作出新的判决。②

【迳为判决】(motion for a judgment notwithstanding the verdict)

陪审团作出判决后,根据 Fed. R. Civ. P. RULE 50(b)之规定,败诉之当事人可以向法院主张有理性之人不可能作出如此之判决,而请求法院在证据以充分的情形下,直接迳为改判。

【酌减损害赔偿额】(remittitur)

陪审团作出被告应给付原告损害赔偿之判决后,败诉之被告可以根据 Fed. R. Civ. P. RULE 59 之规定,申请法院重审本案,向法院主张该损害赔偿额过高,而请求法院酌减损害赔偿额。③

上诉:美国联邦巡回上诉法院

在美国,不论是对于哪一个联邦地方院专利诉讼的一审裁判不服,若要以上诉的方式寻求救济,只能向位于华盛顿特区的

---

① FED. R. CIV. P. 59(b).
② FED. R. CIV. P. 59(a).
③ Id.

第十四讲 最后的攻防及上诉

美国联邦巡回上诉法院(United States Court of Appeals for the Federal Circuit,简称 Federal Circuit 或 CAFC)提出上诉。

美国联邦巡回上诉法院

美国专利争讼之上诉管辖关系

如何进行上诉

【美国联邦巡回上诉法院】

扼要介绍美国联邦巡回上诉法院之设立过程与管辖范围如下:

设立过程

管辖范围

■ 设立过程

一般权利之侵害在认定上较为单纯,而是否对知识产权造成侵害,时常涉及许多专门知识,例如,电机、化工、计算机及生物等科技,倘若未能由特殊之法院或专庭在有专门技术背景的人士辅佐下就该知识产权之侵权案件予以集中审理,而任由一般无相关知识背景之法官进行审理,恐将在客观能力不足胜任之情况下,使该案件无法取得合理公正之裁判结果。

此外,过去由于全美十二个区域巡回上诉法院对于专利法之解释及看法不同,例如,专利侵权究竟哪一部分属于法律问题而应由法官解释、哪一部分属于事实问题而应交由陪审团决定,或究应由原告或被告就特定系争事项负举证责任,或核发初期禁制令之标准为何等,尤其是其中部分区域巡回上诉法院不认同专利权之独占性,以至于在法律适用上常作不利于专利权人之解释。因此,一些原告往往会选择到其见解有利于己之区域巡回上诉法院提起诉讼,此即所谓之"逛法院"(forum shopping)。

因此,为了减轻一般区域巡回上诉法院处理专利案件之工作负担,促进关于专利案件法律见解之一致性,避免上述各区域巡回上诉法院间就专利案件之基本法律见解歧异及当事人任意逛法院之情形,以及有效利用司法资源,减少"索赔法院"(Court of Claims)及"海关与专利上诉法院"(Court of Customs and Patent Appeals,简称 C.C.P.A.)功能上重叠之现象[①],1982 年 10 月 1 日美国国会遂将索赔法院及海关与专利上诉法院二者予以合并,于华盛顿特区设立美国联邦巡回上诉法院(United States Court of Appeals for the Federal Circuit,简称 Federal Circuit 或 CAFC)。[②]

■ 管辖范围

美国联邦巡回上诉法院对于各联邦地方法院审理之专利权有效性或侵害专利权之案件,有专属上诉管辖权,换言之,若对全美 94 个联邦地方法院所审理之专利权有效性或侵害专利权之案件的裁判结果不服,均必须上诉至设于华盛顿特区之美国

---

① Donald S. Chisum, Patents 11—6(1991).
② Federal Courts Improvement Act of 1982, Pub. L. No. 97-164, 96 Stat. 25 (Apr. 2, 1982).

第十四讲
最后的攻防及上诉

联邦巡回上诉法院。

由于美国联邦巡回上诉法院对于各联邦地方法院审理之专利权有效性或侵害专利权之案件，有专属之上诉管辖权；且所作出之判决，对所有联邦地方法院均有拘束力，因此在这方面比起过去少了很多"逛法院"的现象。因为关于专利法之案件到最后均必须上诉至美国联邦巡回上诉法院，所以原本各区域巡回上诉法院间就专利案件之基本法律见解冲突的情形也不再存在；因此，可达成国会所期望促进对专利法见解的一致性。

此外，美国联邦巡回上诉法院也对于不服美国国际贸易委员会（United States International Trade Commission）、美国联邦索赔法院（United States Court of Federal Claims）及美国专利商标局（USPTO）之专利审判与上诉委员会的裁决而上诉之案件有专属管辖权。

> 【美国联邦索赔法院】
>
> 若专利权人认为美国政府侵害其专利权，不论是透过直接或间接之方式，均可至美国联邦索赔法院，对美国政府提起专利诉讼，以寻求救济。[①] 若获得胜诉，权利人将可获得合理且完全之侵权行为损害赔偿。

---

① 28 U.S.C. § 1498.

【美国专利争讼之上诉管辖关系】

第三审	美国最高法院			
第二审	美国联邦巡回上诉法院			
第一审	美国联邦地方法院	美国国际贸易委员会	美国联邦索赔法院	美国专利商标局之专利审判与上诉委员会

【如何进行上诉】

当事人若不服联邦地方法院专利诉讼之一审判决结果，向联邦巡回上诉法院提出上诉时，相关重点如下：

提出上诉状

上诉状之内容

提出上诉之时间

上诉之审理

■ 提出上诉状

一审专利诉讼之当事人若不服地方法院之判决结果，根据联邦上诉程序规则（Federal Rules of Appellate Procedure，简称Fed. R. App. P.）之规定①，须于限期内向联邦地方法院提出上诉状（notice of appeal），并符合其他关于程序上之要求，始能将联邦地方法院之判决上诉至联邦巡回上诉法院。

---

① FED. R. APP. P. 3(a)(1).

第十四讲
最后的攻防及上诉

■ 上诉状之内容

根据 Fed. R. App. P. RULE 4(c)(1)之规定,上诉状必须包括以下之内容①:

- ☐ 上诉之当事人
- ☐ 欲上诉之判决或其特定部分
- ☐ 上诉法院之名称

■ 提出上诉之时间

根据 Fed. R. App. P. RULE 4(a)(1)之规定,除非另有其他特殊规定,原则上应于法院完成判决或裁定后 30 日内,提出上诉状。②

【法院宣示后,但尚未收到裁判书前提出之上诉】

在美国专利诉讼中,若法院仅宣示其判决内容,但当事人还没收到法院之判决书前,当事人就已提出上诉状,根据 Fed. R. App. P. RULE 4(a)(2)之规定,仍视为于法院作出判决之日后提出上诉。③

■ 上诉之审理

由于联邦巡回上诉法院进行的第二审是法律审,故原则上会以第一审中已认定之事实为基础,进行书面审理,不会再听取

---

① FED. R. APP. P. 4(c)(1).
② FED. R. APP. P. 4(a)(1).
③ FED. R. APP. P. 4(a)(2).

证人之证言,也不会于第一审已认定之事实外,再进行任何调查。联邦巡回上诉法院开庭时,会分别给上诉人及被上诉人律师陈述意见的机会。

倘若联邦巡回上诉法院审理后,认为第一审法院在认定事实之过程中,有违反相关程序法规定、滥用裁量权或第一审法院所认定之事实,与所采用的相关证据不符合时,联邦巡回上诉法院会将该案件发回联邦地方法院,由第一审法院重新审理。

第十五讲

要如何面对跨国专利诉讼

高举智慧,她就使你高升;怀抱智慧,她就使你尊荣。
Cherish wisdom, and she will exalt you;
embrace wisdom, and she will honor you.

第十五讲
要如何面对跨国专利诉讼

Story

F公司在历经多年的独立研发，终于自行发展并制造一电动机具，甫进入国际市场，便因为优异的质量与合理的价位，在国际市场取得极大的占有率；也因而导致德国M公司所制造贩卖之电动机具在国际市场的占有率迅速衰退。

由于M公司之电动机具严重滞销，获利大幅下滑，引起M公司极大的不满，M公司遂决定在美国法院提起民事诉讼，控告F公司制造贩卖之电动机具，侵害M公司在美国拥有的该发明专利。

F公司收到M公司的起诉书后，公司负责人决定要应对这场跨国专利诉讼，遂与其律师商量，讨论要如何应对这场跨国专利诉讼。

Why Do You Learn This Chapter？

倘若中国企业因为树大招风，而收到了国际间其他竞争对手或专利蟑螂的警告信、甚至是跨国专利诉讼的起诉书后，中国企业选择要守住这个滩头堡、甚至是好不容易打下的江山，决定要面对跨国专利诉讼时，就应该思考要如何有智慧地处理相关的问题。

经过前述各讲中相关主题的介绍与整理分析后，本讲最后将以条列的方式，为读者提纲挈领、再次提醒各个应注意的要点,以及处理跨国专利诉讼的新思维;若万一有实际个案发生时,中国企业仍应与该国专利律师及专家顾问,讨论咨询具体之运作方式,以有效控制诉讼成本、掌握诉讼质量。

> ▶▶▶ **本讲重点**
> ★ 跨国专利诉讼总体规划
> ★ 如何进行跨国专利诉讼
> ★ 跨国专利诉讼的新思维

跨国专利诉讼总体规划

中国企业在即将要开始进行跨国专利诉讼前,应尽速展开以下之相关作业:

审慎评估双方利弊得失
攻防战略之拟定
攻防战术之拟定

【审慎评估双方利弊得失】

■ 总体评估作业
□ 系争专利之强弱(透过专利前案检索与分析)
□ 相关产品侵权之可能(专利权利要求范围界定、及与被

第十五讲
要如何面对跨国专利诉讼

控侵权产品之比对）

☐ 最坏情况之预估（相关产品之市场、对专利权人及下游客户之损害赔偿）

☐ 律师费用与公司预算（收费方式、可能耗费与预算上限）

☐ 目前及未来之商业环境（市场需求与竞争厂商情形、产品未来前景）

☐ 企业自身定位及方向（永续经营或短线炒作、注重研发或单纯代工）

■ 专利权人之评估作业

☐ 对手财力的多寡（应战之能力）

☐ 我方专利的强弱（专利组合、无效可能性）

☐ 专利侵害的程度（胜诉率）

☐ 成本风险的评估（可能支出之诉讼费与可能取得之市场及赔偿）

☐ 不同层次被告之选择（上游或下游，代工厂或品牌厂）

■ 被控侵权人之评估作业

☐ 对手真正的目的（市场或许可使用费）

☐ 对手专利的强弱（搜寻先前技术，无效可能性）

☐ 对手专利之市场价值（专利许可使用费或交叉许可）

☐ 对手潜在的风险（相关产品之市占率与生命周期）

☐ 被控侵权的可能（胜诉率）

☐ 成本风险的评估（可能支出之诉讼费与市场及对客户之责任）

□ 共同被告的合作（建立联合战线）
□ 停止销售或替代产品的可能性（回避设计与客户接受度）

【攻防战略之拟定】

■ 专利权人之攻击战略：
□ 完全歼灭（独占市场、吓阻其他对手）
□ 以战逼和（交叉许可、收取许可使用费）
□ 生吞活捉（代工、入股或并购）
■ 被控侵权人之防御战略：
□ 抗战到底（争夺市场、保护技术）
□ 拖以待变（另辟战场、替代产品）
□ 积极求和（寻求双方合作或合资之可能）

【攻防战术之拟定】

■ 专利权人之诉讼攻击战术
□ 平时注意有效回避反垄断法（避免专利被认定不可执行）
□ 考虑是否寄发律师函（详参第二讲相关内容）
□ 完成侵害鉴定报告（以该国律师及专家出具为佳）
□ 搜集相关证据（侵权产品、交易凭证、侵权人相关信息）
□ 申请初期禁制令（讲究迅速救济、详参第八讲相关内容）
□ 提起诉讼：请求赔偿损害、排除侵害、防止继续侵害（详

参第八讲相关内容)

■ 被控侵权人之诉讼防御战术

□ 主张系争专利无效(详参第三讲相关内容)

□ 提起确认专利无效及不侵权之诉(详参第三讲相关内容)

□ 否认制造或销售涉嫌侵害专利之物品(详参第九讲相关内容)

□ 辩称原告之专利不可执行排他效力(详参第五讲相关内容)

□ 提出不侵权之鉴定报告(详参第四讲相关内容)

□ 针对原告主张之损害计算方式提出抗辩(详参第八讲相关内容)

如何进行跨国专利诉讼

中国企业完成以上之总体规划作业后,可参考以下建议,开始进行跨国专利诉讼:

完成公司内部任务编组

谨慎选择律师团队与外部顾问

配合诉讼需求管理公司文件

找寻优秀专家证人

尽速完成(不)侵权报告专利或回避设计

注意跨国专利诉讼各个环节

有效管理控制律师诉讼费用

随时做好和解协商之准备

专利诉讼程序之整理列表

【完成公司内部任务编组】

☐ 建立跨部门任务编组（包括研发、生产制造、市场销售、法务与知识产权、人力资源、财务及会计）

☐ 固定沟通联系窗口（包括对外之跨国律师、顾问专家、客户与媒体，以及对内之高级主管、企业股东与各业务单位）

☐ 建立专利侵权诉讼标准作业流程

☐ 建立专利侵权诉讼之协商谈判与决策机制

☐ 对外统一发布专利侵权诉讼相关重要进展

【谨慎选择律师团队与外部顾问】

☐ 与本企业之间无利益冲突

☐ 相关承办人员之专业与技术背景

☐ 合理经济并可被预期之收费方式

☐ 对本企业之业务及产业熟悉度

☐ 类似案件之丰富处理经验与诉讼结果

☐ 是否曾代表中国企业处理跨国专利诉讼

☐ 规模不必大但效率高的核心团队

☐ 是否具备有效简单沟通模式

☐ 在企业本地是否有联系窗口或合作小组

第十五讲
要如何面对跨国专利诉讼

- ☐ 可有效教育本企业相关人员并进行取证
- ☐ 律师团队与专业顾问团（详见后述【新思维】）

【配合诉讼需求管理公司文件】

注意管理相关文件→享有律师与客户特权→有效保护我方重要信息

【如何开始进行管理相关文件？】
- ☐ 先与各部门讨论，了解其想法
- ☐ 寻求该部门的支持，达成共识
- ☐ 协助本项目的同仁充分了解其权利义务
- ☐ 使各本部门高阶主管了解诉讼管理之目的
- ☐ 提醒全公司注意保管所有与本诉讼相关的文件

【找寻优秀专家证人】

- ☐ 与本企业之间无利益冲突且无偏颇之虞
- ☐ 针对专利有效性与是否侵害之技术专家
- ☐ 针对市场、权利金及损害额之财务专家
- ☐ 具有高可信度或权威之学者或专家背景
- ☐ 具有良好之社会形象及沟通与表达能力
- ☐ 曾为类似产业或诉讼担任过专家证人
- ☐ 经济且符合其相应条件的收费标准

跨国专利诉讼手册
Handbook of the Transnational Patent Litigation

【尽速完成(不)侵权报告专利或回避设计】

- ☐ 透过专业律师完成以确保特权
- ☐ 完成一份有用的报告
- ☐ 完成有效的回避设计

【注意跨国专利诉讼各个环节】

- ☐ 第一时间迅速作出正确反应
- ☐ 沉着冷静准备并进行各程序

【有效管理控制律师诉讼费用】

- ☐ 于各诉讼阶段设定收费上限
- ☐ 减少对于非必要部分之争议
- ☐ 将有限资源集中于核心争点
- ☐ 编列诉讼费用之进程预算书
- ☐ 奖励律师提前完成工作目标
- ☐ 跨国律师与顾问团分工合作
- ☐ 企业员工分担部分准备工作
- ☐ 支付基本费用结合风险代理

【随时做好和解协商之准备】

- ☐ 掌握和解协商之时机
- ☐ 随时评估和解之目标

第十五讲
要如何面对跨国专利诉讼

☐ 随时调整和解之策略

【进行和解协商之重要时间点】

☐ 收到警告信（cease and desist letter/ actual notice）后
☐ 收到起诉状（complaint）后
☐ 进行案件管理会议（case management conference）期间
☐ 完成马克曼听证程序（Markman hearing）后
☐ 进行搜证程序（discovery）前
☐ 完成搜证程序（discovery）后
☐ 进入审判程序（trial）前
☐ 法院作出一审判决后、判决确定前

【专利诉讼程序之整理列表】

■ 原告于专利诉讼程序之整理列表
☐ 已得知与系争专利有关之信息
☐ 已取得侵害系争专利之产品
☐ 已掌握侵害系争专利产品之物流
☐ 已确定侵害系争专利之期间
☐ 已（得）确定侵权人之相关信息
☐ 调查该侵权人先前曾否被控侵害专利
☐ 列举我方所有可能采取之攻击策略
☐ 列举对方所有可能采取之防御策略
☐ 搜寻所有与上述攻防策略有关之该国法院判例

- ■ 被告于专利诉讼程序之整理列表
- ☐ 列举所有与系争专利有关之先前技术
- ☐ 整理我方制造及销售与系争专利有关产品之数据
- ☐ 确认我方针对系争产品相关争议有无投保
- ☐ 取得对方与系争专利有关之制成品
- ☐ 取得对方之专利数据及所有之审批历史文件
- ☐ 委请跨国专利律师完成系争专利之无效及不侵权报告
- ☐ 掌握其他所有类似案件的被告之相关数据
- ☐ 列举对方所有可能采取之攻击策略
- ☐ 列举我方所有可能采取之防御策略
- ☐ 搜寻所有与上述攻防策略有关之该国法院判例

跨国专利诉讼的新思维

传统上，一般中国企业进行跨国专利诉讼，与该国律师事务所的合作方式不外有两种选项：一种是中国企业透过当地的中国事务所，找到该国一家律师事务所提供专业服务；一种是中国企业直接至该国找到一家律师事务所（不论是位于该国或位于中国的分所）提供专业服务。

但是，由于跨国专利诉讼具有诉讼成本高昂、损害赔偿金额惊人、可能损失巨大市场之风险、当事人必须远渡重洋到该国进行诉讼、两国存在之文化差异、跨国专利诉讼中涉及多项专业所以分工十分复杂等特色，以至于以传统方式进行美国专利诉讼的中国企业,时常面临无法了解诉讼方向、固定高额律师费用、外国律师包办全部工作、距离遥远又有时差以及相关信息繁杂沟通困难等困扰。

今天,一样是找中国企业所需要等级的外国专利律师提供专业服务,但是,部分中国企业却采取不一样的新做法,以解决上述之困扰,值得参考:

传统模式

新思维

【美国专利诉讼费用】

根据美国知识产权法协会2011年之统计,诉讼目标金额在100万美金以下之专利诉讼,诉讼费用平均为65万美金;诉讼目标金额在100万美金到2500万美金之专利诉讼,诉讼费用平均为250万美金;诉讼目标金额超过2500万美金之专利诉讼,则诉讼费用平均为500万美金。

根据美国知识产权法协会2013年之统计,诉讼目标金额在100万美金以下之专利诉讼,诉讼费用平均为70万美金;诉讼目标金额在100万美金到2500万美金之专利诉讼,诉讼费用平均为260万美金;诉讼目标金额超过2500万美金之专利诉讼,则诉讼费用平均为550万美金。

【传统模式】

全程只有外国律师事务所：
无法了解诉讼方向
固定高额律师费用
外国律师包办全部
距离遥远又有时差
数据繁杂沟通困难

【新思维】

外国律师事务所＋跨国专业顾问团：
说明分析诉讼方向
有效降低律师费用

第十五讲
要如何面对跨国专利诉讼

分担部分准备工作

就近直接双向互动

信息透明沟通顺畅

【跨国专业顾问团】

- ☐ 具备丰富跨国专利诉讼实战经验
- ☐ 顾问团包括跨国专利律师、研究机构、专利工程师、前高科技公司之高阶法务主管
- ☐ 可从旁协助外国专利律师处理诉讼
- ☐ 可从旁协助当事人管控跨国专利诉讼

【异曲同工之操作方式】

巨型企业→**熟悉跨国专利诉讼之知识产权法律部门**→外国律师事务所

一般非巨型企业→**熟悉跨国专利诉讼之跨国专业顾问团**→外国律师事务所

由于大多数企业并非经常遇到跨国专利诉讼，因此并未如一些巨型企业（如中兴、华为等公司）在公司内部建立熟悉跨国专利诉讼之常设知识产权法律部门，主导管控跨国专利诉讼，以降低诉讼成本与风险、提升诉讼效率与质量；故若一般非巨型企业遇到跨国专利诉讼时，可以透过上述跨国专业顾问团的协助，以下述之具体做法，主导管控跨国专利诉讼，达到如同设有知识产权法律部门之巨型企业一样，降低诉讼成本与风险、提升诉讼效率与质量的效果。

在**外国律师事务所＋跨国专业顾问团**作业模式下，跨国专业顾问团可凭借丰富之专业经验、相同之语言及文化、零距离及零时差地，为当事人提供以下协助与管理跨国专利诉讼之服务，以有效为当事人降低诉讼成本与风险、提升诉讼效率与质量：

■ 说明分析诉讼方向

向当事人定期汇报并解释诉讼进度

有效解决异国语言及法律差异

单一窗口随时说明与答复

避免当事人盲目被动进行诉讼

■ 有效降低律师费用

协助谈判律师费用（Hourly Rate）

协助审阅相关账单（Review the Bill）

协助订立费用准则（Billing Guideline）

协助管控诉讼预算（Budget Management）

节省大量翻译费用（Translation Fee）

防止过度节制开销（But not "Micro Manage"）

■ 分担部分准备工作

进行专利侵权或有效性分析（Patent Analysis）

撰拟相关工作初稿（Initial Draft）

协助进行电子搜证程序（e-Discovery）

完成部分书面作业（Paper Work）

■ 就近直接双向互动

没有时差也没有距离

直接与企业中不谙外语的高层或关键人员无障碍地沟通

随时掌握相关技术及企业最大价值

防止突击性发展与变化

■ 信息透明沟通顺畅

代为消化并说明大量复杂涉外信息

协助分析现况及预估未来发展

帮助适时调整诉讼目的及策略

【以传统模式或新思维进行的跨国专利诉讼之比较】

传统模式进行的跨国专利诉讼： 全程只有外国律师事务所	新思维进行的跨国专利诉讼： 外国律师事务所＋跨国专业顾问团
无法了解诉讼方向	说明分析诉讼方向
固定高额律师费用	有效降低律师费用
高额费用包办全部	分担部分准备工作
距离遥远又有时差	就近直接双向互动
数据繁杂沟通困难	信息透明沟通顺畅

在新思维的架构下，透过上述**跨国专业顾问团**的协助，进行跨国专利诉讼有以下三项特点：

→降低诉讼成本（Cost Down）

→提高作业效率（High Efficiency）

→管控诉讼品质（Quality Control）

附　录

跨国专利诉讼案例评析

附录
跨国专利诉讼案例评析

以下介绍并分析近年来于美国专利诉讼中六则较具有代表性之个案的背景事实、争点、以及美国联邦法院或国际贸易委员会所作裁决之内容及重要意义[①]：

案例一　UMC v. SIS

案例二　Genesis Microchip v. MRT, Trumpion, SmartASIC, and MStar

案例三　O2 Micro International Limited v. Beyond Innovation Technology Co., Ltd., and FSP Group and SPI Electronic Co., Ltd., and Lien Chang Electronic Enterprise Co., Ltd.

案例四　Quanta Computer Inc., et al v. LG Electronics, Inc.

案例五　Micron Technology Inc. v. MOSAID Technologies Inc.

案例六　In Re Seagate Technology, LLC (Petitioner)

案例 1：UMC v. SIS

一、展开行动

2001 年 1 月 26 日，由于联华电子股份有限公司（以下简称

[①] 摘录自张宇枢：《美国专利诉讼实务》（第 3 版），台湾大学科际整合法律学研究所 2015 年版。

"联电""UMC")认为矽统科技股份有限公司(以下简称"矽统""SIS""SIS-US")于美国境外制造并进口之芯片(chipset),经还原工程(reserved engineering)分析后,发现该芯片技术特征落入联电在美国取得之第6,117,345号"高密度电浆化学气相沉积法"(High Density Plasma Chemical Vapor Deposition Process)专利(以下简称'345)及美国第5,559,352号"静电放电装置"(Electrostatic Discharge)专利(以下简称'352)的专利权范围。联电于是在美国国际贸易委员会(以下简称ITC)对矽统提起违反《美国关税法》第337条的调查申请。[①]

二、主张与答辩

首先,联电借由陈述在美国境内现有一个使用系争专利的产业,而该产业是由联电及其顾客针对系争专利所为之实际投资与研究活动、联电与其被许可人之授权与交互许可活动,与联电分公司之研发与投资活动所组成之事实,主张联电属于所谓之美国"国内产业",因此符合《美国关税法》第337条有关损害"国内产业"的要求。其次,联电说明其系争'352专利及'345专利的专利权范围(the Scope of Patent)及其组成组件(elements),并进而提出系争专利与矽统被控侵权产品之技术特征对照表(claim charts);主张矽统被控侵权产品之技术特征可被字面读取(read on)至系争专利的独立权利要求。另外,联电并

[①] 联电2001年2月28日新闻稿,http://www.umc.com/chinese/news/20010228.asp,最后访问日期:2001年2月28日。

提出专家证人所作成的宣示文件（Declaration），以支持原告所提出之技术特征对照表及其字面读取分析判断过程。

联电基于上述理由，依据《美国关税法》第 337 条，除请求 ITC 对矽统之不公平竞争、不公平进口，或于美国境内销售该侵权整合芯片，展开调查；对矽统发出永久排除令（permanent exclusion order），将被告之侵权整合芯片，排除于美国境外；并且请求 ITC 对矽统发出要求其停止（cease and desist）进口，或停止于美国境内销售侵害原告专利之整合芯片之商业活动；此外，联电并请求 ITC 依据其他有关法令，颁布合适的裁定。

ITC 于美东时间 2001 年 3 月 6 日，决定对矽统是否有侵害联电前述两件专利一事展开调查后，矽统立即于 2001 年 3 月 23 日，针对联电所提之上述控诉内容提出答辩理由，否认联电所有控诉，辩称因矽统并未侵害美国'352 专利，所以矽统亦未违反《美国关税法》第 337 条规定外；并辩称联电所拥有之'352 专利的静电放电装置专利，以及'345 的制程方法专利，依据《美国专利法》第 102 条（新颖性）、第 103 条（非显而易知性）及第 112 条规定，因欠缺可专利性，应被宣告无效，所以 ITC 应驳回联电之请求，并终止调查。

三、初步决定

美东时间 2002 年 5 月 6 日，ITC 之行政法官于审视双方上述之攻击及防御方法后，完成其调查报告，并作出初步决定（Initial Determination），除认为联电并未在美国境内建立所谓之国内产业外,并认为矽统所生产之产品经比对分析,无论是依据字面读取或是依据等同原则(the doctrine of equivalents),皆未侵害任何联电之美国'352专利。同时,行政法官认为联电之美国'352专利之独立项第1项及第2项因不具"新颖性",故依据《美国专利法》第102条(35 U.S.C.§102)之规定应属无效,第8项因不具"非显而易知性",故依据《美国专利法》第103条(35 U.S.C.§103)之规定应属无效。此外,亦认为矽统所生产之产品经专利侵权分析,无论是字面读取或是依据等同原则(the doctrine of equivalents),皆未侵害任何联电之美国'345专利。行政法官认为联电之美国'345专利第1项、第3项至第16项、第19项至第20项及第21项因不具新颖性(35 U.S.C.§102),不具非显而易知性(35 U.S.C.§103),因此应属无效。

在美东时间2002年5月13日,行政法官并进一步建议委员会如果发现矽统有违反《美国关税法》第337条时,应依据《美国关税法》第337条(d)项规定,针对矽统的侵权产品作出限定排除命令(limited exclusion order)。该有限排除命令应包含任何第3人为矽统所制造的产品,同时应包含任何下游产品(the downstream products),尤其指主机板包含被告所制造的芯片,但不应包含计算机。同时,行政法官建议委员会不应对硅统作出停止令(cease and desist order)。并建议在总统审视的60天期间内(the 60-day Presidential Review Period),应对矽统之进口产品课以相当于进口产品价值100%的担保金。

四、最终决定

2002年5月17日,联电及矽统分别针对行政法官所作出之上述初步决定提出复审请求。ITC于接获复审之请求后,于2002年6月21日决定针对行政法官所作出的初步决定进行复审,并就矽统是否侵害联电美国专利权之相关事证展开调查。经复审调查后,基于复审调查时所获得资料,包含行政法官所作出的建议性裁定内容,及双方当事人所提出之书面资料,ITC在2002年10月7日作出"最终决定"(the Notice of Final Determination),虽然撤销行政法官前述对美国'345专利第13项无效之裁定,改判其为有效,然认为矽统并未侵害'345专利之独立项第1项、第3项至第5项、第9项、第11项至第12项、第21项及第22项;也未侵害原告之'352专利之独立项第1项、第2项及第8项;惟却认定矽统生产之产品侵害联电'345专利第13项,故其进口及销售未经授权而利用原告美国'345制程专利之第13项所制造而成的整合芯片及结合该芯片之其他产品之行为,因违反《美国专利法》之规定;又虽然依据《美国关税法》第337条(d)项规定,在作出限定排除命令时,应考虑该命令对公众利益的影响,然因ITC认为本案中并无涉及公众利益,所以仍可作出限定排除命令。于是ITC裁定矽统违反《美国关税法》第337条的规定,同时作出"限定排除命令"(the Limited Exclusion Order),禁止相对人侵害美国'345制程专利第13项所制造而成的整合芯片进口;该限定排除命令应包含任何第3

人为被告所制造的产品,亦应包含任何下游产品(the down-stream products),尤其指主板中包含被告所制造的芯片、个人计算机、手提电脑;亦即从裁定确定日起到 2017 年以前,所有矽统上述被认定为侵害美国 '345 制程专利第 13 项所制造而成的整合芯片产品及任何下游产品不得输入美国,亦不得在美国销售。至于自美国总统收到 ITC 上述最终决定日起,到总统决定是否同意最终决定内容的 60 天期间内,矽统如欲继续进口侵害美国 '345 制程专利第 13 项所制造而成的整合芯片,ITC 则将裁决矽统应给付等同进口产品总价等值的担保金(100%),或给付包含该整合芯片的主机板价值之 39% 的担保金,始得进口该主机板。

案例 2:Genesis Microchip v. MRT,Trumpion,SmartASIC,and MStar

一、本案简介

由于国内厂商逐渐侵蚀到原占有 LCD 显示器控制芯片七成占有率的美国 Genesis Microchip 公司(以下简称 Genesis)的市场,Genesis 遂于联邦地方法院及 ITC 分别提起一件专利侵权争讼案件,LCD 显示器控制芯片制造厂商间的一场专利战争正式开打。本案之特色,除了同时有分别在联邦地方法院及 ITC 提起专利侵权争讼外,还有在 ITC 的调查程序中,亦有先后两案分别提出，最后由委员会决定并案审理。如此，读者可以在 ITC 的两个调查案中，发现不同的 ALJ 对同一项权利要求之有效性认定，因为对于权利要求的技术特征之解读有不同的看法，而有截然不同之结论，值得观察。

二、双管齐下

首先，Genesis 于 2002 年 3 月 16 日，以其美国第 5,739,867 号专利①（以下简称'867 专利）遭受侵害为由，在美国北加州联邦地方法院（The Federal District Court of Northern California）对台湾晶捷科技公司（以下简称 MRT）、创品电子公司（以下简称 Trumpion）和晶磊半导体公司（以下简称 SmartASIC）提起专利侵权诉讼，主张彼等侵害其'867 专利。其次，为求进一步独占美国市场，将 MRT、Trumpion 和 SmartASIC 之相关产品排除于外，Genesis 复于 2002 年 9 月 17 日就同一侵权事实，再向 ITC 主张 MRT、Trumpion 和 SmartASIC 进口至美国、在美国贩卖系争侵权产品之行为侵害其专利，彼等因专利侵权案件，违反《美国关税法》第 337 条，故而申请 ITC 进行调查，要求 ITC 针对侵权之产品及其下游产品作出排除进口命令及停止销售命令。

---

① '867 专利系于 1997 年 2 月 24 日提出申请，并于 1998 年 4 月 14 日获得美国专利商标局审查通过，获准名为"在水平及垂直方向放大影像的设备及方法"之专利，技术领域为控制 LCD 之控制电路 IC，并借以控制影像讯号的缩放、画质及亮度。

三、481 调查案

2002 年 10 月 18 日,ITC 正式决定对 3 家国内业者展开调查(案号:337-TA-481,以下简称"481 调查案")。由于 Genesis 与其中之 SmartASIC 达成了和解协议,因此负责调查该案之 ALJ 首先于 2003 年 1 月 14 日作出初步决定,终止对 SmartASIC 的调查。2003 年 10 月 20 日,ALJ 再针对剩下两家业者作出初步决定(以下简称"481 FD"),由于 ALJ 相信 Trumpion 的专家证人之证词,认为'867 专利的上述权利要求之所有的技术特征构成要件,都已在'071 专利中披露,所以'867 专利的上述权利要求是无效的,因此认定 MRT 与 Trumpion 之产品因未侵害有效之专利权,故并不违反《美国关税法》第 337 条之相关规定。

2003 年 12 月 5 日,由于 Genesis 不服上述 ALJ 该初步决定而向 ITC 提出复审请求,ITC 决定同意就 481 FD 进行部分复审;随后,于 2004 年 1 月 26 日,ITC 作出复审决定,撤销部分 ALJ 所作之权利要求之解释(Claim Construction),同时并将该案发回给 ALJ,要求其依照委员会所作对权利要求之解读方式,重审 481 调查案。委员会在发回重审之命令中,亦指示 ALJ 需于 2004 年 5 月 20 日前发布调查结果,并且展延 481 调查案之结案日期至 2004 年 8 月 20 日。

四、491 调查案

由于 Genesis 经由并购其他公司而获得新的专利权,因此另行向 ITC 陈称 MRT 和 Trumpion① 将系争侵权产品进口至美国,以及在美国就系争侵权产品为贩卖之要约或贩卖之行为侵害其专利权②,要求 ITC 针对侵权产品及其下游产品是否违反《美国关税法》第 337 条申请展开新调查案,请求 ITC 作出排除进口命令及停止销售命令。而 ITC 亦依其所请,于 2003 年 4 月 14 日,正式决定该对两家国内业者展开调查(案号:337-TA-491,以下简称"491 调查案")。

接着,由于晨星公司(以下简称 MStar)自母公司独立,Genesis 随即向 ITC 请求将 MStar 增列为 491 调查案之调查对象;2003 年 6 月 20 日,负责调查该案之 ALJ 作出一初步决定,决定将 MStar 新增列为该案之调查对象,调查是否构成侵害前述 491 调查案的三件系争专利。③ 2003 年 10 月 10 日,ALJ 另行作出一初步决定,亦即依照 Genesis 之请求,终止在 491 调查案中对 Trumpion 之调查程序。

ALJ 于 2004 年 4 月 14 日作出初步决定(以下简称"491 FD"),认为 MStar 所进口及销售之产品构成了违反《美国关税法》第 337 条专利侵权案④,但对 MRT 之产品则系认定不构成

---

① MRT 和 Trumpion 同为 481 调查案之被调查对象。
② Genesis 主张之系争专利案有 3 件,专利权号码:6,078,361('361 专利)、5,953,074('074 专利)及 6,177,922('922 专利)。
③ '867 专利同为 481 调查案之系争专利。
④ 在 491 FD 中,ALJ 认定 MStar 之产品不构成侵害 '361 专利;但对 '867 专利而言,则认定构成侵害。

违反《美国关税法》第 337 条专利侵权案①;在同一初步决定中,ALJ 亦针对救济方式与担保金作出建议性决定。申请调查人 Genesis、被调查人 MRT 及 MStar,与 ITC 之公设调查律师(Investigative Attorney,以下简称 IA)皆向委员会提起对 491 FD 之部分复审请求,并提交答辩状。

'361 专利之争点主要系于权利要求第 13 项及第 15 项中,有关"控制逻辑电路"与"地址产生电路"之间的线路连接方式,以及讯号传送方式之争议。

专利权人 Genesis 主张该两项权利要求中对"耦合连接方式"(以下简称 coupled to)的技术特征构成要件之解读,应采取"控制逻辑电路"与"地址产生电路"之间的联机方式,可以是直接联机或间接联机(透过暂存内存构成二者之联机),"二者选一"或"二者并行"皆可;以及讯号传送之方向不限定需由"控制逻辑电路"处开始,将寻址讯号传往"地址产生电路"处。

但被调查人 MStar 与 MRT,甚至包括 ITC 的 IA 皆反对如此解释该"coupled to"之技术特征;因为专利说明书之发明说明及图示中针对此一技术特征之叙述方式,即限定"控制逻辑电路"与"地址产生电路"之间的联机方式是采取直接联机或间接联机,"二者选一"且不可"同时并行";以及寻址讯号传送之方向系由"控制逻辑电路"处传向"地址产生电路"处。

ALJ 在 491 FD 中系采认被调查人与 IA1 方之主张,并定

---

① 在 491 FD 中,ALJ 认定 MRT 之产品对'361 专利及'867 专利而言,皆不构成侵害。

义"控制逻辑电路"与"地址产生电路"之间所谓"coupled to"之联机方式为:"地址产生电路"系经由直接或间接地"二者选一"且不可"同时并行"的方式,以电流方式连接着"控制逻辑电路",因此,二者之间存在着一讯号之通联电路。①

虽然 ALJ 在 491 FD 中对权利要求之解读(Claim Construction)较为限缩,但 MStar 及 MRT 的产品之技术特征并未落入 ALJ 所作之权利要求解读;更重要的一点是 ALJ 认定专利权人 Genesis 的产品并未实施'361 专利该项权利要求之技术特征,所以不符合对《美国关税法》第 337 条中,有关国内产业之构成要件,从而在 491 FD 中认定 MStar 及 MRT 之产品皆不构成违反《美国关税法》第 337 条专利侵权案。

但委员会之决定中,则认为 ALJ 所认定之解释方式并不恰当,因为'361 专利之说明书中所定义之技术的解释范围较广;为求权利要求的解读之一致性,因此部分修改了 ALJ 对权利要求之解读,放宽对'361 专利的权利要求第 13 项及第 15 项之解释方式。重新定义"控制逻辑电路"与"地址产生电路"之间所谓"coupled to"之联机方式为:"地址产生电路"系经由直接或间接地"二者选一"或者"二者并行"之方式,以电流式地连接着"控制逻辑电路",因此二者之间存在着一讯号之通联电路。②

虽然在委员会决定中对权利要求之解读所包含之范围较

---

① "the address generation circuit is electrically connected either directly or indirectly to the panel control logic so that there is a signal flow between them."

② "the address generation circuit is directly or indirectly electrically connected to the panel control logic so that there is a signal flow between them."

广,理论上 MStar 及 MRT 的产品之技术特征更易落入委员会所作之权利要求解读;但由于专利权人 Genesis 极力申明其产品已实施'361 专利该项权利要求的主张并未被委员会所接受,所以与 491 FD 中 ALJ 认定 Genesis 不符合有关国内产业之构成要件的命运相同,专利权人 Genesis 的产品并未实施'361 专利。从而在委员会决定中,亦维持对 MStar 及 MRT 之产品皆不构成违反《美国关税法》第 337 条专利侵权案之决定。

五、程序合流

由于第二次 481 调查案程序之 481 Remand ID 的作出日期,已落在 491 调查案程序之 491 FD 的发布日期之后,而两案皆收到当事人与 IA 要求部分复审之请求,于是委员会随即在 2004 年 5 月 21 日决定将 481 调查案及 491 调查案两件合并调查,并且规定合并调查案之结案目标日期为 2004 年 8 月 21 日。

本案主要之争点最是围绕在'867 专利的各项权利要求之相关专利有效性之争议上,特别是有关美国第 6,067,071 号专利[①](以下简称'071 专利)是否构成对'867 专利的新颖性及进步性等专利要件之威胁。换言之,在于'071 专利是否构成对'867 专

---

① '071 专利系于 1996 年 6 月 27 日提出申请,并于 2000 年 5 月 23 日获得美国专利商标局审查通过,获准名为"LCD 面板之放大影像的设备及方法"之专利,技术领域与'867 专利相同,皆为控制 LCD 之控制电路 IC,并借以控制影像讯号的缩放、画质及亮度。且该专利之发明人与'867 专利之发明人相同,发明人其中之 Alexander J. Eglit 亦曾作证,但专利权人不同。

利的权利要求第 1 项及第 9 项的新颖性之专利要件威胁？亦即'867 专利的权利要求第 1 项及第 9 项之所有的技术特征构成要件，是否都已在'071 专利中披露？若都已披露，则'867 专利的权利要求第 1 项及第 9 项是无效的。

因此需要比对'071 专利与'867 专利之权利要求解读（Claim Construction），以决定'867 专利的相关权利要求之技术特征，是否已在'071 专利中披露，以决定'071 专利是否构成'867 专利之前案。

首先，在当初 481 调查案之中，被调查对象 Trumpion 主张'867 专利的权利要求第 1 项及第 9 项之所有的技术特征构成要件，都已在'071 专利中披露，所以'867 专利的权利要求第 1 项及第 9 项是无效的；但是专利权人 Genesis 却主张'867 专利的权利要求第 1 项及第 9 项之所有的技术特征构成要件中，有一项影像源视框技术（a source image frame）并未在'071 专利中披露，因为'071 专利中所披露之技术缺乏控制信息（control infor-mation），所以'071 专利对'867 专利的权利要求第 1 项及第 9 项的新颖性之专利要件不构成威胁，亦即'867 专利的权利要求第 1 项及第 9 项是有效的；而在 481 调查案的 ALJ 于 481 FD 中认为：'867 专利的权利要求第 1 项及第 9 项之所有的技术特征构成要件，都已在'071 专利中披露，所以'867 专利的权利要求第 1 项及第 9 项是无效的。但是到了 491 调查案时，ALJ 于 491 FD 中却不受 481 FD 中对上述见解之拘束，而相信专利权人 Genesis 的主张。Genesis 系引用 Trumpion 在 481 调查案中的专家证人之部分证词,影响 491 调查案的 ALJ 关于'071 专利中所披露之技术特征的认定,亦即 491 调查案之被调查对象当时并没有成功说服 ALJ 采认对自己有利之解释方式,有效指出 Genesis 故意部分引用并曲解 Trumpion 的专家证人之证词。因此,ALJ 认为在'867 专利的权利要求第 1 项及第 9 项之所有的技术特征构成要件中,有一项影像源视框技术(a source image frame)并未在'071 专利中披露,而因为'071 专利中所披露之技术缺乏控制信息(control information),因此,'867 专利的权利要求第 1 项及第 9 项是有效的。

由于对专利有效性的争议案件,其举证责任是落在质疑专利有效的一方,且证明程度需达到清楚且具说服力(clear and convincing)之标准,所以被调查对象到 ITC 委员会之复审程序中以清楚且具说服力之方式,才证明上述 Genesis 的观点是片面且曲解证词之原意,如此,ITC 之委员会始推翻 491 调查案的 ALJ 于 491 FD 中所作之决定,认为:专利权人 Genesis 于 491 调查案中,系故意部分引用 Trumpion 在 481 调查案中的专家证人之证词,曲解并误导 491 调查案 ALJ 对'071 专利中所披露之技术之特征认定,使 ALJ 误认'867 专利的权利要求第 1 项及第 9 项之技术特征构成要件中,有一项影像源视框技术并未在'071 专利中披露。因此委员会重新决定,'867 专利的权利要求第 1 项及第 9 项之所有的技术特征构成要件,都已在'071 专利中披露;所以倘若'071 专利构成'867 专利之前案,亦即'867 专利之构想完成时间(优先权日)晚于'071 专利之构想完成时间(申请日)'867专利的权利要求第1项及第9项是无效的。

因此,接下来之第二个争议点在于'071专利是否构成'867专利之前案?亦即'867专利之构想完成时间(优先权日期)是否早于'071专利之构想完成时间(申请日)?根据专利权人Genesis之主张,'867专利之构想完成时间早于'071专利之构想完成时间,所以'071专利对'867专利不构成前案;而ALJ于491 FD中亦认为'071专利对'867专利不构成前案,但由于ITC之委员会认为,专利权人有许多机会可以申明该项主张,但专利权人并未尽到举证责任,故认为专利权人已放弃主张此项争议,故委员决定推翻ALJ于491 FD中所做之决定,认为'071专利对'867专利构成前案;又因承前所述,ITC委员会认为'867专利的相关权利要求之技术特征,已在'071专利中披露,所以'071专利对'867专利构成前案,故'867专利的权利要求第1项及第9项是无效的。

此外,本案之最后一个争点,为'071专利、'882专利及'381专利所披露之技术结合后,与'867专利的权利要求第36项相比较,对熟习该项技术领域之人士而言,是否是属显而易知(obviousness)?若属显而易知,即构成对'867专利的权利要求第36项之技术特征的进步性之挑战,亦即'867专利的权利要求第36项之技术特征对熟习该项技术领域之人士而言,因不具非显而易知性而应属无效。

基本上,Genesis主张'867专利的权利要求第36项之技术特征,与'071专利、'882专利及'381专利所披露之技术相比较，对熟习该项技术领域之人士而言，并非显而易知，所以对'867专利的权利要求第36项的进步性之专利要件不构成威胁，亦即'867专利的权利要求第36项是有效的；被调查对象虽然主张'867专利的权利要求第36项之技术特征，与'071专利、'882专利及'381专利所披露之技术相比较，对熟习该项技术领域之人士而言，是显而易知的，所以'071等专利所披露之技术对'867专利的权利要求第36项而言，'867专利的权利要求第36项不具进步性，因此'867专利的权利要求第36项应属无效。然而，ALJ于491 FD中则认为由于被调查对象未尽举证责任，所以认定'867专利的权利要求第36项是有效的。ITC委员会与ALJ对'071专利及其他两件专利即'882专利及'381专利与'867专利之权利要求第36项之技术特征的解读亦持相同见解；换言之，ITC委员会维持ALJ于491 FD中所做之决定，认为'867专利的权利要求第36项之技术特征，与'071专利、'882专利及'381专利所披露之技术相比较，对熟习该项技术领域之人士而言，并非是显而易知的，所以在'071等专利所已披露之技术比较之下，'867专利的权利要求第36项仍具有进步性，亦即'867专利的权利要求第36项应属有效。

附录
跨国专利诉讼案例评析

案例 3:O2 Micro International Limited v. Beyond Innovation Technology Co., Ltd., and FSP Group and SPI Electronic Co., Ltd., and Lien Chang Electronic Enterprise Co., Ltd.

一、基本事实

本案为 O2 Micro International Limited(凹凸科技股份有限公司,以下简称 O2)于 2004 年 1 月,在美国德州东区联邦地方法院(Unites States District Court for the Eastern District of Texas),控告 Beyond Innovation Technology Co., Ltd.(硕颉科技股份有限公司,以下简称 BiTek)、FSP Group and SPI Electronic Co., Ltd.(以下简称 SPI/FSP),及 Lien Chang Electronic Enterprise Co., Ltd.(以下简称 Lien Chang)等企业恶意侵害其所拥有关于 cold cathode fluorescent lamps("CCFLs")技术之美国专利 6,259,615(以下简称'615 专利)的第 1、15、35、39 项权利要求,6,396,722(以下简称'722 专利)的第 12 项、第 16 项权利要求,以及 6,804,129(以下简称'129 专利)的第 13、16、17 项权利要求。①

本案发生之前,有一项重要的背景,即 O2 在当初申请专利

---

① O2 International Led. v. Beyond Innovation Technology Co., Ltd., FSP Group and SPI Electronic Co., Ltd., Lien Chang Electronic Enterprise Co., 2007-1304 (Fed. Cir. 2008).

的过程中,为了顺利取得系争'615专利,在回复美国专利商标局审查官认为其先前申请的技术,因为美国专利5,384,516以及6,011,360的合并,而不具《美国专利法》第103条关于非显而易知性的答辩书中,将系争之'615专利权利要求第1项即独立项新增加一项限制:**only if** said feedback signal is above a predetermined threshold。美国专利商标局审查官收到这次的修正后,便核准了O2系争专利之申请。

二、本案争点

（一）权利要求之解释

本案在联邦地方法院的阶段时,诉讼双方攻击防御之重点,在争议上述系争之'615专利权利要求第1项当中,即O2在当初申请专利的过程中,为了顺利取得系争'615专利,而新增加的"only if"究竟指的是什么意思？

联邦地方法院在2005年8月进行"马克曼听证"（Markman hearing）;在马克曼听证过程中,BiTek及Lien Chang主张"only if"应系指"exclusively or solely in the event that",而SPI/FSP主张"only if"应系指"never except when"。但是原告即O2却不同意上述被告关于本案应先由法院针对系争之'615专利权利要求第1项,进行权利要求之解释的主张;O2认为,系争之'615专利权利要求第1项当中所谓之"only if"意义非常明白简单,没有任何疑义[①];换言之,系争之'615专利权利要求第1

---

① O2认为"only if"仅包含"two simple, plain English words"。

项的意义与范围已经很清楚与明确了,法院根本没有进行权利要求之解释的必要,因此反对法院针对系争之'615专利权利要求第1项,进行权利要求之解释。

由于此部分诉讼双方的争议,涉及系争之'615专利权利要求第1项的意义与范围,而权利要求的意义是什么与范围有多广,又与被告被控侵害系争之'615专利之技术特征是否落入系争'615专利之权利要求有关,更直接影响了被告等行为,究竟是否会构成专利侵权;因此,被告等主张法院应先针对系争之'615专利权利要求第1项,进行权利要求之解释(claim construction),诉讼双方日后才得以根据业经法院解释,意义与范围均明确的权利要求,进行文意读取,以判断被告被控侵害系争之'615专利之技术特征,是否落入系争'615专利之权利要求。

(二) 等同原则与禁止反悔原则

除了上述关于法院是否要针对系争'615专利权利要求第1项,进行权利要求解释一节,诉讼双方当事人有争议存在,本案诉讼双方的另1个争点,亦与O2在当初申请专利的过程中,为了顺利取得系争'615专利,而在回复美国专利商标局审查官的答辩书中,将系争之'615专利权利要求第1项即独立项新增的 only if said feedback signal is above a predetermined threshold 之限制有关。

由于O2为了顺利取得系争'615专利,曾经在申请专利的过程中,将系争之'615专利权利要求第1项新增限制,所以本案之被告BiTek在审前程序(per-trial proceedings)的阶段中,以 O2 曾经在申请专利的过程中,将系争之'615 专利权利要求第 1 项新增限制,亦即减缩系争之'615 专利的专利权范围,以顺利取得系争'615 专利之核准为由,向法院主张 O2 应该受到审批历史禁止反悔原则(prosecution history estoppel)之限制,换言之,在本案当中,O2 不得主张等同原则。而 O2 当然反对 BiTek 此项主张,辩称此际并无所谓禁止反悔的情形,O2 当然不应该受到禁止反悔原则之限制;所以,在本案当中,O2 仍得主张等同原则。

三、背景知识

（一）权利要求之解释

1. 为何要解释权利要求

所谓专利权之范围,系专利权人在一定期限内,针对其已披露于公众,具备可专利性之完整发明内容,国家所赋予使专利权人可以独占排他之领域;换言之,在专利权之范围内,未经专利权人之同意（或许可）或其他法定事由允许下,任何第三人均不得擅自闯入,实施（make, use, sell, offer for sell, import）该专利之内容。

在专利诉讼中,从专利权人的角度而言,基本上当然希望专利权之范围愈大愈好;反之,从被控侵权的一方来看,又莫不希望专利权之范围愈小愈好,从而自己所实施的技术特征不会落入专利权之范围。但是,由于专利权属于一种无体财产权,不但不像一般实体物可得被感知、被丈量,甚至相较于同属无体财产权之著作权或商标权而言,专利比起著作或商标,亦较为抽象而不具体,所以为了要界定专利权之范围,必须要有所依据,这个依据便是权利要求(claim)。

因此,为了要确定被控侵权人所实施的技术特征,究竟是否落入专利权之范围,而诉讼双方当事人对于专利权之范围又有争议时,遂有必要先针对界定专利权范围依据之权利要求进行解释(claim construction)。

因此,解释权利要求的目的①,便是为了确定主张被侵害之专利权的意义与范围。

2. 应由何人负责解释权利要求

在美国进行专利诉讼时,倘若属于有陪审团之案件时,究竟是由法官负责解释权利要求?还是由陪审团负责解释?遂成为一项程序上根本的问题。

美国联邦巡回上诉法院全体法官(en banc)于 1995 年在审理 Markman v. Westview Instruments, Inc. 一案中,认为在有陪审团负责审理之诉讼案件中,法院有权力并有义务,解释属于法律范畴的权利要求当中相关用语之意义("in a case tried to a jury, the court has the power and obligation to construe as a matter of law the meaning of language used in the patent

---

① "determin[e] the meaning and scope of the patent claims asserted to be infringed." Markman v. Westview Instruments, Inc., 52 F. 3d 967, 976 (Fed. Cir. 1995)(en banc).

claim")。①

换言之,在美国专利诉讼中,乃是由法院在陪审团开始审理专利讼案件前,法官借由听证程序,先行界定系争专利之权利要求之意义,并据以判断专利权之范围,而非由陪审团决定。美国最高法院亦于 1996 年确认该见解。② 此即美国专利诉讼中所谓之"马克曼听证"的由来。

(二) 等同原则与禁止反悔原则

1. 何谓等同原则

在美国进行专利诉讼时,经过字面上单纯之解读分析,待鉴定对象之技术特征,虽未落入系争专利的"字面读取"范围;但是,若待鉴定对象实质上所使用之技术手段,实质上所发挥的功能,以及实质上所产生之效果,与系争专利实质等同(substantial equivalent);换言之,被控侵权人系以侵权行为发生时,以该发明所属技术领域中,具有通常知识者之技术水准而言,替换可能性(interchangeability)极高的方式,针对系争专利为非实质改变的实施行为,仍构成侵害专利之理论,为所谓之"等同原则"(Doctrine of Equivalents)。③

---

① Markman v. Westview Instruments, Inc., 52 F. 3d 967, 34 U. S. P. Q. 2d (BNA) 1321 (Fed. Cir. 1995) (en banc).
② Markman v. Westview Instruments, Inc., U.S. 116 S. Ct. 1384, 38 U. S. P. Q. 2d (BNA) 1461 (1996).
③ Moleculon Research Corp. v. CBS, Inc., 793 F. 2d 1261 (Fed. Cir. 1986).

2. 何谓禁止反悔原则

所谓禁止反悔原则(prosecution history estoppel),系指专利权人为使其申请案具备可专利性,自愿在专利审批历史(prosecution history, or file wrapper)中,放弃或限缩权利要求(claim)时,日后专利权人不得反悔,而再以任何方式(例如等同原则),重为主张该部分为其专利保护范围。①②

因此,倘若专利权人欲以等同原则,将其专利保护范围,自字面范围向外扩张至其过去曾主动放弃的部分时,被控侵害专利之人,可主张专利权人应受禁止反悔原则之限制;换言之,此际专利权人不得出尔反尔,又主张其过去曾自愿放弃的部分。

3. 何时适用禁止反悔原则

根据美国法院之见解,原则上,若申请人系为使其申请案具备可专利性,而修改权利要求,则专利权人仅不可对该曾修正之权利要求,主张应适用等同原则。

因此,倘若系争专利的权利要求不止一项,而专利权人并未对与待鉴定对象有关之权利要求加以修正或限缩时,即使专利权人在申请过程中,曾对与待鉴定对象无关之权利要求加以修正或限缩,则专利权人仅不可对该曾修正之权利要求适用等同原则,专利权人仍可对与待鉴定对象有关之其他权利要求适用

---

① Festo Corp. v. Shoketsu Kinzoku Kogyo Kabushiki Co., Ltd., No. 95-1066, 234 F. 3d 558, 56 USPQ. 2d BNA 1865 (Fed. Cir. Nov. 29, 2000).

② Festo Corp. v. Shoketsu Kinzoku Kogyo Kabushiki Co., Ltd., 122 S. Ct. 1831(2002).

等同原则。①

美国联邦巡回上诉法院全院法官,在联席审理(en banc) Festo Corp. v. Shoketsu Kinzoku Kabushiki Co., Ltd. 一案时,采取绝对禁止(absolute bar)之见解,亦即认为若专利权人对于权利要求有任何未经过解释(unexplained)之修正,将因禁止反悔原则,而不得对该修正后之权利要求,主张等同原则。②

但此见解嗣后为美国最高法院所推翻;美国最高法院采取所谓弹性禁止(flexible bar)之见解,亦即认为申请人在修正权利要求后,日后虽然不得再以等同原则为由,重为主张该已放弃、修正前的权利要求。但是,不得因此进而推论申请人对于其他在当时所无法想象之等同物或方法,亦一并放弃其原本可得享有之排他权利;亦即在申请人修正权利要求时,若一般习知该技术之人均不可能预见该等同物或方法时,日后专利权人仍可透过等同原则,主张专利保护范围。③

换言之,即使专利权人在申请专利的过程中,曾放弃部分权利要求,因而推定有专利审批历史禁止反悔之情形,不得适用等同原则;但是,若专利权人于诉讼中提出反证,证明其主张之专利保护范围,与其先前放弃的部分无关,且当初在修改权利要求

---

① Hughes Aircraft v. U. S., 717 F. 2d 1351, 1360, 219 USPQ 473, 479 (Fed. Cir. 1983); Festo Corp. v. Shoketsu Kinzoku Kogyo Kabushiki Co., Ltd., No. 95-1066, 234 F. 3d 558, 56 USPQ. 2d BNA 1865 (Fed. Cir. Nov. 29, 2000).

② Festo Corp. v. Shoketsu Kinzoku Kogyo Kabushiki Co., Ltd., No. 95-1066, 234 F. 3d 558, 56 USPQ. 2d BNA 1865 (Fed. Cir. Nov. 29, 2000).

③ Festo Corp. v. Shoketsu Kinzoku Kogyo Kabushiki Co., Ltd., 122 S. Ct. 1831(2002).

时，一般习知该技术之人，均无法预见被控侵害专利之待鉴定对象，为系争专利之等同物或方法时，专利权人仍可对于与修正后的权利要求实质相同之物或方法，主张等同原则，而不受禁止反悔原则之拘束。

美国联邦巡回上诉法院于 2003 年联席审理(en banc)Festo Corp. v. Shoketsu Kinzoku Kogyo Kabushiki Co. 一案时，采取之见解则为，若专利权人当初系为了与可专利性有关之实质原因，而减缩权利要求①，将被推定放弃在原有之权利要求与减缩后之权利要求间之"领土"。换言之，此部分即不得再主张等同原则。

四、法院见解

（一）权利要求之解释

1. 联邦地方法院

联邦地方法院在考虑本案诉讼双方关于系争之'615 专利权利要求第 1 项当中所谓"only if"的争议后，认为系争之'615 专利权利要求第 1 项的"only if"之意义，对于陪审团及法院而言，已经很清楚与明确了（because it "has a well-understood definition, capable of application by both the jury and this court in considering the evidence submitted in support of an in-

---

① "narrowing amendment … made for a substantial reason relating to patentability." Festo Corp. v. Shoketsu Kinzoku Kogyo Kabushiki Co., 344 F. 3d 1359, 1367 (Fed. Cir. 2003) (en banc).

fringement or invalidity case."）①，法院没有进行权利要求之解释的必要，因此并未针对系争之'615专利权利要求第1项，进行权利要求之解释。

2. 联邦巡回上诉法院

本案之被告上诉至联邦巡回上诉法院后，联邦巡回上诉法院认为所谓之权利要求解释（claim construction），目的本来是为了要确定系争可能被侵害的专利权，其有争议的权利要求之意义与范围。而若双方对于该权利要求之意义与范围有争议时，应由法院而不是陪审团解决这个争议。

另外，联邦巡回上诉法院认为，如果习知相关技艺之人士可以很容易地掌握系争权利要求中之相关用语，法院的确可以不必专门针对该权利要求之意义或范围，进行前述之马克曼听证；然而，倘若相关用语本身或字面意义即使意义很简单，但是置入具体之权利要求后，整体的意义或范围却变得不简单时，法院即应针对该权利要求之意义或范围，进行权利要求之解释。

虽然本案系争'615专利权利要求第1项当中之"only if"本身之字面意义尚属简单；但是，因为上诉人即被告所争议的并非"only if"本身之字面意义，而是置入具体之'615专利的权利要求第1项后，该系争'615专利权利要求第1项整体的范围（the parties disputed not the meaning of the words themselves, but the scope that should encompassed by this claim language.），

---

① O2 Micro Int'l Ltd. v. Beyond Innovation Tech Co., No. 2:04-CV-32 (E. D. Tex. Aug. 26, 2005).

所以法院仍应针对该权利要求之意义与范围,进行权利要求之解释。

因此,联邦巡回上诉法院认为,若当事人间的争议基本上与权利要求之用语的范围有关,法院即有责任要将之予以解决;而联邦地方法院在一审中,便是最适合决定适当的权利要求之解释,所以联邦巡回上诉法院要求联邦地方法院继续进行权利要求之解释。

(二) 等同原则与禁止反悔原则

1. 联邦地方法院

BiTek 在审前程序的阶段中,以 O2 曾经在申请专利的过程中,将系争之'615 专利权利要求第 1 项新增限制,亦即减缩系争之'615 专利的专利权范围,以顺利取得系争'615 专利之核准无由,而向联邦地方法院主张 O2 应该受到禁止反悔原则之限制,联邦地方法院一开始同意 BiTek 之主张;但是当 O2 补提一些文件后,联邦地方法院竟然没有对之进行任何分析,仅仅表示:"The court... is persuaded by O2's argument that the amendment bears only a tangential relationship to the equivalent at issue."亦随即采纳 O2 之辩解,同意 O2 以等同原则的方式,主张被告侵害其系争专利权当中"only if"的限制。[①]

2. 联邦巡回上诉法院

本案之被告上诉至联邦巡回上诉法院后,联邦巡回上诉法

---

① O2 Micro Int'l Ltd. v. Beyond Innovation Tech Co., No. 2:04-CV-32 (E. D. Tex. May 8, 2006).

院认为,在申请专利的过程中,将系争专利的权利要求减缩,等同原则之适用应该受到禁止反悔原则之限制(when a patent claim is narrowed during prosecution, prosecution history estoppel may limit application of the doctrine of equivalents)。①

当初 O2 在申请专利的过程中,将系争之'615 专利权利要求第 1 项新增限制,亦即减缩系争之'615 专利的专利权范围,以顺利取得系争'615 专利之核准的过程,O2 即系为了与可专利性有关之实质原因,而减缩权利要求,将被推定放弃在原有之权利要求与减缩后之权利要求间之"领土"。换言之,此部分即不得再主张等同原则,O2 应该受到禁止反悔原则之限制,所以 O2 在修正权利要求后,日后即不得再以等同原则为由,重为主张该已放弃、修正前的权利要求。

此外,联邦巡回上诉法院依据最高法院所建立的三项标准②,认为 O2 主张之专利保护范围,与其先前放弃的部分有关,且当初在修改权利要求时,一般习知该技术之人,均可预见被控侵害专利之待鉴定对象,为系争专利之等同物或方法,所以 O2 不可对于与修正后的权利要求实质相同之物或方法,主张等同原则,故应受禁止反悔原则之拘束。

---

① Int'l Rectifier Corp. v. IXYS Corp., 515 F. 3d 1353, 1358 (Fed. Cir. 2008).

② (1)'the alleged equivalent would have been unforeseeable at the time … the narrowing amendment' was made; (2)'the rationale underlying the narrowing amendment bore no more than a tangential relation to the equivalent' at issue; and (3)'there was "some other reason" suggesting that the patentee could not reasonably have been expected to have described the alleged equivalent.'

五、重要意义

本案虽然因为联邦巡回上诉法院认为,应该要针对系争'615专利之权利要求第1项,即"only if"相关部分之意义或范围,进行权利要求之解释;并且O2不可对于与修正后的权利要求实质相同之物或方法,主张等同原则,而应受禁止反悔原则之拘束,所以判决废弃了德州东区联邦地方法院的判决,并因联邦巡回上诉法院属于法律审,故将全案发回德州东区联邦地方法院,重新进行审理。但是可预期的是,本案发回德州东区联邦地方法院后,整个诉讼程序之进行与法院所持之态度与立场,基本上应该仍维系该法院之传统精神。所以在全案发回德州东区联邦地方法院重审后之判决,值得对美国专利诉讼有兴趣的读者后续密切观察。

此外,透过这个案例,我们再一次地确认了在美国专利诉讼中,关于权利要求之解释权属于法院外,且是否要进行权利要求之解释,所欲取决范围或意义是否不明确之对象,并非仅断章取义的只字词组,而是该包含有疑义的用语之整段权利要求。

最后,我们也了解专利权人在申请专利的过程中,倘若曾经在权利要求中新增技术特征,系为了与可专利性有关之实质原因,而减缩权利要求,将被推定放弃在原有之权利要求与减缩后之权利要求间之"领土"。换言之,此部分即不得再主张等同原则。但是,若日后一般习知该技术之人,均无法预见被控侵害专利之待鉴定对象,为系争专利之均等物或方法时,专利权人仍可对于与修正后的权利要求实质相同之物或方法,主张等同原则,而不受禁止反悔原则之拘束。

案例 4:Quanta Computer Inc., et al v. LG Electronics, Inc.

一、基本事实

LG Electronics,Inc.(以下简称 LGE)与 Intel Corporation(以下简称 Intel)签订交互许可合同(License Agreement),许可就相关之专利可以制造、使用、直接或间接贩卖、为贩卖之要约,以及进口等行为。但是在许可书中特别载明相关之专利权,只许可给彼此之产品,不包括与彼此之产品结合之其他产品(it stipulates that no license "is granted by either party hereto … to any third party for the combination by a third party of Licensed Products of either party with items, components, ot the like acquired … from sources other than a party hereto, or for the use, import, offer for sale or sale of such combination")。

此外,在另外一份独立的主合同中(Master Agreement),Intel 同意以书面告知其客户,倘若其客户欲将其他非 Intel 之产品与 Intel 之产品结合,则其他之产品不在 LGE 明示或默示之许可的范围内(the license "does not extend, expressly or by implication, to any product that you make by combining an Intel product with any non- Intel product")。

随后,Quanta Computer Inc.(广达计算机股份有限公司,以下简称 Quanta)向 Intel 购买了上述 LGE 专利许可给 Intel 使用所生产之微处理器,并且将该微处理器与未经 LGE 专利许可之其他计算机零组件结合在一起;而当 LGE 发现 Quanta 在未经其同意或许可的情形下,竟擅自将其许可 Intel 所制造之产品,与其他非 Intel 所制造、未经 LGE 专利许可之其他计算机零组件组装在一起时,LGE 依据上述其与 Intel 间之专利许可合同之内容,认为 Quanta 之行为并未经其合法许可,因此侵害其曾许可给 Intel 之系争专利,遂决定向美国加州北区联邦地方法院(Unites States District Court for the Northern District of California)提起专利侵权诉讼。[①]

二、本案争点

本案之主要争点并非 Quanta 所使用的产品中,尤其是 LGE 专利许可给 Intel 所生产之微处理器的制程,有无落入 LGE 系争专利之权利要求;也不是 LGE 之系争专利是否有效,而是 LGE 将该微处理器的制程专利许可给 Intel 之后,LGE 对于 Intel 根据该制程专利所制造之微处理器的专利权,是否业已因 LGE 已与 Intel 签订之专利许可合同,取得相当之许可使用

[①] 相关案情及判决全文,请参阅 http://www.supremecourt.gov/opinions/07pdf/06-937.pdf,最后访问日期:2018 年 3 月 7 日。

费而完全耗尽，不得再对日后合法取得该 Intel 根据该制程专利所制造之微处理器的任何第三人主张该制程专利之排他权。

换言之，倘若 LGE 对于 Intel 根据该制程专利所制造之微处理器的专利权，业已因 LGE 已与 Intel 签订之专利许可合同，取得相当之许可使用费而完全耗尽时，即使 Quanta 在未经 LGE 同意或许可的情形下，将 LGE 许可 Intel 所制造之产品，与任何其他非 Intel 所制造、未经 LGE 专利许可之其他计算机零组件组装在一起，LGE 仍因该微处理器的制程专利业已耗尽，而不得再对 Quanta 主张该制程专利之排他权。反之，倘若 LGE 对于 Intel 根据该制程专利所制造之微处理器的专利权，尚未因 LGE 与 Intel 签订之专利许可合同，取得相当之许可使用费而完全耗尽，则即使 Quanta 系将正式经 LGE 许可 Intel 所合法制造之产品，与其他非 Intel 所制造、未经 LGE 专利许可之其他计算机零组件组装在一起，LGE 所拥有该微处理器的制程专利仍未耗尽，故仍可再对 Quanta 该未经 LGE 同意或许可的情形下所为之行为，主张该制程专利之排他权。

在本案当中，LGE 并未否认专利权耗尽之理论，但是主张专利权耗尽之理论只可适用在物品发明的专利权上，不可适用在方法发明的专利权上，因为方法发明的专利权所保护的对象是抽象的制程，并非一具体的产品，所以方法发明的专利权不可能因为许可后之买卖关系而耗尽。

但是，Quanta 则辩称根据过去美国最高法院及联邦巡回上诉法院之判决，专利权耗尽之理论不但可适用在物品发明的专利权上,亦可适用在方法发明的专利权上,并未有所区别;并且倘若专利权耗尽之理论不可适用在方法发明的专利权上,日后所有专利权人均可借由其专利权中与方法有关之权利要求,主张可以不适用专利权耗尽之理论。

三、背景知识

(一) 何谓专利权耗尽

所谓专利权耗尽之理论(the doctrine of patent exhaustion),系指专利权人已将专利权许可他人制造或贩卖,专利权人已经从其中获得其应得之利益,以致在根据该许可所制造之专利产品第一次贩卖的时候,专利权人在该产品上所有的专利权均已终结,专利权人不得再向第三人主张排他权,亦不得再向已取得该经许可而制造或贩卖之专利产品的第三人,另外收取许可使用费。

(二) 专利权何时耗尽

固然专利权人的专利权,会因为其已经从将专利权许可他人制造或贩卖的过程中获得利益而耗尽,但是,倘若该制成品并非最后之终端商品,而仅系其中某个阶段的一个零件,则该专利权人之专利何时会耗尽,遂成为一项可讨论的议题。

根据美国最高法院在 United States v. Univis Lens Co. 1 案中所持之见解[①],虽然专利权人系将其专利权许可不同的厂商实施,在眼镜镜片不同的制程进行制造或贩卖,但是,因为在

---

① United States v. Univis Lens Co., 316 U.S. 241.

其中第一个制程部分所产生之产品，仅仅具备专利本身所产生之效用，别无其他功效；并且，在此阶段已体现该专利之核心特征（embodied essential features of the patented device），因此专利权人已经透过许可给该被许可人的过程，所收取到的许可使用费，满足其应得之利益，以致在后面的其他阶段，专利权人的专利权业已耗尽，而不得再向已取得该经许可而制造之镜片的其他人，另外收取许可使用费。

四、法院见解

（一）联邦地方法院

在本案当中，加州北区联邦地方法院虽然认为 LGE 的专利权，因为已许可给 Intel 并获得利益而耗尽；但是，仅限于关于物品发明部分的专利权被耗尽，不及于其他关于制成或方法发明部分权利要求的专利权。

（二）联邦巡回上诉法院

全案上诉到联邦巡回上诉法院后，联邦巡回上诉法院直接认定专利权耗尽理论，不适用于关于方法发明部分权利要求的专利权。此外，由于在 LGE 与 Intel 间之许可书中，明确载明 LGE 相关之专利权，只许可给 Intel 之产品，不包括与 Intel 之产品结合之其他产品，所以联邦巡回上诉法院更进一步认为 Quanta 与 Intel 之间关于微处理器之契约，属于未经 LGE 所许可之买卖合同，因为 LGE 并未许可 Intel 将其产品贩卖给 Quanta，使其用于与其他非 Intel 产品相结合。所以在本案当中，Quanta 与 LGE 之间根本不适用所谓专利权耗尽理论。

（三）美国联邦最高法院

美国联邦最高法院针对本案的三个主要的争点，分别表示以下的见解：

（1）专利权耗尽理论可否适用于方法发明部分权利要求的专利权

关于方法发明部分权利要求的专利权是否亦适用专利权耗尽理论的部分，最高法院认为过去其判决并未将方法发明部分权利要求的专利权排除于专利权耗尽理论之外；并且在事实上，有时装置发明与方法发明的内容非常近似，甚至很难将装置发明的功能与方法发明加以区分。此外，虽然当事人之间无法直接买卖抽象的专利方法或制程，但是该专利之方法可以体现在经由透过使用专利方法或制程所制造出来的装置或物品上，却仍然可以直接成为当事人买卖的目标。因此，仍然可以因为第一次销售透过用户许可证专利方法或制程所制造出来的装置或物品，方法发明的专利权被耗尽。

（2）本案 LGE 的专利权何时耗尽

虽然 LGE 主张其许可给 Intel 的专利权，仅及于 Intel 的产品，不及于与 Intel 之产品结合之其他产品。因此即使 Quanta 系将向 Intel 购买经 LGE 合法许可之产品与其他产品结合，仍然必须另行取得 LGE 之授权。但是最高法院依据先前 United States v. Univis Lens Co. 1 案中所持之见解，认为若该经许可所制造之产品，已体现该被授予专利的发明之核心特征（"embodied essential features of the patented invention"),且该产品已实现了该专利之主要目的,则专利权人透过许可给该被许可人的过程所收取到的权利金,已满足其应得之利益,专利权人的专利权即应已耗尽,不得再向已因销售而取得该经许可而制造之产品的其他人,另外收取许可使用费。

在本案中,LGE 虽仅许可给 Intel 专利权,且言明仅及于 Intel 的产品,不及于与 Intel 之产品结合之其他产品;但是因为 Quanta 向 Intel 购买经 LGE 合法许可之系争产品为微处理器,该微处理器已充分体现系争专利之功效,而且该微处理器之主要目的,本即系为了与其他产品相结合而组装成计算机商品,所以 LGE 已满足其应得之利益,LGE 的专利权即应已耗尽,不得再向已因销售而取得该经 LGE 授权而由 Intel 制造之产品的 Quanta,另外收取许可使用费。

(3) Quanta 与 Intel 之间关于微处理器之契约,是否属于未经 LGE 所授权之买卖契约

最后,关于 LGE 主张 Quanta 与 Intel 之间关于微处理器之契约,属于未经 LGE 所许可之买卖契约的部分;最高法院认为,当初 LGE 与 Intel 之间关于专利许可之合同,仅言明只许可给 Intel 之产品,不包括与 Intel 之产品结合之其他产品,而且 Intel 应告知其客户,倘若其客户欲将其他之产品与 Intel 之产品结合,则其他之产品不在 LGE 授权的范围内等语,但是详究 LGE 与 Intel 之间关于专利许可之合同,基本上却从未限制 Intel 将该经 LGE 专利许可之产品销售给第三人,使之与其他非 LGE

专利许可之产品相结合；并且，在当初 LGE 与 Intel 之间关于专利许可之合同中，LG 亦已许可 Intel 可将该经 LGE 专利许可之产品销售("sell")给第三人。所以，即使 Intel 将该经 LGE 专利许可制造之产品，透过与 Quanta 间关于微处理器之合同，销售给 Quanta，使 Quanta 将之与其他非 LGE 专利许可之产品相结合组装成计算机产品，仍非属未经 LGE 所许可之买卖合同。

五、重要意义

经由这个案例，我们得到以下三点结论：首先，专利权耗尽理论可以适用于方法发明部分权利要求的专利权，因此方法发明之专利权人不能重复针对垂直关系之第三人收取许可使用费。其次，若经许可所制造之产品已完全实现专利之目的，且该产品之主要目的即系为了实现该专利，则专利权人透过许可已满足其应得之利益，专利权人的专利权即应已耗尽，不得再向已因销售而取得该经许可而制造之产品的其他人，另外收取许可使用费。最后，若专利权人希望具体约束被许可人之商业行为，或是希望从被许可人与第三人间之商业关系再一次获得"利润"，比较保险的做法，便是直接在其与被许可人间之许可合同中，清楚载明相关之限制，或是日后利润分配之方式，以免在产生争议时，无法据以主张相关之权益。当然，是否可在专利许可合同中约定上述限制或利润分配条款，除了要看被授权人是否愿意外，还必须注意国际间关于反拖拉斯条款的相关规定。

案例 5：Micron Technology Inc. v. MOSAID Technologies Inc.

一、基本事实

目前全世界 DRAM(dynamic random access memory chip)产业有四大制造商，分别是 Samsung Electronics Company Ltd.（以下简称 Samsung）、Hynix Semiconductor Inc.（以下简称 Hynix）、Infineon Technologies of North America（以下简称 Infineon），以及 Micron Technology Inc.（以下简称 Micron）四家大厂。而在 DRAM 产业亦有一知名之专利权人——MOSAID Technologies Inc.（以下简称 MOSAID）；在过去，MOSAID 曾经对前述全世界 DRAM 产业 Micron 以外之三大制造商，也就是 Samsung、Hynix、Infineon 等三家公司提起专利侵权诉讼，且最后 MOSAID 也成功地透过和解达到其索取许可使用费之目的。

至于 Micron，MOSAID 当然不会轻易放过，MOSAID 于对 Samsung、Hynix、Infineon 等三家公司提起专利侵权诉讼前，除先后于 2001 年 6 月、2001 年 12 月、2002 年 3 月以及 2002 年 7 月先后多次寄发警告信给 Micron 外，在其公司公开宣称中，重申其会持续其攻击性的许可策略（"aggressive licensing strategy"）；并且还在其公司 2005 年的年报（annual reports）中，表示了类似的陈述（"in the aggressive pursuit of this objective"）。

终于，MOSAID 与 Samsung、Hynix、Infineon 等三家公司间之专利侵权诉讼告一段落，接下来 MOSAID 在 DRAM 产业中剩下的最大目标便呼之欲出；当然，经历先前从 MOSAID 接踵而来的警告信、同产业几家大厂纷纷被控侵害专利，以致缴纳许可使用费，以及 MOSAID 多次公开放话的过程，Micron 自然知道时候到了，该上门的终归要上门了。因此，想到与其被迫应战，不如先发制人、与其被对方到素有对专利权人较为友善传统的联邦地方法院提告侵害专利诉讼，不如先下手为强，到一个立场相对较为客观的联邦地方法院，直接对 MOSAID 提起确认诉讼（declaratory judgment action）。

因此，Micron 便于 2005 年 7 月 24 日到美国加州北区联邦地方法院（Unites States District Court for the Northern District of California）以 MOSAID 为被告，提起确认诉讼，请求法院确认其并未侵害 MOSAID 的 14 个专利。而果不出所料，MOSAID 也立刻于第二天到声誉卓著、专利权人乐园的美国德州东区联邦地方法院（Unites States District Court for the Eastern District of Texas），控告 Micron 侵害其专利。[①]

二、本案争点

Micron 到加州北区联邦地方法院以 MOSAID 为被告，提起确认诉讼后，加州北区联邦地方法院竟然表示原告缺乏"合理

---

① Micron Technology, Inc. v. MOSAID Technologies, Inc, 07-1080 (Fed. Cir. 2008).

的不安(reasonable apprehension)",因此加州北区联邦地方法院对此确认诉讼欠缺管辖权;该法院并表示,即使其具备管辖权,亦会行使裁量权,拒绝审理本案。

因此,本案拟讨论之争点,并非 MOSAID 之专利是否无效,也非 Micron 是否有侵害 MOSAID 之专利,而是在目前之阶段,Micron 究竟可否在加州北区联邦地方法院提起确认诉讼?

三、背景知识

(一)何谓确认诉讼

所谓确认诉讼(declaratory judgment action),依据 28 U. S. C. §2201(a)的规定,系指当事人之间若有"真正争议"(actual controversy)时,除有特殊例外情形,基本上,无论当事人间是否有其他管道可以解决该争议,利害关系当事人之一方均可以请求有管辖权之美国任何法院,判决宣告其间之权利状态或法律关系究竟为何。若当事人不服联邦地方法院该确认诉讼之判决时,当事人可向联邦巡回上诉法院提起上诉。

(二)为何提起确认诉讼

被控侵害专利之人在收到专利权人的警告信函后,经过专利评估作业,若认为系争专利应该无效,或并未侵害专利;或于调查与专利权人有关之案例后,发现专利权人过去的纪录,均倾向于到美国一些特别青睐专利权人之联邦地方法院,对其他国家之被告提起专利诉讼时,被控侵害专利之人可以选择先发制人,直接到其应诉较为方便、立场较为客观、效率较为迅速之美国联邦地方法院提起确认诉讼。

(三) 如何提起确认诉讼

过去美国联邦巡回上诉法院认为,当事人若欲提起确认之诉,必须要能证明以下两项事实,才符合当事人之间需有"真正争议"的要求[①][②]:(1)原告对确认之事实具有一定之利益。若要提起确认诉讼,原告首先要证明其对于欲经由法院确认之事实,具有一定之利益(recognized interest);换言之,必须系该确认事实之利害关系人,始可提起确认诉讼,并非任何一般第三人均可随意提起。(2)原告可合理怀疑被告将采取一定措施。此外,提起确认诉讼的原告,尚要证明因为被告之客观行为,使原告产生合理的不安(reasonable apprehension),担心被告有可能将进一步展开对其不利之行动。

例如,若A公司寄发指控C公司侵害系争专利、要求C公司立即停止制造贩卖相关产品,或于一定期限内与其进行授权协商,否则其将对C公司提起专利侵权诉讼之警告信函;C公司即可以根据该警告信函,证明其确因继续生产该产品,而产生合理的不安,担心A公司接下来极有可能对其提起专利侵权诉讼。C公司遂可据之先对A公司向法院提起确认系争专利无效之诉。

后来美国最高法院在 MedImmune1 案中,认为若要提起确认诉讼,该争议应该是确定且具体的,所涉及之法律关系是利害

---

① EMC Corp. v. Norand Corp., 89 F. 3d 807 (Fed. Cir. 1996).
② Fina Oil and Chemical Co. v. Ewen, 123 F. 3d 1466 (Fed. Cir. 1997).

相冲突,而且是真实且实质性的,并且可透过决定性的裁判,使该特定情况得以解决;而非仅关于一个假设性的事实状态所为之法律意见。①

在这个见解中,是否有所谓实质性的争议,法院必须要考虑所有相关情况(under all the circumstances),以决定利害相冲突的当事人间是否真的存在有实质性的争议。②

四、法院见解

(一) 联邦地方法院

加州北区联邦地方法院于收到 Micron 提起之确认诉讼后,除表示 MOSAID 之行为,不足以使原告即 Micron 产生将对其展开诉讼之合理的不安(MOSAID's conduct was not sufficient to give rise to a reasonable apprehension of litigation against Micron)③,故本案不符合提起确认诉讼的标准外,尚进一步表示因为 MOSAID 到德州东区联邦地方法院,除了控告 Micron 侵害其专利外,另外还列了其他被告,故德州东区联邦地方法院

---

① "[T]hat the dispute be definite and concrete, touching the legal relations having adverse legal interests and that it be real and substantial and admit of specific relief through a decree of a conclusive character, as distinguished from an opinion advising what the law would be upon a hypothetical state of facts." Medlmmune, 127 S. Ct. at 774 n. 11.

② "whether the facts alleged under all the circumstances show that there is a substantial controversy between parties having adverse interests …" Medlmmune, 127 S. Ct. at 774 n. 11.

③ Micron Tech. Inc., v. MOSAID Techs., Inc., No. C 06-4496, 2006 U. S. Dist. Lexis 81510 (N.D. Cal. Oct. 23, 2006).

与本案仅有 Micron 比较起来,有更深的关系,因此即使本案符合提起确认诉讼的标准,加州北区联邦地方法院亦认为其不适合管辖本案,且因两案的提起才时隔一天,即使移转管辖,亦不至于浪费加州北区联邦地方法院的资源;故全案仍应以移转至德州东区联邦地方法院为宜。

(二) 联邦巡回上诉法院

本案经 Micron 上诉至联邦巡回上诉法院后,联邦巡回上诉法院认为从 2001 年起,Micron 已多次收到 MOSAID 寄来的警告信,且 Micron 已看到相同产业其他几家大厂亦已先后被控侵害专利,且在 MOSAID 公开表示以及其年报当中,均已确认其将继续其攻击性的授权策略后,已足以符合提起确认诉讼的条件。事实上,MOSAID 也的确立刻于第二天到德州东区联邦地方法院,控告 Micron 侵害其专利。

因此,联邦巡回上诉法院基于上述最高法院在 Medlmmunel 案中关于欲提起确认诉讼之标准,在考虑 Micron 与 MOSAID 之间所有相关情况(under all the circumstances),认为利害相冲突的 Micron 与 MOSAID 之间,的确存在有实质性的争议,因此加州北区联邦地方法院对于 Micron 对 MOSAID 提起确认诉讼一事具有管辖权。

至于加州北区联邦地方法院认为即使其有管辖权,其仍将行使裁量权,拒绝受理本案一节;联邦巡回上诉法院认为,虽然依据 28 U.S.C. § 2201(a) 的规定,当事人之间若有"真正争议"(actual controversy)时,有管辖权之美国任何法院,可以

("may")决定其是否以判决宣告其间之权利状态或法律关系究竟为何。换言之,法院的确拥有裁量权。但是,在不同法院分别系属专利侵权诉讼及专利确认诉讼时,应依何标准裁量由何法院管辖,应由哪一个联邦地方法院管辖本相关案件,其重点应在于考虑28 U.S.C. §1404(a)的"便利因素"(convenience factors),根据此原则,通常会以诉讼先系属之法院(the forum of the first-file action)为优先考虑,而不论其是否为确认诉讼。

在本案当中,虽然Micron比MOSAID早一天到加州北区联邦地方法院提起确认诉讼,但是MOSAID到德州东区联邦地方法院,除了控告Micron侵害其专利外,另外还列了其他被告。关于这个部分,联邦巡回上诉法院认为,Micron以外其余的被告在本案中无足轻重,真正有重要关系的被告仍然是Micron;所以在上述"便利因素"的考虑,以及基于维护确认诉讼基本精神的情形下,联邦巡回上诉法院认为加州北区联邦地方法院滥用裁量权,故本确认诉讼案仍然应该由加州北区联邦地方法院进行审理;因此,联邦巡回上诉法院还是废弃了原加州北区联邦地方法院之判决,将全案发回加州北区联邦地方法院重新进行并审理本确认诉讼。

五、重要意义

在进行专利诉讼前,一般当事人往往想到的是实体面的问题,例如系争专利是否有效、被控侵权之一方是否真的有侵害系争专利的事实等问题,较少会从程序面,例如管辖法院等角度切入；但是，透过许多的案例，包括上述本案的经过，我们了解到，不管是专利权人的一方，还是收到警告信的一方，在美国进行专利诉讼前，都有必要在考虑案件实体面的同时，也一并研究在程序方面，选择应从何救济机关提起相关诉讼，甚至是否有必要化被动为主动，先发制人，以免后发制于人。

虽然对于一般未习惯于美国专利诉讼的企业而言，在收到业界素有强势收取权利金风格的专利权人所寄来的警告信后，通常第一个想法除了慌张，便是赶紧设法研究系争专利的有效性，以及侵权的可能性，接下来，便是等待专利权人的下一个动作，视专利权人究竟是虚晃一招？还是直接提起专利诉讼？鲜少有主动提起专利确认诉讼的想法。

但是，根据许多实证的经验显示，美国不同的联邦地方法院对于专利诉讼的基本态度与做法，的确存在一定程度的差异性；甚至专利权人在有些联邦地方法院，胜诉率高达六至七成。以至于被控侵权的一方在面对专利权人警告信后的消极态度，往往导致日后被专利权人有意牵引至对专利诉讼立场非常鲜明的联邦地方法院、进行专利侵权诉讼却可能坐以待毙的结局。虽然被告可能会主张法院没有管辖权，要求法院移转管辖，但是法院多数的情形下会认为其具有管辖权，并且会继续进行本案审理，被告若不服，可以选择在收到全案几乎已可预知结果的判决时，再一并向联邦巡回上诉法院提起上诉。对于一个企业而言，若要在花费数百万美金的诉讼费后，才能换得到二审进行一场相对较为公平的专利诉讼，成本似乎有点昂贵。

因此，一些比较有经验的公司，或是比较愿意采纳专利律师建议的企业，在山雨欲来风满楼、一场专利大战在所难免之际，为了避免日后被专利权人拉到某些联邦地方法院进行风险较高的专利侵权诉讼，往往会选择先下手为强，先一步到一些立场较为持平、地点较为方便、速度较有效率的联邦地方法院，提起并进行一场风险较低的专利确认诉讼，一方面可防止不当的成见介入全案的审理过程，另一方面又可以掌握全局之节奏，主动出击，并破坏专利权人原来既定的诉讼及商业策略。

根据本案联邦巡回上诉法院所持的见解，基于设计确认诉讼制度的目的，倘若有具体的事证，例如被控侵害专利之人已多次收到专利权人的警告信函，而在考虑有相关情况后，认为利害相冲突的双方之间，的确存在有实质性的争议，足资证明当事人之间已经存在有"真正争议"（actual controversy）时，被控侵害专利之人可以在盱衡整体局势与未来可能面临的风险后，先至其认为妥当之联邦地方法院，对专利权人提起专利确认诉讼。

透过本案之了解，我们也建议身为专利权人一方的企业，为了避免在美国市场上被竞争对手先发制人，反而被牵着鼻子走，整体的诉讼策略及商业布局被打乱，除了避免在公司网站以及年报等公开方式上，任意声称将采取攻击性策略的字眼外，并应在寄发警告信函前，对警告信之内容有所掌握。例如尽量避免情绪化或威胁性的语句，甚至扬言将在谈判不成，最后通牒期间之后，采取一切法律上，包括但不限于诉讼之手段以解决相关争议等用语，以免收受警告信函的一方有机可乘，利用该警告信函大做文章,反而先向专利权人原本计划以外之联邦地方法院,对专利权人提起专利确认诉讼,使得专利权人在相关准备不及,或诉讼策略尚未成熟之际,不得不提前开战,影响原本预期之利益。

案例 6:In Re Seagate Technology,LLC (Petitioner)

一、基本事实

Convolve,Inc. 及 Massachusetts Institute of Technology(以下共称为 Convolve)于 2000 年 7 月 13 日到美国纽约州南区联邦地方法院(Unites States District Court for the Southern District of New York)控告 Seagate Technology,LLC(以下简称为 Seagate)恶意侵害两篇专利(4,916,635 及 5,638,267),并于 2002 年 1 月 25 日追加一篇专利(66,314,473)。

Seagate 为了避免被法院认定恶意侵权(willful infringement)所可能导致被法院认定之惩罚性损害赔偿,Seagate 遂向法院提出在诉讼前委托 Gerald Sekimura 所制作之专利意见(patent opinions);附带一提的是,当事人双方对于 Seagate 委托制作专利意见的意见律师,以及 Seagate 委托进行专利诉讼之专利律师二者系分别且独立作业的一点,在诉讼过程中均无争议。

孰料,Convolve 公司向法院主张,由于 Seagate 提出在诉讼前委托 Gerald Sekimura 所制作之专利意见,故 Seagate 已一并放弃了其与所有律师间通讯秘密,包括进行专利诉讼之专利律师的律师与客户特权(attorney-client privilege),而联邦地方法院也竟然据以认为 Seagate 已放弃了进行专利诉讼之专利律师的律师与客户特权,要求 Seagate 应提出关于进行专利诉讼之专利律师所做与侵害鉴定报告(infringement)、专利无效分析(invalidity)及不能执行意见(enforceability)等相关的文件。[①]

二、本案争点

（一）律师与客户特权

Seagate 为了避免被法院认定恶意侵权所可能导致被法院认定之惩罚性损害赔偿,而向法院提出当初委托完成专利意见之专利律师所作出之专利意见,是否会一并被视为放弃了进行专利诉讼之专利律师的律师与客户特权,应提出关于进行专利诉讼之专利律师所作出的相关文件？

（二）惩罚性损害赔偿

Seagate 为了避免被法院认定恶意侵权所可能导致被法院认定之惩罚性损害赔偿,是否必须向法院提出当初委托完成专利意见之专利律师所作成之专利意见？

三、背景知识

（一）律师与客户特权

1. 何谓律师与客户特权

在美国诉讼法上,有许多种"特权"(privilege),即当事人受

---

① In Re Seagate Technology, LLC, 497 F.3d (Fed. Cir. 2007).

法律保障,可以选择在诉讼进行中,不披露基于特定关系而知悉之特定信息。其中与专利诉讼有关者,最主要者即为律师与客户特权(attorney-client privilege)。

2. 为何要有律师与客户特权

基于以下之四点原因,普通法(common law)认为于个案之中应有律师与客户特权存在之必要[①]：A. 客户将有关之细节均告诉其律师对于律师有效地提供法律服务是有必要的。B. 若无律师与客户特权,律师将有可能几乎在每一个诉讼当中成为证人,于审判过程中产生难以解决之问题。C. 于双方对抗制度及律师的专业角色下,需要有一块关于律师与其客户间隐私的空间。D. 律师与客户特权可以有助于正义的实现;因为事实上几乎没有证据无从经由其他之方式可以取得而被隐匿,相关之信息反而可以因有律师与客户特权而被提供出来使律师得以注意到,有助于提供客户往正确的方向进行诉讼之意见。

因此,基于上述鼓励当事人应尽量提供未经掩饰或增减之事实供其律师以为合法之法律咨询,以助正义的实现等目的,客

[①] "(1) It is necessary for the effective rendering of legal services that the client communicate every relevant detail to the lawyer... (2) Without the privilege, lawyers would become witnesses in almost every lawsuit, creating intolerable problems in the administration of trials. (3) The adversary system and the professional role of the lawyer/counselor require that a zone of privacy surround the lawyer-client relationship. (4) The privilege promotes justice. In fact, very little evidence is suppressed that cannot be obtained by other means. And the existence of the privilege causes information to come to the attention of the attorney that is useful in counseling the client toward the correct course of conduct."

户与其律师之间秘密的通信内容应被保护而不应被予以披露之思想;在美国之诉讼程序中,律师与其客户之间符合一定条件的证据资料即使可能与本案有关,根据普通法上关于律师与客户特权的惯例,在诉讼程序中仍不必向对方予以披露。

3. 如何主张律师与客户特权

在 United States v. United Shoe Machinery Corp. 一案中,Wyzanski 法官就何者应受关于律师与客户特权的普通法惯例保护而不应被予以披露提出具体且细腻之定义,申请人必须要能向法院释明以下之各要件,始能主张该部分之证据资料不应被予以披露[1];其后有许多美国之法院亦要求主张律师与客户特权之一方应主张并证明以下之诸要件:A. 享有并得主张该律师与客户特权之人系该律师之客户。B. 制作该通信数据的是与该数据有关且在该法院或其分院登录之执业律师。C. 该律师与客户特权必须适时地被提出或主张。D. 该律师之客户必须尚未声明放弃该律师与客户特权。

至于通讯数据中相关的事实,系该律师经当事人通知始得

---

[1] "The privilege applies only if the asserted holder of the privilege is or sought to become a client; the person whom the communication was made is a member of the bar of a court, or his subordinate and in connection with this communication is acting as a lawyer; the communication relates to a fact of which the attorney was informed by his client without the presence of strangers for the purpose of securing primarily either an opinion of law or legal services or assistance in some legal proceeding, and not for the purpose of committing a crime or tort; and the privilege has been claimed and not waived by the client." United States v. United Shoe Machinery Corp., 89 F. Supp. 357, 358—59, 85 U.S.P.Q. (BNA) 5 (D. Mass. 1950).

以知悉，且当时并无陌生第三人在场，故可推定当事人与律师间将之视为秘密，而当时当事人提供该应秘密之信息最主要之目的系为了向律师寻求相关之法律意见、法律服务，以及司法程序进行中之协助（且不可系为了犯罪或为侵权行为之目的）。

根据以上之要件，可以知道并非所有律师与其客户间往来之通信数据均可得以主张律师与客户特权：A. 客户与其律师间单纯地通信并不足得以主张律师与客户特权，同样的，B. 律师单方面或独立地所表示之意见亦不得以主张律师与客户特权。

依照美国法院之见解，若客户系公司时，该公司与公司内部之法律顾问或非讼律师间之秘密的通信内容亦应如同与外部律师间秘密通信内容应被保护般同样受到保护。其目的乃在于借以鼓励律师与其当事人间之信息得以经常交换，以在法律与行政监督下仍能促进公众利益。①

是否属于律师与其当事人间之信息而得以主张应适用关于律师与客户特权的惯例应被保护而不应被予以披露，则应由主张之一方尽声明及举证之责任。② 又倘若仅只是当事人与其专利代理人之间之通信，而该专利代理人并不具备律师资格，则此时许多法院认为当事人与其专利代理人之间的通信内容不再被

---

① Upjohn v. United States, 449 U. S. 383, 389, 101 S. Ct. 677, 682, 66 L. Ed. 2d 584 (1981).

② Bulk Lift Int'l, Inc. v. Flexcon & Systems, Inc., 9 U. S. P. Q. 2d 1358, aff'd, 122 F. R. D. 493, 9 U. S. P. Q. 2d 1355 (W. D. La. 1988).

保护①；然而，若该专利代理人系受雇于一家公司内的专利部门或律师事务所，且系受律师之指示工作并受律师之监督，则可视该专利代理人为律师之辅助人，此时当事人与其专利代理人之间的通信内容即应受到前揭普通法上关于律师与客户特权的惯例保护。换言之，当事人与其律师的代理人之间秘密的通信内容同样应被保护而不应被予以披露。②

4. 何时放弃律师与客户特权

美国法院历年来于具体个案中所曾表示之见解，可以归纳出以下四种情形，使律师与客户特权被放弃：

A. 明示之放弃（express waiver）。基于上述 Wyzanski 法官在 United States v. United Shoe Machinery Corp. 1 案中所表示之见解，律师与客户特权必须该律师与客户特权适时地被提出或主张，且当事人必须尚未曾声明放弃该律师与客户特权，因此若权利人明白表示放弃该律师与客户特权，则所有关于该议题下与该客户表达过意见之律师均不得再主张律师与客户特权，换言之，在明白表示放弃律师与客户特权之前，所有律师与其当事人间之所有信息均不得再行主张得拒绝证言③；但是该明示放弃律师与客户特权之意思表示对于未来并不生影响，亦

---

① Hercules, Inc. v. Exxon Corp., 434 F. Supp. 146, 196 U.S.P.Q. 407—08 (D. Del. 1977).

② Hercules, Inc. v. Exxon Corp., 434 F. Supp. 146, 196 U.S.P.Q. 408 (D. Del. 1977).

③ Abbott Lab. v. Baxter Travenol Lab., 676 F. Supp. 831, 6 U.S.P.Q. 2d (BNA) 1398 (N.D. Ill. 1987).

即于将来律师与其当事人间所继续发生之信息仍得主张律师与客户特权。① 在美国一些法院认为若要主张律师与客户特权已经因当事人明示放弃而放弃时，必须要能证明权利人主观上已有特定的放弃之意图；亦有一些法院认为权利人在客观上已不再将其与律师间之信息视为秘密；更有一些法院认为二者必须兼具始可，但无论如何，一旦明示放弃该律师与客户特权时，则相同律师与相同客户间就相同之事项下所有之信息应一并视为放弃律师与客户特权。②

B. 因疏忽之放弃（inadvertent or accidental waiver）。美国法院认为若律师因疏忽或不小心而将原本应可主张律师与客户特权应秘密之信息于诉讼过程中向对方披露时，此际应可视为系因疏忽而导致之律师与客户特权之放弃。③ 有争议的是，此际客户是否需有放弃律师与客户特权之意图始可？有部分法院认为因为律师与客户特权本即系属于为保护客户权益的一种特权，故此际应考虑客户是否有放弃律师与客户特权之意图始可④；另有部分法院则认为从定义上可知，此际既然系属于"疏

---

① Fonar Corp. v. Johnson & Johnson, 277 U.S.P.Q. (BNA) 886 (D. Mass. 1985).
② Id.
③ Windband Elecs. Corp. v. ITC, 263 F.3d 1363, 1376, 60 U.S.P.Q. 2d (BNA)1029, 1038 (Fed. Cir. 2001).
④ Mendenhall v. Barber-Greene Co., 531 F. Supp. 951, 217 U.S.P.Q. (BNA) 786 (N.D. Ill. 1982).

忽",则当然不必有所谓放弃律师与客户特权之意图始可。① 然而大部分的法院则认为此际应就个案不同的情形分别讨论,考虑的因素包括在披露前法院是否已有妥当之告知,以及全面评估双方之利益。②

　　C.因犯罪或诈欺之放弃(crime/fraud exception)。基于前述 Wyzanski 法官在 United States v. United Shoe Machinery Corp. 1 案中所表示之见解,律师与客户特权中所保护客户与其律师间之通信内容不可以系为了犯罪或侵权之目的;而且为了避免享有律师与客户特权之人借此权利而得以将其准备犯罪或已完成之犯罪相关之信息得以不被公开③;又律师与客户特权之目的本即系为了保障当事人为寻求合法之法律咨询,而借此制度之设计以鼓励当事人得以尽量在毋庸顾忌咨询内容将来有可能被律师提供给法院作为证据④;因此美国法院认为倘若证词之内容系涉及进一步的犯罪或侵权之目的时,即不可以主张律师与客户特权。⑤ 但是美国法院认为此际不可仅仅系所谓之"不正当行为"(inequitable conduct)而已,必须系已达到"不法

---

　　① Dyson v. Amway Corp., 17 U. S. P. Q. 2d (BNA) 1965 (W. D. Mich. 1990).

　　② GTE Directory Services Corp. v. Pacific Bell Directory, 19 U. S. P. Q. 2d (BNA) 1612 (N. D. Cal. 1991).

　　③ Union Carbide Corp. v. Dow Chemical Co., 619 F. Supp. 1036, 1054, 229 U. S. P. Q. (BNA) 401, 413 (D. Del. 1985).

　　④ Hercules, Inc. v. Exxon Corp., 434 F. Supp. 136, 155, 196 U. S. P. Q. (BNA) 401 (D. Del. 1977).

　　⑤ United States v. Zolin, 491 U. S. 554 (1989); GREEN, NESSON & MURRAY, supra note 106, at 705—09.

行为"(unlawful conduct)之程度始足以因而认为此际不可再行主张律师与客户特权①;而主张对方不得以律师与客户特权为由而抗辩之一方不可仅表示对方之行为有涉嫌不法而已,尚且必须要能提出相当的理由与充足的证据,经法院以秘密检视的方式听审(in camera review)后②,若法院认为足以证明该行为不法时,对方之律师与客户特权将因而被放弃,律师才必须作证。③ 所需证明的事实不仅包括对方有不法行为,尚且包括该系争欲证明却因律师拒绝证言而无从证明之事实与该不法行为间之关系。④

D. 默示之放弃(implied waiver)。由于律师与客户特权本即系属于为保护客户权益的一种特权,因此如果一方已将系争本应可主张律师与客户特权应秘密之信息于诉讼过程中置于实体的争议之中时,该信息即可因而视为权利人已默示放弃该律师与客户特权。⑤ 在美国专利诉讼实务上较常见到的情形,便是被告为证明自己不是恶意侵权,而于其答辩中自行将其与律

---

① Research Corp. v. Gourmets' Delight Mushroom Co., 219 U. S. P. Q. (BNA) 1023, 1030 (E. D. Pa. 1983); Union Carbide Corp. v. Dow Chemical Co., 619 F. Supp. 1035, 229 U. S. P. Q. (BNA) 401 (D. Del. 1985).

② United States v. Zolin, 491 U. S. 554 (1989); GREEN, NESSON & MURRAY, supra note 106, at 705—09.

③ Union Carbide Corp. v. Dow Chemical Co., 619 F. Supp. 1036, 1054, 229 U. S. P. Q. (BNA) 401, 413 (D. Del. 1985).

④ Kockums Indus. Ltd. v. Salem Equip. Co., 223 U. S. P. Q. (BNA) 138 (D. Orl. 1983).

⑤ Avia Group, Int'l v. Nike, Inc., 22 U. S. P. Q. 2d (BNA) 1475, 1477(D. Ore. 1991).

师间就其行为有无侵权所进行之咨询过程与内容提供给法院参考。①

事实上,倘若被告不自行将之披露,美国联邦巡回上诉法院甚而亦会进一步直接认为被告此际有恶意侵权的情形。② 为了避免被控侵权之人面临坚持其律师与客户特权,与可能因不愿透露其与律师间就其行为有无侵权所进行之咨询过程与内容而成立恶意侵权的两难,美国已有部分法院认为被告可以先主张其律师与客户特权,直到经法院认定被告被控之侵权行为成立时,被告可于此时再于答辩状中自行将其与律师间就其行为有无侵权所进行之咨询过程与内容提供给法院参考,而以默示的方式放弃其律师与客户特权。③

(二) 惩罚性损害赔偿

当专利权人因侵害人侵害专利权的行为所造成之损害经确定后,依据《美国专利法》第 284 条的规定,法院可以增加该经认定之损害额度最高至 3 倍。④ 虽然法律并未规定法院应依据何基础为认定将损害额度提高至 3 倍之依据,美国法院实务上之

---

① Avia Group, Int'l v. Nike, Inc., 22 U.S.P.Q. 2d (BNA) 1475, 1477(D. Ore. 1991).

② Fromson v. Western Litho Plate & Supply, 853, F. 2d 1568, 1572—73, 7 U.S.P.Q. 2d (BNA) 1606, 1611 (Fed. Cir. 1988).

③ Pittway Corp. v. Maple Chase Co., 1992 U.S. Dist. LEXIS 19237 (N.D. Ill. 1992); Lemelson v. Apple Computer, 28 U.S.P.Q. 2d (BNA) 1412, 1421 (D. Nev. 1993).

④ 35 U.S.C.A. § 284: "the court may increase the damages up to three times the amount found or assessed."

见解认为必须以侵权人系明知或恶意为前提[①],换言之,其性质系对于明知或有恶意之侵权人所增加的非难之处罚。其额度之高低则为法院裁量权所得行使之范围。美国法院过去认为潜在之侵权人在收到专利权人之警告信后,为其侵权行为前,本即有义务尽心(affirmative duty to exercise due care)查询其行为是否有侵害他人有效之专利权之虞,该责任包括在为其可能之侵权行为前即应取得完整之法律咨询。[②] 因此,在过去被告若不能立即提出其法律顾问所出具其行为并未侵害任何有效相关之专利权之书面意见,往往会被法院认定系恶意侵害专利权。[③]

四、法院见解

本案上诉至联邦巡回上诉法院后,联邦巡回上诉法院以全院联席的方式(en banc),针对上述两个争点,分别表示如下之看法:

(一)律师与客户特权

联邦巡回上诉法院认为当事人委托完成专利意见之专利律师所作成之专利意见,系基于商业决定(business decisions)之

[①] Beatrice Foods Co. v. New England Printing, 923 F. 2d 1576, 1578, 17 U. S. P. Q. 2d 1553, 1555 (Fed. Cir. 1991); Johnson & Son, Inc. v. Carter-Wallace, Inc., 781 F. 2d 198, 200, 228 U. S. P. Q. 367, 368 (Fed. Cir. 1986).

[②] Underwater Devices Inc. v. Morrison-Knudsen Co., 717 F. 2d 1380, 1389—90 (Fed. Cir. 1983); Avia Group Int'l Inc. v. L. A. Gear Cal., Inc., 853 F. 2d 1557, 1566 (Fed. Cir. 1988).

[③] Great N. Group. v. Davis Core & Pad Co., Inc., 782 F. 2d 159, 166—67 (Fed. Cir. 1986).

考虑;而在诉讼中与进行专利诉讼之专利律师间所进行之联系与通信,则系与诉讼策略、并评估为了解决诉讼之争端,最有可行性之方式之司法上之决定(judicial decision maker),二者的基本上之目的与功能的差异性很大;此外,为了可以保障进行专利诉讼之专利律师可以放心取得其当事人所有相关之信息,并确保诉讼律师可以充分地准备替其当事人辩护的数据①,联邦巡回上诉法院在判决中认为,被控侵权之一方为了避免被法院认定恶意侵权所可能导致被法院认定之惩罚性损害赔偿,而向法院提出当初委托完成专利意见之专利律师所作成之专利意见,并不当然会一并被视为放弃了进行专利诉讼之专利律师的律师与客户特权,仍必须根据实际的情况,判断放弃律师与客户特权的范围,是否应包含提出关于进行专利诉讼之专利律师所作成的相关文件。

(二) 惩罚性损害赔偿

联邦巡回上诉法院认为,若要证明被控侵害专利之人属于恶意侵权,而应负惩罚性损害赔偿责任,专利权人应以清楚且具说服力之证据(clear and convincing evidence),证明被控侵害专

---

① "[I]t is essential that a lawyer work with a certain degree of privacy, free from unnessary instructon by opposing parties and their counsel. Proper preparation of a client's case demands that he assemble information, sift what he considers to be the relevant from the irrelevant facts, prepare his legal theories and plan his strategy without undue and needless interference. That is the historical and the necessary way in which lawyers act within the framework of our system of jurisprudence to promote justice and to protect their clients' interests." Hickman v. Taylor, 329 U. S. 495, 510—11 (1947).

利之人的被控侵害专利之行为,在客观上有很高的可能性(objectively high likelihood)会构成对一个有效专利的侵害。①

此外,如果专利权人已证明上述之客观可能性,换言之,专利权人若已以清楚且具说服力之证据,证明被控侵害专利之行为,会对一个有效专利,在客观上有很高的可能性会构成侵害时,联邦巡回上诉法院认为专利权人还必须进一步证明被控侵害专利之人,在主观上已知或可得而知该客观上有很高的可能性会构成侵害专利行为之风险。②

亦即,若该领域通常技艺之人,均已可得而知该种被控侵害专利之行为,在客观上有很高的可能性会侵害系争专利时,而被控侵权人没有理由不知道的情况下,被控侵权人仍未针对该被控侵害专利之行为是否构成侵害系争专利进行调查,依然维持其商业模式时,则被控侵权人很有可能被法院认定构成恶意侵权。

五、重要意义

(一)律师与客户特权

由于联邦巡回上诉法院认为被控侵权之一方为了避免被法

---

① "a patentee must show by clear and convincing evidence that the infringer acted despite an objectively high likelihood that its actions constituted infringement of a valid patent."

② "the patentee must also demonstrate that this objectively-defined risk (determined be the record developed in the infringement proceeding) was either known or so obvious that it should have been known to the accused infringer."

院认定恶意侵权所可能导致被法院认定之惩罚性损害赔偿,而向法院提出当初委托完成专利意见之专利律师所作成之专利意见,并不当然会一并被视为放弃了进行专利诉讼之专利律师的律师与客户特权,所以在美国进行专利诉讼时,建议读者所属公司或客户在组建律师团队时,可以考虑分别延聘隶属于不同事务所之律师,分别担任专利意见(patent opinion)律师及专利诉讼(patent litigation)律师,由专利意见律师负责出具相关之专利无效、不侵权或不能执行之意见或分析,再由专利诉讼律师负责出具专利无效、不侵权或不能执行之意见或分析,再由专利诉讼律师负责进行相关专利诉讼之程序,才能有效保护与专利诉讼律师针对诉讼本身相关的内部讨论数据,不至于因为避免被认定构成恶意侵权,而提出专利意见律师所完成专利无效或不侵权之意见,一并被迫放弃了进行专利诉讼之专利律师的律师与客户特权,从而被迫不得不将进行专利诉讼之专利律师所撰拟之意见摊在台面上。

(二)惩罚性损害赔偿

在联邦巡回上诉法院未就本案产生上述之见解前,联邦巡回上诉法院认为侵权人在为其侵权行为前,本即有义务应查询其行为是否有侵害他人有效之专利权之虞,该责任包括在为其可能之侵权行为前即应取得完整之法律咨询。① 因此,被告若不能立即提出其法律顾问所出具其行为并未侵害任何有效相关

---

① Avia Group Int'l Inc. v. L. A. Gear Cal., Inc., 853 F. 2d 1557, 1566 (Fed. Cir. 1988).

之专利权之书面意见,被告即有可能被法院认定系恶意侵害专利权。① 而依据《美国专利法》第 284 条的规定,法院可以增加该经认定之损害额度最高至 3 倍。② 因此在过去,被控侵害专利的一方在接到专利权人的警告函后,一般而言会主动找专利律师出具无效、不侵权或不能执行之意见书,以避免被法院认定为恶意侵权。换言之,在过去的时代,一般情况下专利律师所出具无效、不侵权或不能执行之意见书的有无,是法院判定被控侵权人是否恶意侵权的一个重要标准;亦即无论事实上被控侵权之一方是不是故意侵害系争专利,只要被控侵权之一方没有办法出具专利意见书,在大多数的情况下就会被法院判恶意侵权。因此,被控侵权的一方为避免日后损害赔偿之额度,因被判恶意侵权而被法院提高最高至 3 倍,往往需要花费昂贵的费用,请美国的专利律师对每个相关之系争专利做详尽的无效、不侵权或不能执行之法律分析,以避免日后不幸败诉时,被法院认定恶意侵权而雪上加霜的可能性。

但是,在联邦巡回上诉法院就本案产生上述之见解后,整个专利恶意侵权之认定过程,可以说产生了极大的变化;至少,就举证责任而言,已由被控侵权一方应主动提出专利律师所出具无效、不侵权或不能执行之意见书,以证明被控侵权一方没有恶意,倒置为应由专利权人先证明该被控侵害专利之行为在客观

---

① Great N. Group. v. Davis Core & Pad Co., Inc., 782 F. 2d 159, 166—67 (Fed. Cir. 1986).

② 35 U.S.C.A. § 284: "the court may increase the damages up to three times the amount found or assessed."

上有很高的可能性，并且被控侵害专利之人，在主观上已知或可得而知该被控侵害专利之行为，可能会构成侵害之事实。亦即被控侵权一方似乎不必像过去一样，一旦收到专利权人之警告函，或被控侵害专利时，就必须赶紧请美国的专利律师针对系争专利完成所费不赀的无效、不侵权或不能执行之专利意见。

由于专利权人日后在专利诉讼中，不再如以往般可以逸待劳，必须先就被控侵害专利之行为在客观上有很高的可能性，并且被控侵害专利之人，在主观上已知或可得而知该被控侵害专利之行为，可能会构成侵害之事实尽举证责任，势必会增加专利权人进行专利诉讼，主张被控侵害专利之人恶意侵权的难度；换言之，亦将降低已经或准备进入美国市场，与专利有关产业的公司被判恶意侵权的可能性。

最后，虽然在联邦巡回上诉法院于本案中所建立关于是否构成恶意侵权的标准后，可以预期日后美国法院在专利诉讼中，斟酌被控侵害专利之一方是否构成恶意侵权时，更有可能全面考虑总体客观情况，而不再仅仅以一纸美国的专利律师针对系争专利完成的无效、不侵权或不能执行之专利意见，作为判断被控侵权人在侵权时是否有恶意侵权的唯一标准；但是，联邦巡回上诉法院亦未明确要求被控侵权人在收到警告信后是否仍应积极研究系争专利是否无效、不侵权或不能执行，并进一步如同过去般，设法自美国专利律师尽早取得上述之专利意见；换言之，即使联邦巡回上诉法院于本案中建立关于专利侵权是否构成恶意的新标准，倘若被控侵害之一方仍可取得美国律师所出具之专利意见书,相对于完全未针对系争专利进行了解或研究的被控侵权人而言,专利权人仍较不容易证明彼等主观上有侵权之恶意。

因此,建议被控侵权人在收到专利权人的警告信后,最好还是先在内部针对系争专利之强弱,亦即新颖性或非显而易知性进行初步分析,并将相关检索而得之引证数据送请外部律师顾问团参考,进行正式之专利无效分析。倘若经过外部律师确认,系争权利要求的确有前述《美国专利法》第101条、第102条、第103条或第112条的情形时,外部律师仍应在合理预算范围内,尽速签证完成一份正式之专利无效分析意见。而被控侵权人根据该专利无效分析意见,日后除可以在诉讼中作为抗辩之依据,万一不幸败诉,仍可用以降低被认定恶意侵权的可能性。

另外,被控侵权人内部亦应同步取得系争专利与被控侵害专利之产品,将相关数据送请外部律师顾问团参考。倘若经过外部律师确认,被控侵权产品之技术特征并未落入系争专利之字面范围及等同范围内,则应由外部律师完成一份正式之不侵权报告;反之,倘若外部律师认为,被控侵权产品之技术特征已明显落入系争专利之字面范围或等同范围内,则被控侵权人之技术单位应尽速进行回避设计,并与生产单位讨论是否进入量产问题。